松亭 金赫濟 校閱

懸吐釋字具解

論語集註

明文堂

懸吐釋字具解

集註論語序說

史記世家曰、孔子名丘、字仲尼、其先宋人、父叔梁紇音흘、母顔氏、以魯襄公二十二年庚戌之歲、十一月庚子、生孔子於魯昌平鄕陬音추邑、爲兒嬉戲、常陳俎豆、設禮容、及長爲委吏、料量平、委吏本作季氏史索隱云一本作委吏與孟子合今從之 爲司職吏、畜蕃息、職見周禮牛人讀爲樴義與杙同蓋繫養犧牲之所此官即孟子所謂乘田 適周、問禮於老子 既反、而弟子益進、昭公二十五年甲申、孔子年三十五、而昭公奔齊魯亂、於是適齊、爲高昭子家臣、以通乎景公、有聞韶問政二事 公、欲封以尼谿之田、晏嬰不可、公惑之、有季孟吾老之語 孔子遂行、反乎魯、定公元年壬辰、孔子年四十三、而季氏強僭、其臣陽虎、作亂專政、故孔子不仕、而退修詩書禮樂、弟子彌衆、九年庚子、孔子年五十一、公山不狃音뉴以費畔、季氏召孔子、欲往而卒不行、有答子路東周語 定公、以孔子爲中都宰、一年四方則之、遂爲司空、又爲大司寇、十年辛丑、相定公、會齊侯于夾谷、齊人歸魯侵地、十二年癸卯、使仲由爲季氏宰、墮三都、收其甲兵、孟氏不肯墮成、圍之不克、十四年乙巳、孔子年五十六、攝行相事、誅少正卯、與聞國政、三月、魯國大治、齊人、歸女樂以沮之、季桓子受之、郊又不致膰音번

俎於大夫、孔子行、(魯世家以此以上皆爲十二年事) 適衛、主於子路妻兄顏濁鄒家、(孟子作顏讎由) 適陳過匡、
匡人以爲陽虎而拘之、(有顏淵後及文王旣沒之語) 旣解還衛、主蘧(音거) 伯玉家、見南子、(有矢子路及未見好德之語)
去適宋、司馬桓魋、(音퇴) 欲殺之、(有天生德語及微服過宋事) 又去適陳、主司城貞子家、居三歲而反
于衛、靈公不能用、(有三年有成之語) 晉趙氏家臣佛肸、(音힐) 以中牟畔、召孔子、孔子欲往、亦
不果、(有答子路堅白語及荷蕢過門事) 將西見趙簡子、至河而反、又主蘧伯玉家、靈公問陳不對而行、
復如陳、(據論語則絕糧當在此時) 季桓子卒、遺言謂康子、必召孔子、其臣止之、康子乃召冉求、(史記以論語歸與之歎爲在此時又以孟子所記歎詞爲主司城貞子時語疑不然蓋語孟所記本皆此一時語而所記有異同耳) 孔子如蔡及葉、(音셥有葉公問答子路不對沮溺耦耕荷蓧丈人等事史記云於是楚昭王使人聘孔子孔子將往拜禮而陳蔡大夫發徒圍之故孔子絕糧於陳蔡之間有慍見及告子貢一貫之語按是時陳蔡臣服於楚若楚王來聘孔子陳蔡大夫安敢圍之且據論語絕糧當在去衛如陳之時) 楚
昭王、將以書社地、封孔子、令尹子西、不可乃止、(史記云書社地七百里恐無此理時則有接輿之歌) 又反乎衛、時
靈公已卒、衛君輒、欲得孔子爲政、(有魯衛兄弟及答子貢夷齊子路正名之語) 而冉求爲季氏、將與齊戰有功、
康子乃召孔子、而孔子歸魯、實哀公之十一年丁巳、而孔子年六十八矣、(有對哀公及康子語) 然
魯終不能用孔子、孔子亦不求仕、乃敍書傳禮記、(有杞宋損益從周等語) 刪詩正樂、(有語大師及樂正之語) 序
易彖(音단) 繫象說卦文言、(有假我數年之語) 弟子蓋三千焉、身通六藝者七十二人、(弟子顏回最賢蚤死後唯曾參

得傳孔子之道 十四年庚申、魯西狩獲麟、有莫我知之歎 孔子作春秋、有知我罪我等語論語請討陳恒事亦在是年 明年辛酉、子路死於衛、十六年壬戌四月己丑、孔子卒年七十三、葬魯城北泗上、弟子皆服心喪三年而去、惟子貢廬於冢上、凡六年、孔子生鯉、字伯魚、先卒、伯魚生伋、音급 字子思、作中庸、子思學於曾子而孟子受業子思之門人

何氏曰、何氏名晏字平叔魏南陽人 魯論語二十篇、齊論語、別有問王知道、凡二十二篇、其二十篇中、章句頗多於魯論、古論出孔氏壁中、分堯曰下章、子張問、以爲一篇、有兩子張、凡二十一篇、篇次不與齊魯論同、

程子曰、論語之書、成於有子曾子之門人、故其書、獨二子、以子稱、

程子曰、讀論語、有讀了、全然無事者、有讀了後、其中得一兩句喜者、有讀了後、知好之者、有讀了後、直有不知手之舞之足之蹈之者、

程子曰、今人不曾讀書、如讀論語、未讀時、是此等人、讀了後、又只是此等人、便是不曾讀、

程子曰、頤自十七八、讀論語、當時已曉文義、讀之愈久、但覺意味深長、

懸吐釋字具解

集註論語序說 終

懸吐釋字具解

集註論語目次

懸吐釋字具解 集註論語目次 終

懸吐釋字具解 集註論語卷之一

學而第一

此、爲書之首篇、故所記多務本之意、乃入道之門、積德之基、學者之先務也、凡十六章

子ㅣ曰學而時習之면**不亦說**音열**乎**아

子ㅣ ᄀᆞᆯᄋᆞ샤ᄃᆡ 學ᄒᆞ고 時로 習ᄒᆞ면 ᄯᅩᄒᆞᆫ 깃브지 아니ᄒᆞ랴

●學之爲言、效也、人性皆善、而覺有先後、後覺者、必效先覺之所爲、乃可以明善而復其初也、習、鳥數音삭飛也、學之不已、如鳥數飛也、說、喜意也、旣學而又時時習之、則所學者熟、而中心喜說、其心自不能已矣、程子曰、習、重平聲習也、時復音부思繹、浹洽於中則說也、又曰學者、將以行之也、時習之則所學者、在我故悅、謝氏名良佐字顯道上蔡人曰、時習者、無時而不習、坐如尸、坐時習也、立如齊音제立時習也

有朋이**自遠方來**면**不亦樂**音락**乎**아

벗이 遠方으로브터 오면 ᄯᅩᄒᆞᆫ 즐겁지 아니ᄒᆞ랴

慍 노ᄒᆞᆯ온 怒也

鮮 적을션 少也

●朋、同類也、自遠方來、則近者可知、程子曰以善及人、而信從者衆、故可樂、又曰說在心、樂主發、散在外

人不知而不慍이면不亦君子乎아

사ᄅᆞᆷ이알지못ᄒᆞ야도慍치아니ᄒᆞ면ᄯᅩᄒᆞᆫ君子ㅣ아닌가

●慍、含怒意、君子、成德之名、尹氏(名焞字彥明河南人)曰、學在己、知不知在人、何慍之有、程子曰、雖樂於及人、不見是而無悶、乃所謂君子、愚謂、及人而樂者、順而易(音이)不知而不慍者、逆而難、故惟成德者能之、然德之所以成、亦由學之正習之熟說之深、而不已焉耳○程子曰、樂由說而後、得、非樂、不足以語君子

○有子ㅣ曰其爲人也ㅣ孝弟오而好犯上者ㅣ鮮矣니不好犯上이오而好作亂者ㅣ未之有也ㅣ니라

有子ㅣᄀᆞᆯᄋᆞᄃᆡ그사ᄅᆞᆷ됨이孝ᄒᆞ며弟ᄒᆞ고上을犯ᄒᆞᆷ을好ᄒᆞᆯ者ㅣ적으니上을犯ᄒᆞᆷ을好치아니ᄒᆞ고亂을作ᄒᆞᆷ을好ᄒᆞᆯ者ㅣ잇지아니ᄒᆞ니라

●有子、孔子弟子、名若(魯人)善事父母爲孝、善事兄長(上聲)爲弟、犯上、謂干犯在上之

務 힘쓸무 事也專力也

人、鮮、少也、作亂、則爲悖音패逆爭鬪之事矣、此言人能孝弟、則其心和順、少好犯上、必不好作亂也、

君子는務本이니本立而道生ᄒᆞ나니孝弟也者는其爲仁之本與인더

君子는本을힘쓸지니本이셤의道ㅣ生ᄒᆞᄂᆞ니孝弟는그仁ᄒᆞᆯ本인더

●務、專力也、本、猶根也、仁者、愛之理、心之德也、爲仁、猶曰行仁、與者、疑辭、謙退不敢質言也、言君子、凡事專用力於根本、根本旣立、則其道自生、若上文所謂孝弟、乃是爲仁之本、學者務此、則仁道自此而生也、○程子曰、孝弟、順德也、故不好犯上、豈復音부有逆理亂常之事、德有本、本立、則其道充大、孝弟行於家而後、仁愛及於物、所謂親親而仁民也、故爲仁以孝弟爲本、論性則以仁爲孝弟之本、或問孝弟、爲仁之本、此是由孝弟可以至仁否、曰非也、謂行仁、自孝弟始、孝弟是仁之一事、謂之行仁之本則可、謂是仁之本則不可、蓋仁是性也、孝弟是用也、性中只有箇仁義禮智四者而已、曷嘗有孝弟來、然仁主於愛、愛莫大於愛親、故曰孝弟也者、其爲仁之本與、

巧 교할교 好也
省 살필셩 察也
謀 꾀모 計也
傳 젼할젼 授也

子ㅣ曰巧言令色이鮮矣仁이니라

子ㅣᄀᆞᆯᄋᆞ샤ᄃᆡ言을巧히ᄒᆞ며色을令히홈이仁홈이鮮ᄒᆞ니라

●巧、好、令、善也、好其言、善其色、致飾於外、務以悅人、則人欲肆、而本心之德亡矣、聖人辭不迫切、專言鮮、則絶無可知、學者所當深戒也○程子曰、知巧言令色之非仁、則知仁矣

○曾子ㅣ曰吾ㅣ日三省吾身ᄒᆞ노니 爲人謀而不忠乎아與朋友交而不信乎아傳不習乎애니라

曾子ㅣᄀᆞᆯᄋᆞ샤ᄃᆡ내날로세가지로내몸을ᄉᆞᆯ피노니사ᄅᆞᆷ을爲ᄒᆞ야謀홈이忠치못ᄒᆞᆫ가朋友로더브러交홈이信치못ᄒᆞᆫ가傳코習지못ᄒᆞᆫ가ㅣ니라

●曾子、孔子弟子、名參、字子輿(南武城人)盡己之謂忠、以實之謂信、傳、謂受之於師、習、謂熟之於己、曾子以此三者、日省其身、有則改之、無則加勉、其自治誠切如此、可謂得爲學之本矣、而三者之序、則又以忠信、爲傳習之本也○尹氏曰、曾子守約故、動必求諸身、謝氏曰、諸子之學、皆出於聖人、其後愈遠而愈失其眞、獨曾子之

乘 탈승 駕也

節 존절할 절 制也

學、專用心於內故、傳之無弊、觀於子思孟子可見矣、惜乎、其嘉言善行(去聲)不盡傳於世也、其幸存而未泯(音민 盡也)者、學者、豈可不盡心乎、

○子ㅣ曰道(去聲)千乘(去聲)之國(ᄒᆞᄃᆡ) 敬事而信(ᄒᆞ며) 節用愛人(ᄒᆞ며) 使民以時(니라)

子ㅣᄀᆞᆯᄋᆞ샤ᄃᆡ千乘ㅅ나라를道ᄒᆞᄃᆡ일을敬ᄒᆞ고信ᄒᆞ며쓰기를節ᄒᆞ고사ᄅᆞᆷ을愛ᄒᆞ며民을부리ᄃᆡ時로써ᄒᆞᆯ지니라

●道、治也、千乘、諸侯之國、其地、可出兵車千乘者也、敬者、主一無適之謂、敬事而信者、敬其事而信於民也、時、謂農隙(音극)之時、言治國之要、在此五者、亦務本之意也、○程子曰、此言至淺、然當時諸侯果能此、亦足以治其國矣、聖人言雖至近、上下皆通、此三言者、若推其極、堯舜之治(去聲)亦不過此、若常人之言近、則淺近而已矣、楊氏(名時字中立號龜山 延平人程門高弟)曰、上不敬則下慢、不信則下疑、下慢而疑、事不立矣、敬事而信、以身先之也、易曰、節以制度、不傷財、不害民、蓋侈用則傷財、傷財、必至於害民故、愛民必先於節用、然使之不以其時、則力本者不獲自盡、雖

汎 넓을범 廣也

有愛人之心、而人不被其澤矣、然此特論其所存而已、未及爲政也、苟無是心、則雖有政不行焉、胡氏(名寅字明仲號致堂建安人)曰、凡此數者、又皆以敬爲主、愚謂、五者、反復(音복)相因、各有次第、讀者宜細推之

○子ㅣ曰弟子ㅣ入則孝ᄒᆞ고出則弟ᄒᆞ며謹而信ᄒᆞ며汎愛衆호ᄃᆡ而親仁이니行有餘力이어든則以學文이니라

弟子之弟上聲 則弟之弟去聲

子ㅣ글ᄋᆞ샤ᄃᆡ弟子ㅣ드러ᄂᆞᆫ孝ᄒᆞ고나ᄂᆞᆫ弟ᄒᆞ며謹ᄒᆞ고信ᄒᆞ며너비衆을愛호ᄃᆡ仁을親히ᄒᆞᆯ지니行ᄒᆞᆷ의남은힘이잇거든곳써글을學ᄒᆞᆯ지니라

●謹者、行(去聲下德行同)之有常也、信者、言之有實也、汎、廣也、衆謂衆人、親、近也、仁、謂仁者、餘力、猶言暇日、以、用也、文、謂詩書六藝之文、○程子曰、爲弟子之職、力有餘則學文、不修其職而先文、非爲(去聲)己之學也、尹氏曰、德行、本也、文藝、末也、窮其本末、知所先後、可以入德矣、洪氏(名興祖字慶善丹陽人)曰、未有餘力而學文、則文滅其質、有餘力而不學文、則質勝而野、愚謂、力行而不學文、則無以考聖賢之成法、識事理之當然、而所行、或出於私意、非但失之於野而已

竭 다할갈 盡也

○子夏ㅣ曰賢賢(호ᄃᆡ)易色(ᄒᆞ며)事父母(호ᄃᆡ)能竭其力(ᄒᆞ며)事君(호ᄃᆡ)能致其身(ᄒᆞ며)與朋友交(호ᄃᆡ)言而有信(이면)雖曰未學(이라도)吾必謂之學矣리라(호라)

子夏ㅣ골ᄋᆞᄃᆡ어진이를어질이녀이ᄃᆡ色을밧고며父母를셤기ᄃᆡ能히 그힘을竭ᄒᆞ며님군을셤기ᄃᆡ能히 그몸을致ᄒᆞ며朋友로더브러交호ᄃᆡ言홈이信이잇스면비록學지못ᄒᆞ얏다닐너도나ᄂᆞᆫ반다시學ᄒᆞ얏다이르리라

●子夏、孔子弟子、姓卜名商(衛人)賢人之賢、而易其好(去聲下同)色之心、好善有誠也、致猶委也、委致其身、謂不有其身也、四者皆人倫之大者、而行之必盡其誠、學求如是而已、故子夏、言有能如是之人、苟非生質之美、必其務學之至、雖或以爲未嘗爲學、我必謂之已學也、○游氏(名酢字定夫建安人)曰、三代之學、皆所以明人倫也、能是四者、則於人倫厚矣、學之爲道、何以加此、子夏以文學名、而其言如此、則古人之所謂學者可知矣、故學而一篇、大抵皆在於務本、吳氏(名棫字才老建安人)曰、子夏之言、其意善矣、然詞氣之間、抑揚大過、其流之弊、將或至於廢學、必若上章夫子之言然後、爲無弊也

憚 꺼릴탄 忌難

○子ㅣ曰君子ㅣ不重則不威ㅣ니學則不固ㅣ니라

子ㅣ골으샤듸君子ㅣ重치아니ᄒᆞ면威치아니ᄒᆞᄂᆞ니學ᄒᆞ면固치못ᄒᆞᄂᆞ니라

●重、厚重、威、威嚴、固、堅固也、輕乎外者、必不能堅乎內、故不厚重、則無威嚴、而所學亦不堅固也、

主忠信ᄒᆞ며

忠信으로主ᄒᆞ며

●人不忠信、則事皆無實、爲惡則易、(易音이)爲善則難、故學者、必以是爲主焉○程子曰人道、唯在忠信、不誠則無物、且出入無時、莫知其鄕者、人心也、若無忠信、豈復(復音부)有物乎

無友不如己者오

己만갓지못ᄒᆞᆫ이를友치말지오

●無、毋通、禁止辭也、友、所以輔仁、不如己、則無益而有損

過則勿憚改니라

愼 삼갈신 誠也

邦 나라방 國也

過ㅣ어든改홈을憚치말을지니라

●勿、亦禁止之辭、憚、畏難也、自治不勇、則惡日長上聲故有過則當速改、不可畏難而苟安也、程子曰、學問之道、無他也、知其不善、則速改以從善而已○程子曰、君子、自修之道、當如是也、游氏曰、君子之道、以威重爲質、而學以成之、學之道、必以忠信爲主、而以勝己者輔之、然或吝於改過、則終無以入德、而賢者、未必樂音라告以善道、故以過勿憚改終焉

○曾子曰ㅣ愼終追遠이면民德이歸厚矣리라

曾子ㅣ골으샤ᄃᆡ終을愼ᄒᆞ며遠을追ᄒᆞ면民의德이厚에歸ᄒᆞ리라

●愼終者、喪盡其禮、追遠者、祭盡其誠、民德歸厚、謂下民化之、其德亦歸於厚、蓋終者、人之所易去聲下同忽也、而能謹之、遠者、人之所易忘也、而能追之、厚之道也、故以此自爲、則己之德厚、下民化之、則其德亦歸於厚也

○子禽이問於子貢曰夫子ㅣ至於是邦也ᄒᆞ샤必聞其政ᄒᆞ시ᄂᆞ니求之與아抑與之與아 之與之與平聲下同

溫 온화할 和也

儉 검소할 검 去奢從約也

讓 사양 양 謙也

子禽이子貢에게무러골ᄋᆞ되夫子ㅣ이邦에니르샤반ᄃᆞ시그政을드르시ᄂᆞ니求ᄒᆞ시ᄂᆞ냐與ᄒᆞᄂᆞ냐

●子禽、姓陳、名亢(音강)陳人、子貢、姓端木、名賜(衛人)皆孔子弟子、或曰、亢、子貢弟子、未知孰是、抑、反語辭

子貢이曰夫子ᄂᆞᆫ溫良恭儉讓以得之시니夫子之求之也ᄂᆞᆫ其諸(音저)異乎人之求之與ㄴ뎌

子貢이골ᄋᆞ되夫子ᄂᆞᆫ溫ᄒᆞ시며良ᄒᆞ시며恭ᄒᆞ시며儉ᄒᆞ시며讓ᄒᆞ심으로써得ᄒᆞ시ᄂᆞ니夫子의求ᄒᆞ심은그사ᄅᆞᆷ의求ᄒᆞᆷ의다ᄅᆞ신뎌

●溫、和厚也、良、易(去聲 下同)直也、恭、莊敬也、儉節制也、讓、謙遜也、五者、夫子之盛德光輝、接於人者也、其諸、語辭也、人、他人也、言夫子、未嘗求之、但其德容如是故時君敬信、自以其政、就而問之耳、非若他人、必求之而後得也、聖人、過化存神之妙、未易窺測、然卽此而觀、則其德盛禮恭、而不願乎外、亦可見矣、學者、所當潛心而勉學也、○謝氏曰、學者、觀於聖人威儀之間、亦可以進德矣、若子貢、亦

可謂善觀聖人矣、亦可謂善言德行矣、今去聖人、千五百年、以此五者、想見其形容、尙能使人興起、而況於親炙之者乎、張敬夫名栻号南軒廣漢人曰、夫子至是邦、必聞其政、而未有能委國而授之以政者、蓋見聖人之儀刑而樂告之者、秉彝好德之良心也、而私欲害之、終不能用耳、

○子ㅣ曰父在에觀其志오父沒에觀其行이나三年을無改於父之道ㅣ라야可謂孝矣니라

子ㅣᄀᆞᆯᄋᆞ샤ᄃᆡ父ㅣ在ᄒᆞᆷ이그志를보고父ㅣ沒ᄒᆞᆷ이그行을볼ᄯᅵ나三年을父의道에곳침이업서야可히孝ㅣ라이를이니라

●父在、子不得自專、而志得可知、父沒然後、其行可見、故觀此、足以知其人之善惡、然又必能三年無改於父之道、乃見其孝、不然、則所行雖善、亦不得爲孝矣○尹氏曰、如其道、雖終身無改可也、如其非道、何待三年、然則三年無改者、孝子之心、有所不忍故也、游氏曰、三年無改、亦謂在所當改、而可以未改者耳、

○有子ㅣ曰禮之用이和ㅣ爲貴ᄒᆞ니先王之道ㅣ斯爲美라小大

由之니라

有子ᄀᆞᆯᄋᆞᄃᆡ禮의用이和ㅣ貴ᄒᆞ니先王의道ㅣ이아ᄅᆞᆷ다온지라小와大ㅣ말ᄆᆡ암으니라

禮者、天理之節文、人事之儀則也、和者、從(止容反)容不迫之意、蓋禮之爲體雖嚴、然皆出於自然之理、故其爲用、必從容而不迫、乃爲可貴、先王之道、此其所以爲美、而小事大事、無不由之也

○有所不行ᄒᆞ니知和而和ㅣ오不以禮節之면亦不可行也ㅣ니라

行치못ᄒᆞᆯ세이시니和를알아和만ᄒᆞ고禮로ᄡᅥ節치아니면또ᄒᆞᆫ行치못ᄒᆞᄂᆞ니라

●承上文而言、如此而復(扶又反下同)有所不行者、以其徒知和之爲貴、而一於和、不復以禮節之、則亦非復禮之本然矣、所以流蕩忘反、而亦不可行也○程子曰、禮勝則離、故禮之用、和爲貴、先王之道、以斯爲美、而小大由之、樂勝則流、故有所不行者、知和而和、不以禮節之、亦不可行、范氏(名祖禹字淳夫成都人)曰、凡禮之體、主於敬、而其用則以和爲貴、敬者、禮之所以立也、和者、樂之所由生也、若有子、可謂達禮樂

恥 붓그러울치 慙也

辱 욕될욕 屈也

飽 ᄇᆡ부를포 食充滿厭

敏 민첩할민 聽也

就 나아갈취 成也

之本矣愚、謂嚴而泰、和而節、此理之自然、禮之全體也、毫釐有差、則失其中正、而各倚於一偏、其不可行均矣、

○有子ㅣ曰信近於義ㅣ면言可復(音복)也ㅣ며恭近於禮ㅣ면遠恥辱也ㅣ며因不失其親이면亦可宗也ㅣ니라 遠近皆去聲

有子ㅣᄀᆞᆯᄋᆞᄃᆡ信이義에갓가오면言을可히復ᄒᆞ며恭이禮에갓가오면恥와辱을遠ᄒᆞ며因ᄒᆞᆷᄋᆡ그親ᄒᆞᆯ이를일치아니ᄒᆞ면또ᄒᆞᆫ可히宗ᄒᆞ얌즉ᄒᆞ니라

信、約信也、義者、事之宜也、復、踐言也、恭、致敬也、禮、節文也、因、猶依也、宗、猶主也、言約信而合其宜、則言必可踐矣、致恭而中(去聲)其節、則能遠恥辱矣、所依者、不失其可親之人、則亦可以宗而主之矣、此言人之言行(去聲)交際、皆當謹之於始、而慮其所終、不然則、因仍苟且之間、將有不勝(平聲)其自失之悔者矣

○子ㅣ曰君子ㅣ食無求飽ᄒᆞ며居無求安ᄒᆞ며敏於事而愼於言이오就有道而正焉이면可謂好學也已니라 好去聲

子ㅣᄀᆞᆯᄋᆞ샤ᄃᆡ君子ㅣ食ᄒᆞᆷᄋᆡ飽ᄒᆞᆷ을求치아니ᄒᆞ며居ᄒᆞᆷᄋᆡ安ᄒᆞᆷ을求티아니ᄒᆞ며事

貢 바칠공 獻也
諂 아쳠할뎜 諛面
驕 교만할교 逸傲 縱恣

에敏ᄒᆞ며言에愼ᄒᆞ고道잇ᄂᆞᆫᄃᆡ나아가正ᄒᆞ면可히學을됴히녀긴다일을이니라

不求安飽者、志有在而不暇及也、敏於事者、勉所不足、愼於言者、不敢盡其所有餘也、然猶不敢自是而必就有道之人、以正其是非、則可謂好學矣、凡言道者、皆謂事物當然之理、人之所共由者也、○尹氏曰、君子之學、能是四者、可謂篤志力行者矣、然不取正於有道、未免有差、如楊墨、學仁義而差者也、其流、至於無父無君、謂之好學可乎

○子貢이曰貧而無諂ᄒᆞ며富而無驕ᄒᆞ면何如ᄒᆞ니잇고子ㅣ曰可也ㅣ니未若貧而樂ᄒᆞ며富而好禮者也ㅣ니라

子貢이ᄀᆞᆯ오ᄃᆡ貧ᄒᆞ야도諂홈이업ᄉᆞ며富ᄒᆞ야도驕홈이업ᄉᆞ면엇더ᄒᆞ니잇고子ㅣᄀᆞᆯᄋᆞ샤ᄃᆡ可ᄒᆞ나貧ᄒᆞ고樂ᄒᆞ며富ᄒᆞ고禮를好ᄒᆞᄂᆞᆫ者만ᄀᆞᆺ지못ᄒᆞ니라

●諂、卑屈也、驕、矜肆也、常人溺於貧富之中、而不知所以自守、故必有二者之病、無諂無驕、則知自守矣、而未能超乎貧富之外也、凡曰可者、僅可而有所未盡之辭也、樂則心廣體胖、而忘其貧、好禮則安處善(上聲)、樂(音락)循理、亦不自知其富矣、子貢

磋 갈차 磨治 琢 옥다듬을탁 治玉 磨 갈마 治石琢ㅣ 賜 줄ᄉᆞ 錫也

貨殖(音식) 蓋先貧後富、而嘗用力於自守者、故以此爲問、而夫子荅之如此、蓋許其所已能、而勉其所未至也

○子貢이曰詩云如切如磋ᄒᆞ며如琢如磨ㅣ라ᄒᆞ니其斯之謂與ㄴ뎌(與平聲)

子貢이ᄀᆞᆯ오ᄃᆡ詩에닐오ᄃᆡ切ᄃᆞᆺᄒᆞ고磋ᄃᆞᆺᄒᆞ며琢ᄃᆞᆺᄒᆞ며磨ᄃᆞᆺᄒᆞ다ᄒᆞ니그이ᄅᆞᆯ일옴인뎌

●詩、衛風淇奧(音욱)之篇、言治骨角者、旣切之而復(扶又反下同)磋之、治玉石者、旣琢之而復磨之、治之已精而益求其精也、子貢、自以無諂無驕、爲至矣、聞夫子之言、又知義理之無窮、雖有得焉、而未可遽自足也、故引是詩以明之

○子ㅣ曰賜也ᄂᆞᆫ始可與言詩已矣로다告諸(音져)往而知來者ㅣ온여

子ㅣᄀᆞᆯᄋᆞ샤ᄃᆡ賜ᄂᆞᆫ비로소可히더브러詩ᄅᆞᆯ니ᄅᆞ리로다往을告홈애來者ᄅᆞᆯ알고녀

●往者、其所已言者、來者、其所未言者、○愚按、此章問答、其淺深高下、固不待辨說而明矣、然不切、則磋無所施、不琢、則磨無所措、故學者雖不可安於小成、而不求造(音조)道之極致、亦不可騖(音무)於虛遠、而不察切已之實病也、

患 근심환 憂也

○子ㅣ曰不患人之不己知오 患不知人也ㅣ니라

子ㅣ ᄀᆞᆯᄋᆞ샤ᄃᆡ 人의 己를 아지 못ᄒᆞᆷ을 患치 말고 人을 아지 못ᄒᆞᆷ을 患ᄒᆞᆯ지니라

●尹氏曰、君子、求在我者、故不患人之不已知、不知人、則是非邪正、或不能辨、故以爲患也、

懸吐釋字具解集註論語卷之一

譬 비유할 비 喩也 曉也
蔽 가리울 폐 掩也 ㅣ也
邪 샤특할 사 不正 衮思ㅣ

懸吐釋字具解集註論語卷之二 爲政

爲政第二

凡二十四章

○子ㅣ曰爲政以德이譬如北辰(音신)이居其所ㅣ어든而衆星이共之니라

子ㅣ 갈ᄋᆞ샤ᄃᆡ 政을 호ᄃᆡ 德으로써 홈이 譬컨ᄃᆡ 北辰이 그 所에 居ᄒᆞ얏거든 모든 별이 共홈갓ᄒᆞ니라

●共音拱亦作拱○政之爲言、正也、所以正人之不正也、德之爲言、得也、行道而有得於心也、北辰、北極、天之樞也、居其所、不動也。共、向也、言衆星四面旋繞而、歸向之也、爲政以德、則無爲而天下歸之、其象如此○程子曰、爲政以德然後無爲、范氏曰、爲政以德、則不動而化、不言而信、無爲而成、所守者至簡、而能御煩、所處(上聲)者至靜、而能制動、所務者至寡、而能服衆、

○子ㅣ曰詩三百이一言以蔽之ᄒᆞ니曰思無邪ㅣ니라

姦思ㅣ
佞也

子ㅣ골ᄋᆞ샤ᄃᆡ詩ㅣ三百에한말에써蔽ᄒᆞ야스니골온思ㅣ邪업슴이니라

●詩三百十一篇、言三百者、擧大數也、蔽、猶蓋也、思無邪、魯頌駉音경篇之辭、凡詩之言、善者可以感發人之善心、惡者可以懲創人之逸志、其用、歸於使人得其情性之正而已、然其言微婉、且或各因一事而發、求其直指全体、則未有若此之明且盡者、故夫子、言詩三百篇而惟此一言、足以盡蓋其義、其示人之意、亦深切矣、○程子曰、思無邪者、誠也、范氏曰、學者必務知要、知要則能守約、守約則足以盡博矣經禮三百、曲禮三千、亦可以一言以蔽之曰毋不敬

○子ㅣ曰道之以政ᄒᆞ고齊之以刑이면民免而無恥니라

子ㅣ골ᄋᆞ샤ᄃᆡ道ᄒᆞᄃᆡ政으로써ᄒᆞ고齊호ᄃᆡ刑으로써ᄒᆞ면民이免ᄒᆞᆯ만ᄒᆞ고恥ᄒᆞᆷ은업ᄂᆞ니라

●道、猶引導、謂先之也、政、謂法制禁令也、齊、所以一之也、道之而不從者、有刑以一之也、免而無恥、謂苟免刑罰、而無所羞愧、蓋雖不敢爲惡、而爲惡之心、未嘗亡也

格 닐을격 至也

○道之以德ᄒᆞ고齊之以禮면有耻且格이니라

道호ᄃᆡ德으로써ᄒᆞ고齊호ᄃᆡ禮로써ᄒᆞ면耻ᄒᆞᆷ이잇고ᄯᅩ格ᄒᆞᄂᆞ니라

●禮謂制度品節也、格至也、言躬行以率之、則民固有所觀感而興起矣、而其淺深厚薄之不一者、又有禮以一之、則民耻於不善、而又有以至於善也、一說、格、正也、書曰、格其非心、○愚謂、政者、爲治之具、刑者、輔治之法、德禮則所以出治之本、而德又禮之本也、此其相爲終始、雖不可以偏廢、然政刑、能使民遠罪而已。德禮之效、則有以使民日遷善、而不自知、故治民者、不可徒恃其末、又當深探其本也

○子ㅣ曰吾ㅣ十有五而志于學ᄒᆞ고

子ㅣ갈ᄋᆞ샤ᄃᆡ내열이오ᄯᅩ다ᄉᆞᆺ에學에志ᄒᆞ고

●古者、十五而入大學、心之所之、謂之志、此所謂學、即大學之道也、志乎此、則念念在此、而爲之不厭矣

三十而立ᄒᆞ고

惑 의혹할혹 迷也疑也

踰 넘을유 越也

矩 법구 正方器又法也

셜흔에立ᄒᆞ고

●有以自立、則守之固、而無所事志矣

四十而不惑ᄒᆞ고

마흔에惑지아니ᄒᆞ고

◉於事物之所當然、皆無所疑、則知之明、而無所事守矣、

五十而知天命ᄒᆞ고

쉬인에天命을알고

●天命、卽天道之流行、而賦於物者、乃事物所以當然之故也、知此、則知極其精而不惑、又不足言矣、

六十而耳順ᄒᆞ고

예쉰에耳ㅣ順ᄒᆞ고

●聲入心通、無所違逆、知之之至、不思而得也、

七十而從心所欲ᄒᆞ야不踰矩호라

일흔에ᄆᆞᄋᆞᆷ의欲ᄒᆞᄂᆞᆫ바를좃차矩에넘지아니호라

●從隨也、矩、法度之器、所以爲方者也、隨其心之所欲、而自不過於法度、安而行之、不勉而中去聲也、○程子曰、孔子生而知者也、言亦由學而至、所以勉進後人也、立、能自立於斯道也、不惑、則無所疑矣、知天命、窮理盡性也、耳順、所聞皆通也、從心所欲不踰矩、則不勉而中矣、又曰、孔子自言其進德之序如此者、聖人未必然、但爲去聲學者立法、使之盈科而後進、成章而後達耳、胡氏曰。聖人之敎、亦多術、然其要、使人不失其本心而已、欲得此心者、惟志乎聖人所示之學、循其序而進焉、至於一疵不存、萬理明盡之後、則其日用之間、本心瑩然、隨所意欲、莫非至理、蓋心卽體、欲卽用、體卽道、用卽義、聲爲律、而身爲度矣、又曰、聖人言此、一以示學者當優游涵泳、不可躐等而進、二以示學者當日就月將、不可半途而廢也、愚謂、聖人生知安行、固無積累之漸、然其心、未嘗自謂已至此也、是其日用之間、必有獨覺其進、而人不及知者、故因其近似以自名、欲學者、以是爲則而自勉、非心實自聖、而姑爲是退託也、後凡言謙辭之屬、意皆放此、

懿 아람다울의 醇美大也

樊 울번 藩也

葬 장ᄉᆞ할장 藏也埋也

祭 제ᄉᆞ제 祀也

○孟懿子ㅣ問孝ᄒᆞᆫ대子ㅣ曰無違니라

孟懿子ㅣ孝를뭇ᄌᆞ온대子ㅣ골ᄋᆞ샤대違홈이업슴이니라

●孟懿子、魯大夫仲孫氏、名何忌、無違、謂不背(音피)於理、

○樊遲ㅣ御ㅣ러니子ㅣ告之曰孟孫이問孝於我ㅣ어늘我ㅣ對曰無違라호라

樊遲ㅣ御ᄒᆞ얏더니子ㅣ告ᄒᆞ야골ᄋᆞ샤대孟孫이孝를내게뭇거늘내對ᄒᆞ야골ᄋᆞ대違홈이업슴이라호라

●樊遲、孔子弟子、名須(魯人)御、爲(去聲)孔子御車也、孟孫、卽仲孫也、夫子、以懿子未達而不能問、恐其失指、而以從親之令爲孝、故語樊遲以發之、

○樊遲ㅣ曰何謂也잇고子ㅣ曰生事之以禮ᄒᆞ며死葬之以禮ᄒᆞ며祭之以禮니라

樊遲ㅣ골ᄋᆞ대엇지일옴이니잇고子ㅣ골ᄋᆞ샤대사라슬제셤김을禮로써ᄒᆞ며죽음의葬홈을禮로써ᄒᆞ며祭홈을禮로써홈이니라

養 공양할 양 供也 下奉上

●生事葬祭、事親之始終具矣、禮、卽理之節文也、人之事親、自始至終、一於禮而不苟、其尊親也至矣、是時、三家僭禮、故夫子以是警之、然語意渾然、又若不專爲去聲三家發者、所以爲聖人之言也、○胡氏曰、人之欲孝其親、心雖無窮、而分去聲則有限得爲而不爲、與不得爲而爲之、均於不孝、所謂以禮者、爲其所得爲者而已矣

○孟武伯이問孝ᄒᆞᆫ대子ㅣ曰父母는唯其疾之憂ㅣ시니라

孟武伯이孝ᄅᆞᆯ묻ᄌᆞ온대子ㅣᄀᆞᆯᄋᆞ샤ᄃᆡ父母ᄂᆞᆫ오직그疾을근심ᄒᆞ시ᄂᆞ니라

●武伯、懿子之子、名彘音체、言父母愛子之心、無所不至、唯恐其有疾病、常以爲憂也人子體此、而以父母之心、爲心、則凡所以守其身者、自不容於不謹矣、豈不可以爲孝乎、舊說、人子能使父母、不以其陷於不義爲憂、而獨以其疾爲憂、乃可爲孝亦通、

○子游ㅣ問孝ᄒᆞᆫ대子ㅣ曰今之孝者는是謂能養이니至於犬馬ᄒᆞ야도皆能有養이니不敬이면何以別乎ㅣ리오

子游ㅣ孝ᄅᆞᆯ묻ᄌᆞ온대子ㅣᄀᆞᆯᄋᆞ샤ᄃᆡ이제ㅅ孝ᄂᆞᆫ이니ᄅᆞᆫ能히養ᄒᆞᆷ이니犬과馬에니

饌 반찬찬 具食

ᄅᆞ러도다能히養ᄒᆞᆷ이잇ᄂᆞ니敬치아니ᄒᆞ면무ᄉᆞᆷ것으로써別ᄒᆞ리오

●子游、孔子弟子、姓言、名偃吳人養、謂飮食供奉也、犬馬、待人而食、亦若養。然言人畜犬馬、皆能有以養之、若能養其親、而敬不至、則與養犬馬者何異、甚言不敬之罪、所以深警之也、○胡氏曰、世俗事親、能養足矣、狎恩恃愛、而不知其漸流於不敬、則非小失也、子游、聖門高弟、未必至此、聖人直恐其愛踰於敬、故以是深警發之也、

○子夏ㅣ問孝ᄒᆞᆫᄃᆡ子ㅣ曰色難이니有事ㅣ어든弟子ㅣ服其勞ᄒᆞ고有酒食(音ᄉᆞ)ㅣ어든先生饌이曾是以爲孝乎아

子夏ㅣ孝를묻ᄌᆞ온ᄃᆡ子ㅣᄀᆞᆯᄋᆞ샤ᄃᆡ色이어려오니일이잇거든弟子ㅣ그勞를服ᄒᆞ고酒와食ㅣ잇거든先生을饌ᄒᆞᆷ이일즉이써孝ㅣ라ᄒᆞ랴

●色難、謂事親之際、惟色爲難也、食、飯也、先生。父兄也、饌、飮食之也、曾、猶嘗也、蓋孝子之有深愛者、必有和氣、有和氣者、必有愉色、有愉色者、必有婉容、故事親之際、惟色爲難耳、服勞奉養、未足爲孝也、舊說、承順父母之色、爲難、亦通、

○程子曰、告懿子、告衆人者也、告武伯者、以其人多可憂之事、子游、能養、而或失於敬、子夏能直義、而或少溫潤之色、各因其材之高下、與其所失而告之、故不同也、

○子ㅣ曰吾與回로言終日에不違如愚ㅣ러니退而省其私혼ᄃᆡ亦足以發ᄒᆞᄂᆞ니回也ㅣ不愚ㅣ로다

子ㅣᄀᆞᆯᄋᆞ샤ᄃᆡ내回로더브러言홈을日을終홈애어글웃디아니홈이어린ᄃᆞᆺᄒᆞ더니退커든그私를省혼ᄃᆡ또ᄒᆞᆫ足히써發ᄒᆞᄂᆞ니回ㅣ어리디아니ᄒᆞ도다

●回、孔子弟子、姓顔、字子淵、不違者、意不相背音패、有聽受而無問難也、私、謂燕居獨處、非進見請問之時、發、謂發明所言之理、愚聞之師、曰、顔子深潛純粹、其於聖人體段已具、其聞夫子之言、默識心融、觸處洞然、自有條理、故終日言、但見其不違如愚人而已、及退省其私、則見其日用動靜語默之間、皆足以發明夫子之道、坦然由之而無疑、然後知其不愚也、

○子ㅣ曰視其所以ᄒᆞ며

子ㅣ ᄀᆞᆯᄋᆞ샤ᄃᆡ 그以ᄒᆞᄂᆞᆫ바를視ᄒᆞ며

●以、爲也、爲善者爲君子、爲惡者爲小人

觀其所由ᄒᆞ며

그由ᄒᆞᆫ바를觀ᄒᆞ며

●觀、比視爲詳矣、由、從也、事雖爲善、而意之所從來者、有未善焉、則亦不得爲君子矣、或曰由、行也、謂所以行其所爲者也、

察其所安이면

그安ᄒᆞᄂᆞᆫ바를察ᄒᆞ면

●察、則又加詳矣、安、所樂也、所由雖善、而心之所樂者、不在於是則亦僞耳、豈能久而不變哉、

人焉廋哉리오 **人焉廋哉**리오

사ᄅᆞᆷ이엇디숨기리오사ᄅᆞᆷ이엇디숨기리오

●焉、何也、廋、匿也、重言以深明之、○程子曰、在己者、能知、言窮理、則能以此

廋 숨길수 匿也

察人、如聖人也、

○子ㅣ曰溫故而知新이면可以爲師矣니라

子ㅣ ᄀᆞᆯᄋᆞ샤ᄃᆡ 故ᄅᆞᆯ溫ᄒᆞ야 新을知ᄒᆞ면可히師ㅣ 되염즉ᄒᆞ니라

●溫、尋繹也、故者、舊所聞、新者、今所得、言學能時習舊聞、而每有新得、則所學在我、而其應不窮、故可以爲人師、若夫記問之學、則無得於心、而所知有限、故學記、譏其不足以爲人師、正與此意、互相發也

○子ㅣ曰君子는不器니라

子ㅣ ᄀᆞᆯᄋᆞ샤ᄃᆡ 君子ᄂᆞᆫ器ㅣ 아니니라

●器者、各適其用、而不能相通、成德之士、體無不具、故用無不周、非特爲一才一藝而已、

○子貢이問君子ᄒᆞᆫᄃᆡ子ㅣ曰先行其言이오而後從之니라

子貢이君子ᄅᆞᆯ뭇ᄌᆞ온ᄃᆡ 子ㅣ ᄀᆞᆯᄋᆞ샤ᄃᆡ 몬져 그言을行ᄒᆞ고後에從ᄒᆞᄂᆞ니라

●周氏(周氏名孚先字伯忱毗陵人)曰、先行其言者、行之於未言之前、而後從之者、言之於既行之

罔 엄슴망 無也
殆 위태할태 危也

後、○范氏曰、子貢之患、非言之艱而行之艱、故告之以此、

○子ㅣ曰君子는周而不比ᄒᆞ고小人은比而不周ㅣ니라

子ㅣᄀᆞᆯᄋᆞ샤ᄃᆡ君子ᄂᆞᆫ周ᄒᆞ고比티아니ᄒᆞ고小人은比ᄒᆞ고周티아니ᄒᆞᄂᆞ니라

●周、普徧也、比、偏黨也、皆與人親厚之意、但周公而比私爾、○君子小人、所爲不同、如陰陽晝夜、每每相反、然究其所以分、則在公私之際、毫釐之差耳、故聖人於周比和同驕泰之屬、常對擧而互言之、欲學者察乎兩間、而審其取舍之幾也、

○子ㅣ曰學而不思則罔ᄒᆞ고思而不學則殆ㅣ니라

子ㅣᄀᆞᆯᄋᆞ샤ᄃᆡ學ᄒᆞ고思티아니ᄒᆞ면罔ᄒᆞ고思ᄒᆞ고學디아니ᄒᆞ면殆ᄒᆞᄂᆞ니라

●不求諸心、故昏而無得、不習其事、故危而不安、○程子曰、博學、審問、愼思、明辨、篤行、五者廢其一、非學也、

○子ㅣ曰攻乎異端이면斯害也已ㅣ니라

子ㅣᄀᆞᆯᄋᆞ샤ᄃᆡ異端을攻ᄒᆞ면이害ㅣ니라

●范氏曰、攻、專治也、故治木石金玉之工曰攻、異端、非聖人之道、而別爲一端、

誨 ᄀᆞᄅᆞ칠 회 敎訓

祿 록 록 福也

如楊墨是也、其率天下、至於無父無君、專治而欲精之、爲害甚矣、○程子曰、佛氏之言、比之楊墨、尤爲近理、所以其害爲尤甚、學者當如淫聲美色以遠之、不爾則駸駸音침然入於其中矣

○子ㅣ曰由아誨女知之乎ㄴ뎌知之爲知之오不知爲不知ㅣ是知也ㅣ니라

子ㅣ ᄀᆞᆯᄋᆞ샤ᄃᆡ由아너ᄅᆞᆯ알옴을가ᄋᆞ칠썬뎌아ᄂᆞᆫ겻을아노라ᄒᆞ고아디못ᄒᆞᄂᆞᆫ거ᄉᆞᆯ아디못ᄒᆞ노라홈이이알옴이니라

●由、孔子弟子、姓仲字子路 魯之卞人 子路好勇、蓋有强其所不知、以爲知者、故夫子告之曰、我敎女以知之之道乎、但所知者、則以爲知、所不知者、則以爲不知、如此則雖或不能盡知、而無自欺之蔽、亦不害其爲知矣、況由此而求之、又有可知之理乎

○子張이學干祿ᄒᆞᆫ대

子張이祿을干홈을學호려ᄒᆞᆫ대

●子張、孔子弟子、姓顓孫、名師 陳人 干、求也、祿、仕者之奉也

闕 결할궐 空也
尤 원망우 怨也
悔 뉘우칠회 改也 恨也
錯 同措

子ㅣ曰多聞闕疑오 愼言其餘則寡尤ㅣ며 多見闕殆오 愼行其餘則寡悔니 言寡尤ᄒᆞ며 行寡悔면 祿在其中矣니라

子ㅣᄀᆞᆯᄋᆞ샤ᄃᆡ해드러疑를闕ᄒᆞ고그남ᄋᆞ니를삼가닐르면허믈이져그며해보와殆를闕ᄒᆞ고그남ᄋᆞ니를삼가行ᄒᆞ면뉘웃브미져ᄂᆞ니言이허믈이져그며行이뉘웃브미져그면祿이그가온대잇ᄂᆞ니라

●呂氏(呂氏名大臨字與叔藍田人)曰、疑者、所未信、殆者、所未安、程子曰、尤、罪自外至者也、悔、理自內出者也、愚謂、多聞見者、學之博、闕疑殆者、擇之精、愼言行者、守之約、凡言在其中者、皆不求而自至之辭、言此、以救子張之失而進之也、○程子曰、修天爵、則人爵至、君子言行能謹、得祿之道也、子張學干祿、故告之以此、使定其心、而不爲利祿動、若顏閔則無此問矣、或疑如此、亦有不得祿者、孔子、蓋曰耕也餒在其中、惟理可爲者、爲之而已矣、

○哀公이 問曰何爲則民服이니잇고 孔子ㅣ 對曰擧直錯(音조)諸(音저)枉則民服ᄒᆞ고 擧枉錯諸直則民不服이니이다

莊 식식할 장 端嚴也

哀公못ᄌᆞ와골ᄋᆞ샤ᄃᆡ엇디ᄒᆞ면民이服ᄒᆞᄂᆞ니잇고孔子ㅣ對ᄒᆞ야골ᄋᆞ샤ᄃᆡ直을擧ᄒᆞ고모든枉을錯ᄒᆞ면民이服ᄒᆞ고枉을擧ᄒᆞ고모든直을錯ᄒᆞ면民이服디아니ᄒᆞᄂᆞ니이다

●哀公、魯君、名蔣、凡君問、皆稱孔子對曰者、尊君也、錯、捨置也、諸、衆也、程子曰、擧錯得義、則人心服○謝氏曰、好直而惡(音오)枉、天下之至情也、順之則服、逆之則去、必然之理也、然或無道以照之、則以直爲枉、以枉爲直者多矣、是以、君子、大居敬而貴窮理也、

○季康子ㅣ問使民敬忠以勸호ᄃᆡ如之何ㅣ리잇고子ㅣ曰臨之以莊則敬ᄒᆞ고孝慈則忠ᄒᆞ고擧善而敎不能則勸이니라

季康子ㅣ묻ᄌᆞ오ᄃᆡ民으로ᄒᆞ야곰敬ᄒᆞ며忠ᄒᆞ며써勸케호ᄃᆡ엇디ᄒᆞ리잇고子ㅣ골ᄋᆞ샤ᄃᆡ臨호ᄃᆡ莊으로써ᄒᆞ면敬ᄒᆞ고孝ᄒᆞ며慈ᄒᆞ면忠ᄒᆞ고善을擧ᄒᆞ고能티못ᄒᆞᄂᆞᆫ이를가ᄅᆞ치면勸ᄒᆞᄂᆞ니라

●季康子、魯大夫季孫氏、名肥、莊、謂容貌端嚴也、臨民以莊、則民敬於己、孝於親

奚엇디히 何也

慈於衆、則民忠於己、善者擧之、而不能者敎之、則民有所勸、而樂於爲善、○張敬夫曰、此皆在我所當爲、非爲欲使民、敬忠以勸而爲之也、然能如是、則其應、蓋有不期然而然者矣、

○或이謂孔子曰子ᄂᆞᆫ奚不爲政이시니잇고

或이孔子씌닐어ᄀᆞᆯᄋᆞᄃᆡ子ᄂᆞᆫ엇디政을ᄒᆞ디아니ᄒᆞ시ᄂᆞ니잇고

●定公初年、孔子不仕、故或人疑其不爲政也

子ㅣ曰書云孝乎인뎌惟孝ᄒᆞ며友于兄弟ᄒᆞ야施於有政이라ᄒᆞ니是亦爲政이니奚其爲爲政이리오

○子ㅣᄀᆞᆯᄋᆞ샤ᄃᆡ書에孝를닐런ᄂᆞᆫ뎌孝ᄒᆞ며兄弟에友ᄒᆞ야政에베프다ᄒᆞ니ᄯᅩᄒᆞᆫ政을ᄒᆞᆷ이니엇디ᄒᆞ여아그政을ᄒᆞᆫ다ᄒᆞ리오

●書、周書君陳篇、書云孝乎者、言書之言孝如此也、善兄弟曰友、書言君陳、能孝於親友於兄弟、又能推廣此心、以爲一家之政、孔子引之、言如此、則是亦爲政矣、何必居位、乃爲爲政乎、蓋孔子之不仕、有難以語或人者、故託此以告之、要之、至

輗 멍에예 轅端持衡者

軏 멍에월 車轅端持衡

理亦不外是、

○子ㅣ曰人而無信이면不知其可也케라 大車ㅣ無輗ᄒᆞ며小車ㅣ無軏音월이면其何以行之哉리오

子ㅣᄀᆞᆯᄋᆞ샤ᄃᆡ사ᄅᆞᆷ이오信이업스면그可ᄒᆞᆷ을아디못게라大ᄒᆞᆫ車ㅣ輗ㅣ업스며小ᄒᆞᆫ車ㅣ軏이업스면그무셔스로써行ᄒᆞ리오

●大車、謂平地任載之車、輗轅端橫木、縛軛音厄以駕牛者、小車、謂田車兵車乘車、軏、轅端上曲鉤、衡以駕馬者、車無此二者、則不可以行、人而無信、亦猶是也、

○子張이問十世를可知也ㅣ잇가

子張이묻ᄌᆞ오ᄃᆡ十世를可히알게시니잇가

●陸氏曰、也、一作乎、○王者、易姓受命、爲一世、子張問、自此以後十世之事、可前知乎、

子ㅣ曰殷因於夏禮ᄒᆞ니所損益을可知也ㅣ며周因於殷禮ᄒᆞ니所損益을可知也ㅣ니其或繼周者ㅣ면雖百世라도可知也ㅣ니라

子ㅣᄀᆞᆯᄋᆞ샤ᄃᆡ殷이夏ㅅ禮에因ᄒᆞ니損ᄒᆞ며益ᄒᆞᆫ바ᄅᆞᆯ可히알게시며周ㅣ殷ㅅ禮에因ᄒᆞ니損ᄒᆞ며益ᄒᆞᆫ바ᄅᆞᆯ可히알게시니그或周ᄅᆞᆯ니을者ㅣ면비록百世라도可히알게시니라

●馬氏曰(馬氏名融東漢扶風人)所因、謂三綱五常、所損益、謂文質三統、愚按、三綱、謂君爲臣綱、父爲子綱、夫爲妻綱、五常、謂仁義禮智信、文質、謂夏尙忠、商尙質、周尙文、三統、謂夏正建寅、爲人統、商正建丑、爲地統、周正建子、爲天統、三綱五常、禮之大體、三代相繼、皆因之而不能變、其所損益、不過文章制度、小過不及之間、而其已然之迹、今皆可見、則自今以往、或有繼周而王者、雖百世之遠、所因所革、亦不過此、豈但十世而已乎、聖人所以知來者、蓋如此、非若後世讖緯術數之學也、○胡氏曰、子張之問、蓋欲知來、而聖人、言其旣往而明之也、夫自修身、以至於爲天下、不可一日而無禮、天叙天秩、人所共由、禮之本也、商不能改乎夏、周不能改乎商、所謂天地之常經也、若乃制度文爲、或太過、則當損、或不足、則當益、益之損之、與時宜之、而所因者不壞、是古今之通義也、因往推來、雖百世之遠、不過如此而已矣、

○子ㅣ曰非其鬼而祭之ㅣ諂也오ㅣ

子ㅣᄀᆞᆯᄋᆞ샤ᄃᆡ그鬼ㅣ아닌거ᄉᆞᆯ祭홈이諂이오

●非其鬼、謂非其所當祭之鬼、諂求媚也、

見義不爲ㅣ無勇也ㅣ니라

義를보고ᄒᆞ디아니홈이勇이업슴이니라

●知而不爲、是無勇也、

懸吐釋字具解 集註論語卷之二爲政 終

佾 춤줄일 舞行

懸吐釋字具解 集註論語卷之三

八佾第三

凡二十六章、通前篇末二章、皆論禮樂之事、

○孔子ㅣ謂季氏ᄒᆞ샤ᄃᆡ 八佾로 舞於庭ᄒᆞ니 是可忍也ㅣ온 孰不可忍也ㅣ리오

孔子ㅣ季氏를닐ᄋᆞ샤ᄃᆡ八佾로庭에舞ᄒᆞ니可히ᄎᆞᆷ아ᄒᆞ곤므슨거슬可히ᄎᆞᆷ아못ᄒᆞ리오

●佾音逸○季氏、魯大夫季孫氏也、佾、舞列也、天子八、諸侯六、大夫四、士二、每佾人數、如其佾數、或曰每佾八人、未詳孰是季氏以大夫而僭用天子之禮樂、孔子言其此事尙爲之、則何事不可忍爲、或曰、忍、容忍也、蓋深疾之之辭、○范氏曰、樂舞之數、自上而下、降殺音쇄以兩而已、故兩之間、不可以毫髮僭差也、孔子爲政、先正禮樂、則季氏之罪、不容誅矣、謝氏曰、君子於其所不當爲、不敢須臾處、不忍故也、而季氏忍此矣、則雖弑父與君、亦何所憚而不爲乎、

雍 화할옹 和也 **徹** 것울철 撤通 **辟** 인군벽 君也 **穆** 화목할 목和也 敬也

○三家者ㅣ以雍徹이러니子ㅣ曰相維辟公이어늘天子穆穆을奚取於三家之堂고

三家者ㅣ雍으로徹ᄒᆞ더니子ㅣᄀᆞᆯᄋᆞ샤ᄃᆡ相ᄒᆞᄂᆞᆫ이辟公이어늘天子ㅣ穆穆ᄒᆞ욤을엇디三家ㅅ堂에取ᄒᆞᆫ고

●三家、魯大夫、孟孫、叔孫、季孫之家也、雍、周頌篇名、徹、祭畢而收其俎也、天子宗廟之祭、則歌雍以徹、是時三家僭而用之、相、助也、辟公、諸侯也、穆穆、深遠之意、天子之容也、此、雍詩之辭、孔子引之、言三家之堂、非有此事、亦何取於此義而歌之乎、譏其無知妄作、以取僭竊之罪、○程子曰、周公之功、固大矣、皆臣子之分所當爲、魯安得獨用天子禮樂哉、成王之賜、伯禽之受、皆非也、其因襲之弊、遂使季氏、僭八佾、三家僭雍徹、故仲尼譏之、

○子ㅣ曰人而不仁이면如禮에何ㅣ며人而不仁이면如樂音악에何오

子ㅣᄀᆞᆯᄋᆞ샤ᄃᆡ사ᄅᆞᆷ이오仁티아니ᄒᆞ면禮에엇지ᄒᆞ며사ᄅᆞᆷ이오仁티아니ᄒᆞ면樂에엇디ᄒᆞ리오

奢 사치할 / 사사 侈也

戚 슬플척 感通

●游氏曰、人而不仁、則人心亡矣、其如禮樂何哉、言雖欲用之、而禮樂不爲之用也

○程子曰、仁者、天下之正理、失正理、則無序而不和李、氏曰、李氏名郁字光祖昭武人禮樂、待人而後行、苟非其人、則雖玉帛交錯、鍾鼓鏗音깅鏘、亦將如之何哉、然記者、序此於八佾雍徹之後、疑其爲僭禮樂者發也、

○林放이問禮之本흔듸

林放이禮의本을묻ᄌᆞ온듸

●林放、魯人、見世之爲禮者、專事繁文、而疑其本之不在是也、故以爲問、

子ㅣ曰大哉라問이여

子ㅣ골ᄋᆞ샤ᄃᆡ크다무름이여

●孔子、以時方逐末、而放獨有志於本、故大其問、蓋得其本、則禮之全體、無不在其中矣、

○禮ㅣ與其奢也론寧儉이오喪이與其易音이也론寧戚이니라

禮ㅣ그奢홈으로더브러론찰하리儉홀ᄯᅵ오喪이그易홈으로더브론찰하리戚홀ᄯᅵ

니라

●易、治也、孟子曰、易其田疇、在喪禮、則節文習熟、而無哀痛慘怛之實者也、戚則一於哀、而文不足耳、禮貴得中、奢易則過於文、儉戚則不及而質、二者皆未合禮、然凡物之理、必先有質而後有文、則質乃禮之本也、○范氏曰、夫祭、與其敬不足而禮有餘也、不若禮不足而敬有餘也、喪、與其哀不足而禮有餘也、不若禮不足而哀有餘也、禮失之奢、喪失之易、皆不能反本而隨其末故也、禮奢而備、不若儉而不備、之愈也、喪易而文、不若戚而不文之愈也、儉者物之質、戚者心之誠、故爲禮之本、楊氏曰、禮、始諸飮食、故汙尊而抔飮、爲之簠音보簋音궤籩豆罍音뢰爵之飾、所以文之也、則其本儉而已、喪不可以徑情而直行、爲之衰麻哭踊之數、所以節之也、則其本戚而已、周衰、世方以文滅質、而林放獨能問禮之本、故夫子大之、而告之以此、

○子ㅣ曰夷狄之有君이不如諸音저夏之亡音무也ㅣ니라

子ㅣ ᄀᆞᆯᄋᆞ샤ᄃᆡ 夷狄의 君이 이심이 諸夏의 업ᄉᆞᆷ이 ᄀᆞᆺ디 아니ᄒᆞ니라

冉 약할염 弱也

揖 읍할읍 遜也

讓 ᄉᆞ양양 謙也

●吳氏曰、亡、古無字通用、程子曰、夷狄且有君長、不如諸夏之僭亂、反無上下之分也、○尹氏曰、孔子、傷時之亂而歎之也、無非實無也、雖有之、不能盡其道爾、

○季氏ㅣ旅於泰山이러니 子謂冉有曰女(汝同)ㅣ弗能救與아 對曰不能이로소이다 子ㅣ曰嗚呼ㅣ라 曾謂泰山이 不如林放乎아

季氏ㅣ泰山에旅ᄒᆞ더니子ㅣ冉有ᄃᆞ려닐너ᄀᆞᆯᄋᆞ샤ᄃᆡ네能히救티못ᄒᆞ리로소냐對ᄒᆞ야ᄀᆞᆯᄋᆞᄃᆡ못ᄒᆞ리로소이다子ㅣᄀᆞᆯᄋᆞ사ᄃᆡ嗚呼라일즉泰山이林放만ᄀᆞᆺ디못ᄒᆞ다니르랴

●旅、祭名、泰山、山名、在魯地、禮諸侯、祭封內山川、季氏祭之、僭也、冉有、孔子弟子、名求(魯人)時爲季氏宰、救、謂救其陷於僭竊之罪、嗚呼、歎辭、言、神不享非禮、欲季氏知其無益而自止、又進林放以勵冉有也、○范氏曰、冉有、從季氏、夫子、豈不知其不可告也、然而聖人不輕絶人、盡己之心、安知冉有之不能救、季氏之不可諫也、既不能正、則美林放以明泰山之不可誣、是亦敎誨之道矣、

○子ㅣ曰君子ㅣ無所爭이나 必也射乎ㄴ뎌 揖讓而升ᄒᆞ야 下而飮ᄒᆞᄂᆞ니

倩 입믜어엿블쳔 好口輔
盼 아름다온눈변 黑白也美目流視貌
絢 무늬현 采成文

其爭也ㅣ君子ㅣ니라
子ㅣᄀᆞᆯᄋᆞᄃᆡ샤君子ㅣᄃᆞ토ᄂᆞᆫ배업스나반ᄃᆞ시射ᄂᆞᆫ뎌揖讓ᄒᆞ야올나나려와머키ᄂᆞ
니그ᄃᆞ톰이君子ㅣ니라
●揖讓而升者、大射之禮、耦進三揖、而後升堂也、下而飮、謂射畢、揖降、以俟衆耦皆降、勝者乃揖、不勝者升、取觶(音치)立飮也、言君子、恭遜不與人爭、惟於射而後有爭、然其爭也、雍容揖遜乃如此、則其爭也君子、而非若小人之爭也、

○子夏ㅣ問曰巧笑倩兮며美目盼(音변)兮여素以爲絢兮라ᄒᆞ니何謂也ㅣ잇고
子夏ㅣ믓ᄌᆞ와ᄀᆞᆯᄋᆞ대巧ᄒᆞᆫ笑ㅣ倩ᄒᆞ며美ᄒᆞᆫ目이盼홈이여素로써絢을ᄒᆞ다ᄒᆞ니엇디닐음이니잇고
●此、逸詩也、倩、好口輔也、盼、目黑白分也、素、粉地、畫之質也、絢、采色、畫之飾也、言、人有此倩盼之美質、而又加以華采之飾、如有素地而加采色也、子夏、疑其反謂以素爲飾、故問之、

子ㅣ曰繪事ㅣ後素ㅣ니라

子ㅣᄀᆞᆯᄋᆞ샤ᄃᆡ繪ᄒᆞᄂᆞᆫ일이素에後ㅣ니라

●繪事、繪畫之事也、後素、後於素也、考工記曰、繪畫之事、後素功、謂先以粉地爲質、而後施五采、猶人有美質、然後可加文飾

曰禮ㅣ後乎ᆫ뎌 子ㅣ曰起予者ᄂᆞᆫ 商也ㅣ로다 始可與言詩已矣로다

ᄀᆞᆯᄋᆞ샤ᄃᆡ禮ㅣ後ㅣᆫ뎌子ㅣᄀᆞᆯᄋᆞ샤ᄃᆡ나ᄅᆞᆯ起ᄒᆞᄂᆞᆫ者ᄂᆞᆫ商이로다비로소可히더부러詩ᄅᆞᆯ닐엄즉ᄒᆞ도다

●禮必以忠信爲質、猶繪事、必以粉素爲先、起、猶發也、起予、言、能起發我之志意謝氏曰、子貢、因論學而知詩、子夏、因論詩而知學、故皆可與言詩、○楊氏曰、甘受和、白受采、忠信之人可以學禮、苟無其質、禮不虛行、此繪事後素之說也、孔子曰、繪事後素、而子夏曰、禮後乎、可謂能繼其志矣、非得之言意之表者、能之乎、商賜、可與言詩者以此、若夫玩心於章句之末、則其爲詩、固而已矣、所謂起予、則亦相長之義也、

繪 그림회 畫也

杞 나라 긔 夏之後

徵 딩거할 딩 證也

獻 문헌 헌 文獻

禘 나라 큰 제향 제 王者大祭名

灌 물부을 관 漑也 澆也

○子ㅣ曰夏禮를吾能言之나杞不足徵也ㅣ며殷禮를吾能言之나宋不足徵也는文獻이不足故也ㅣ니足則吾能徵之矣로리라

子ㅣᄀᆞᆯᄋᆞ샤ᄃᆡ夏ㅅ禮를내能히니르나杞에足히徵티못ᄒᆞ며殷ㅅ禮를내能히니르나宋에足히徵티못홈은文과獻이足디못ᄒᆞᆫ故ㅣ니足ᄒᆞ면내能히徵호리라

●杞、夏之後、宋、殷之後、徵、證也、文、典籍也、獻、賢也、言二代之禮、我能言之、而二國不足取以爲證、以其文獻、不足故也、文獻若足、則我能取之以證吾言矣、

○子ㅣ曰禘ㅣ自既灌而往者는吾不欲觀之矣로라

子ㅣᄀᆞᆯᄋᆞ샤ᄃᆡ禘ㅣ임의灌홈으로부터往ᄒᆞᆫ者는내보고져아니ᄒᆞ노라

●趙伯循曰(伯循名匡唐河東人)禘王者之大祭也、王者、既立始祖之廟、又推始祖所自出之帝、祀之於始祖之廟、而以始祖配之也、成王、以周公有大勳勞、賜魯重祭 故得禘於周公之廟、以文王爲所出之帝、而周公配之、然非禮矣、灌者、方祭之始、用鬱鬯之酒、灌地以降神也、魯之君臣、當此之時、誠意未散、猶有可觀、自此以後則浸以懈怠、而無足觀矣、蓋魯祭非禮、孔子本不欲觀、至此而失禮之中、又失禮焉、故發

掌 손바닥 장 心主也

此歎也、○謝氏曰、夫子嘗曰、我欲觀夏道、是故之杞而不足證也、我用觀商道、是故之宋而不足證也、又曰我觀周道、幽厲傷之、吾舍魯何適矣、魯之郊禘非禮也、周公其衰矣、考之杞宋、已如彼、考之當今又如此、孔子、所以深歎也、

○或이問禘之說ᄒᆞᆫ대子ㅣ曰不知也ㅣ로라 知其說者之於天下也에 其如示諸斯乎ᄂᆞᆫ뎌ᄒᆞ시고 指其掌ᄒᆞ시다

或이禘의說을뭇ᄌᆞ온대子ㅣ ᄀᆞᆯᄋᆞ샤ᄃᆡ아디몯ᄒᆞ노라 그說을아ᄂᆞᆫ者ㅣ天下에그이를봄갓ᄒᆞᆫ뎌ᄒᆞ시고 그掌을ᄀᆞᄅᆞ치시다

●先王、報本追遠之意、莫深於禘、非仁孝誠敬之至、不足以與此、非或人之所及也、而不王不禘之法、又魯之所當諱者、故以不知荅之、示、與視同、指其掌、弟子記夫子言此、而自指其掌、言其明且易也、蓋知禘之說、則理無不明、誠無不格、而治天下不難矣、聖人於此、豈眞有所不知也哉、

○祭如在ᄒᆞ시며 祭神如神在ᄒᆞ더시다

祭ᄒᆞ샤ᄃᆡ잇ᄂᆞᆫ ᄃᆞᆺ시ᄒᆞ시며神을祭ᄒᆞ사ᄃᆡ神이잇ᄂᆞᆫ ᄃᆞᆺ시ᄒᆞ더시다

媚 아당할미 悅也 諂也

奧 깁흘오 內也 深也 室西南隅

竈 부억조 爨炊窟

●程子曰、祭、祭先祖也、祭神、祭外神也、祭先主於孝、祭神主於敬、愚謂、此門人記孔子祭祀之誠意、

子ㅣ曰吾不與祭면如不祭니라

子ㅣ 갈으샤ᄃᆡ 내 祭에 與티 못ᄒᆞ면 祭아니홈 ᄀᆞᆺᄐᆞ니라

●又記孔子之言、以明之、言已當祭之時、或有故不得與、而使他人攝之、則不得致其如在之誠、故雖已祭、而此心缺然、如未嘗祭也、○范氏曰、君子之祭、七日戒三日齊、必見所祭者、誠之至也、是故郊則天神格、廟則人鬼享、皆由己以致之也、有其誠則有其神、無其誠則無其神、可不謹乎、吾不與祭如不祭、誠爲實、禮爲虛也、

○王孫賈ㅣ問曰與其媚於奧론寧媚於竈ㅣ라ᄒᆞ니何謂也ㅣ잇고

王孫賈ㅣ 뭇ᄌᆞ와 ᄀᆞᆯ오ᄃᆡ 그 奧에 媚홈으로 더브러론 출하리 竈에 媚ᄒᆞᆯ 씨라 ᄒᆞ니 엇디 닐음이니잇고

●王孫賈、衛大夫、媚、親順也、室西南隅、爲奧、竈者、五祀之一、夏所祭也、凡祭五

獲 神求福 빌도祈 禱 得也 엇을획 郁 빗날욱 文盛

祀、皆先設主、而祭於其所、然後迎尸而祭於奧、略如祭宗廟之儀、如祀竈、則設主於竈陘형音 祭畢、而更設饌於奧、以迎尸也、故時俗之語、因以奧有常尊、而非祭之主、竈雖卑賤、而當時用事、喩自結於君、不如阿附權臣也、賈、衛之權臣、故以此諷孔子、

子ㅣ曰不然ᄒᆞ다獲罪於天이면無所禱也ㅣ니라

子ㅣ ᄀᆞᆯᄋᆞ샤ᄃᆡ 그러티아니 다罪를하ᄂᆞᆯ씌 어드면禱ᄒᆞᆯ배 업스니라

●天、卽理也、其尊無對、非奧竈之可比也、逆理、則獲罪於天矣、豈媚於奧竈、所能禱而免乎、言、但當順理、非特不當媚竈、亦不可媚於奧也、○謝氏曰、聖人之言遜而不迫、使王孫賈而知此意、不爲無益、使其不知、亦非所以取禍

○子ㅣ曰周監於二代ᄒᆞ니郁郁乎文哉라吾從周호리라

子ㅣ ᄀᆞᆯᄋᆞ샤ᄃᆡ周ㅣ二代에監ᄒᆞ니郁郁히文ᄒᆞᆫ디라내周를좃초리라

●監、視也、二代、夏商也、言、其視二代之禮、而損益之、郁郁、文盛貌、○尹氏曰、二代之禮、至周大備、夫子美其文而從之、

廟 ᄉᆞ당묘 宗ㅣ 鄹 서추 鄒同

○子ㅣ入太廟ᄒᆞ샤每事를問ᄒᆞ신대或이曰孰謂鄹(音츄)人之子를知禮乎오入太廟ᄒᆞ야每事를問이온여 子ㅣ聞之ᄒᆞ시고曰是ㅣ禮也ㅣ니라

子ㅣ大廟에들어每事를무르신대或이ᄀᆞᆯ오대뉘닐오대鄹人의子를禮를안다ᄒᆞ더뇨太廟에드러每事를뭇고녀子ㅣ드르시고ᄀᆞᆯᄋᆞ샤대이禮ㅣ니라

●大廟、魯周公廟、此蓋孔子始仕之時、入而助祭也、鄹、魯邑名、孔子父、叔梁紇、嘗爲其邑大夫、孔子自少以知禮聞、故或人因此而譏之、孔子言、是禮者、敬謹之至、乃所以爲禮也、○尹氏曰、禮者、敬而已矣、雖知亦問、謹之至也、其爲敬、莫大於此、謂之不知禮者、豈足以知孔子哉

子ㅣ曰射不主皮는爲力不同科ㅣ니古之道也ㅣ니라

子ㅣᄀᆞᆯᄋᆞ샤대射홈에皮를主티아니홈은힘이科ㅣ同티아님을爲ᄒᆞ얘니녯道ㅣ니라

●射不主皮、鄕射禮文、爲力不同科、孔子解禮之意如此也、皮、革也、布侯而棲革於其中、以爲的、所謂鵠也、科、等也、古者、射以觀德、但主於中、而不主於貫革、

餼 먹일희 饋餉

蓋以人之力、有强弱不同等也、記曰、武王克商、散軍郊射、而貫革之射息、正謂此也、周衰禮廢、列國兵爭、復尙貫革、故孔子歎之、○楊氏曰、中可以學而能、力不可以强而至、聖人言古之道、所以正今之失、

○子貢이欲去告朔之餼羊ᄒᆞᆫᄃᆡ

子貢이朔을告ᄒᆞᄂᆞᆫ餼羊을去코져ᄒᆞᆫᄃᆡ

告朔之禮、古者天子、常以季冬、頒來歲十二月之朔于諸侯、諸侯受而藏之祖廟、月朔、則以特羊告廟、請而行之、餼、生牲也、魯自文公始不視朔、而有司猶供此羊、故子貢欲去之、

子ㅣ曰賜也아爾愛其羊가我愛其禮ᄒᆞ노라

子ㅣᄀᆞᆯᄋᆞ샤ᄃᆡ賜아너ᄂᆞᆫ그羊을愛ᄒᆞᄂᆞᆫ가나ᄂᆞᆫ그禮를愛ᄒᆞ노라

●愛猶惜也、子貢、蓋惜其無實而妄費、然禮雖廢、羊存猶得以識之、而可復焉、若併去其羊、則此禮遂亡矣、孔子所以惜之、○楊氏曰、告朔、諸侯所以稟命於君親、

禮之大者、魯不視朔矣、然羊存則告朔之名、未泯、而其實因可擧、此、夫子所以惜之也、

○子ㅣ曰事君盡禮를人이以爲諂也ㅣ라ᄒᆞᄂᆞ다

子ㅣᄀᆞᆯᄋᆞ샤ᄃᆡ君을셤굠에禮를다홈을사ᄅᆞᆷ이써諂ᄒᆞᆫ다ᄒᆞᄂᆞ다

●黃氏曰(黃氏名祖舜字繼道三山人) 孔子、於事君之禮、非有所加也、如是而後盡爾、時人不能、反以爲諂、故孔子言之、以明禮之當然也、○程子曰、聖人事君盡禮、當時以爲諂、若他人言之、必曰我事君盡禮、小人以爲諂、而孔子之言、止於如此、聖人道大德宏、此亦可見、

○定公이問君使臣ᄒᆞ며臣事君호ᄃᆡ如之何ㅣ잇고孔子ㅣ對曰君使臣以禮ᄒᆞ며臣事君以忠이니이다

定公이묻ᄌᆞ오ᄃᆡ君이臣을부리며臣이君을셤교ᄃᆡ엇지ᄒᆞ리잇고孔子ㅣ對ᄒᆞ야ᄀᆞᆯᄋᆞ샤ᄃᆡ君이臣을부료ᄃᆡ禮로써ᄒᆞ며臣이君을셤교ᄃᆡ忠으로써홀ᄶᅵ니다

●定公、魯君、名宋、二者、皆理之當然、各欲自盡而已、○呂氏曰、使臣不患其不

雎 새져 匹鳥ㅣ鳩王ㅣ

忠、恕禮之不至、事君、不患其無禮、患忠之不足、尹氏曰、君臣、以義合者也、故君使臣以禮、則臣事君以忠、

○子ㅣ曰關雎ᄂᆞᆫ 樂而不淫ᄒᆞ고 哀而不傷이니라

子ㅣ ᄀᆞᆯᄋᆞ샤ᄃᆡ 關雎ᄂᆞᆫ 樂호ᄃᆡ 淫티아니ᄒᆞ고 哀호ᄃᆡ 傷티아니ᄒᆞᄂᆞ니라

●樂音洛關雎、周南國風、詩之首篇也、淫者、樂之過而失其正者也、傷者、哀之過而害於和者也、關雎之詩、言后妃之德、宜配君子、求之未得、則不能無寤寐反側之憂、求而得之、則宜其有琴瑟鍾鼓之樂、蓋其憂雖深而不害於和、其樂雖盛、而不失其正、故夫子稱之如此、欲學者玩其辭、審其音、而有以識其性情之正也、

○哀公이 問社於宰我ᄒᆞ신대 宰我ㅣ 對曰夏后氏ᄂᆞᆫ 以松이오 殷人은 以栢이오 周人은 以栗이니 曰使民戰栗이니이다

哀公이社를宰我에게무르신ᄃᆡ宰我ㅣ對ᄒᆞ야ᄀᆞᆯᄋᆞᄃᆡ夏后氏ᄂᆞᆫ松으로써ᄒᆞ고殷人은栢으로써ᄒᆞ고周人은栗로써ᄒᆞ니ᄀᆞᆯ온民으로ᄒᆞ야곰戰栗케홈이니이다

●宰我、孔子弟子、名予 魯人 三代之社不同者、古者立社、各樹其土之所宜木、以爲

諫 간할간 直言也

咎 허물구 過也

主也、戰栗 恐懼貌、宰我又言、周所以用栗之意如此、豈以古者戮人於社、故附會其說與、

子ㅣ聞之ᄒᆞ시고 曰成事라不說ᄒᆞ며遂事라不諫ᄒᆞ며既往이라不咎ㅣ로다

子ㅣ드르시고ᄀᆞᆯᄋᆞ샤ᄃᆡ成ᄒᆞᆫ일이라說티몯ᄒᆞ며遂ᄒᆞᆫ일이라諫티몯ᄒᆞ며임의디난디라咎티몯ᄒᆞ리로다

●遂事、謂事雖未成、而勢不能已者、孔子、以宰我所對、非立社之本意、又啓時君殺伐之心、而其言已出、不可復救、故歷言此以深責之、欲使謹其後也、○尹氏曰、古者各以所宜木、名其社、非取義於木也、宰我不知而妄對、故夫子責之、

○子ㅣ曰管仲之器ㅣ小哉ㅣ라

子ㅣᄀᆞᆯᄋᆞ샤ᄃᆡ管仲의그르시小ᄒᆞ다

●管仲、齊大夫、名夷吾、相桓公、霸諸侯、器小、言其不知聖賢大學之道故、局量褊淺、規模卑狹、不能正身修德、以致主於王道、

或이曰管仲은儉乎ㅣ잇가 曰管氏ㅣ有三歸ᄒᆞ며官事를不攝ᄒᆞ니焉

坫 술잔자리뎜反 爵具

得儉이리오

或이골으되管仲은儉ᄒᆞ니잇가골으샤되管氏ㅣ三歸를두며官事를攝디아니ᄒᆞ니
엇디시러곰儉ᄒᆞ리오

●或人、蓋疑器小之爲儉、三歸、臺名 事見音현說苑、攝兼也、家臣不能具官、一人
常兼數事、管仲不然、皆言其侈、

然則管仲은**知禮乎**ㅣ잇가 **曰邦君**이아**樹塞門**이어늘**管氏**ㅣ**亦樹塞門**
ᄒᆞ며**邦君**이아**爲兩君之好**에 **有反坫**이어늘**管氏**ㅣ**亦有反坫**ᄒᆞ니**管氏而**
知禮면**孰不知禮**리오

그러면管仲은禮를아니잇가골으샤되邦君이아樹로門을塞ᄒᆞ거늘管氏또ᄒᆞᆫ樹로
門을塞ᄒᆞ며邦君이아兩君의好를ᄒᆞᆷ에反ᄒᆞᄂᆞᆫ坫을두거늘管氏또ᄒᆞᆫ反ᄒᆞᄂᆞᆫ坫을두
니管氏오禮를알면뉘禮를아디몯ᄒᆞ리오

◉或人、又疑不儉爲知禮、屛謂之樹塞、猶蔽也、 設屛於門、以蔽內外也、好、謂好
會、坫、在兩楹之間、獻酬飮畢、則反爵於其上、 此皆諸侯之禮、而管仲僭之、不知

翕 합할흡 合也 皦 밝을교 明也 繹 니을역 不絶絡 ㅣ

禮也、○愚謂、孔子譏管仲之器小、其旨深矣、或人不知而疑其儉、故斥其奢、以明其非儉、或、又疑其知禮、故又斥其僭、以明其不知禮、蓋雖不復明言小器之所以然、而其所以小者、於此亦可見矣、故程子曰、奢而犯禮其器之小可知、蓋器大則自知禮、而無此失矣、此言、當深味也、蘇氏曰、(蘇氏名軾字子瞻號東坡眉山人)自修身正家、以及於國則其本深、其及者遠是、謂大器、楊雄所謂、大器猶規矩準繩、先自治、而後治人者是也、管仲、三歸反坫、桓公內嬖六人、而覇天下其本固已淺矣、管仲死、桓公薨、天下不復宗齊、楊氏曰、夫子大管仲之功、而小其器、蓋非王佐之才、雖能合諸侯、正天下、其器不足稱也、道學不明、而王覇之略、混爲一途、故聞管仲之器小、則疑其爲儉、以不儉告之、則又疑其知禮、蓋世方以詭遇爲功、而不知爲之範、則不悟其小宜矣、

○子ㅣ語魯大(音대)師樂(音악)曰樂(音악)은 其可知也ㅣ니 始作에 翕如也ᄒᆞ야 從之에 純如也ᄒᆞ며 皦如也ᄒᆞ며 繹如也ᄒᆞ야 以成이니라

子ㅣ魯大師다려樂을닐어ᄀᆞᆯᄋᆞ샤ᄃᆡ樂은可히알ᄯᅵ니비로소作홈애翕ᄃᆞᆺᄒᆞ야從홈애純ᄃᆞᆺᄒᆞ며皦ᄃᆞᆺᄒᆞ며繹ᄃᆞᆺᄒᆞ야써成ᄒᆞᄂᆞ니라

鐸 방울탁 大鈴

語、告也、大師、樂官名、時、音樂廢缺、故孔子敎之、翕、合也、從、放也、純、和也、皦、明也、繹、相續不絕也、成、樂之一終也、○謝氏曰、五音六律不具、不足以爲樂、翕如、言其合也、五音合矣、淸濁高下、如五味之相濟而後和、故曰純如、合而和矣、欲其無相奪倫、故曰皦如、然豈宮自宮、而商自商乎、不相反而相連、如貫珠可也、故曰、繹如也、以成、

○儀封人이請見(音현)曰君子之至於斯也에吾未嘗不得見也ㅣ로라從者ㅣ見(音현)之ᄒᆞᆫ디出曰二三子는何患於喪乎ㅣ리오天下之無道也ㅣ久矣라天將以夫子로爲木鐸이시리라

儀ㅅ封人이뵈ᄋᆞ옴을請ᄒᆞ야ᄀᆞᆯ오ᄃᆡ君子ㅣ이에니르롬애내일즉시러곰見티몯ᄒᆞ디아니ᄒᆞ얀노라從者ㅣ見ᄒᆞ이온ᄃᆡ나와ᄀᆞᆯ오ᄃᆡ二三子는엇디喪홈에患ᄒᆞ리오天下의道ㅣ업숨이오란디라하ᄂᆞᆯ히쟝ᄎᆞᆺ夫子로써木鐸을삼으시리라

●儀、衛邑、封人、掌封疆之官、蓋賢而隱於下位者也、君子、謂當時賢者、至此皆得見之、自言其平日、不見絕於賢者、而求以自通也、見之、謂通使得見、喪、謂失位

韶 풍류소 舜樂簫ㅣ

去國、禮曰、喪欲速貧是也、木鐸、金口木舌施政教時、所振以警衆者也、言、亂極當治、天必將使夫子、得位設教、不久失位也封人一見夫子、而遽以是稱之、其得於觀感之間者深矣、或曰、木鐸所以徇于道路、言天使夫子、失位、周流四方、以行其教、如木鐸之徇于道路也、

○子ㅣ謂韶ᄒᆞ샤ᄃᆡ 盡美矣오 又盡善也ㅣ라ᄒᆞ시고 謂武ᄒᆞ샤ᄃᆡ 盡美矣오 未盡善也ㅣ라ᄒᆞ시다

子ㅣ韶를니ᄅᆞ샤ᄃᆡ극딘히美ᄒᆞ고ᄯᅩ극딘히善ᄒᆞ시고武를니ᄅᆞ샤ᄃᆡ극딘히美ᄒᆞ고극딘히善티몯ᄒᆞ다ᄒᆞ시다

●韶、舜樂、武、武王樂、美者、聲容之盛、善者、美之實也、舜紹堯、致治、武王、伐紂救民、其功一也、故其樂皆盡美、然舜之德、性之也、又以揖遜而有天下、武王之德、反之也、又以征誅而得天下、故其實有不同者、○程子曰、成湯放桀、惟有慚德武王亦然、故未盡善、堯舜湯武、其揆一也、征伐非其所欲、所遇之時然爾、

○子ㅣ曰居上不寬ᄒᆞ며 爲禮不敬ᄒᆞ며 臨喪不哀면 吾何以觀之

哉리오

子ㅣ 갈ᄋᆞ샤ᄃᆡ 上에居ᄒᆞ야寬티아니ᄒᆞ며禮를ᄒᆞᄃᆡ敬티아니ᄒᆞ며喪에臨ᄒᆞ야哀티아니ᄒᆞ면내므슴거스로써보리오

●居上、主於愛人、故以寬爲本、爲禮、以敬爲本、臨喪以哀爲本、既無其本、則以何者而觀其所行之得失哉、

懸吐釋字具解 集註論語卷之三 終

懸吐釋字具解 集註論語卷之四

里仁第四

凡二十六章

○子ㅣ曰里仁이爲美ᄒᆞ니擇不處仁이면焉得知리오

子ㅣᄀᆞᆯᄋᆞ샤ᄃᆡ ᄆᆞ을히仁홈이아ᄅᆞᆷ다오니ᄀᆞᆯᄒᆡ오ᄃᆡ仁에處티아니ᄒᆞ면엇디시러곰知타ᄒᆞ리오

●里有仁厚之俗爲美、擇里而不居於是焉、則失其是非之本心、而不得爲知矣、

○子ㅣ曰不仁者ᄂᆞᆫ不可以久處約이며不可以長處樂이니仁者ᄂᆞᆫ安仁ᄒᆞ고知者ᄂᆞᆫ利仁이니라

子ㅣᄀᆞᆯᄋᆞ샤ᄃᆡ仁티아니ᄒᆞᆫ者ᄂᆞᆫ可히써오ᄅᆡ約에處티못ᄒᆞ며可히써기리樂에處티못ᄒᆞᄂᆞ니仁ᄒᆞᆫ者ᄂᆞᆫ仁을安ᄒᆞ고知ᄒᆞᆫ者ᄂᆞᆫ仁에利히너기ᄂᆞ니라

●約、窮困也、利、猶貪也、蓋深知篤好、而必欲得之也 不仁之人、失其本心、久約必濫、久樂必淫、惟仁者則安其仁、而無適不然、知者則利於仁、而不易所守、蓋雖

深淺之不同、然皆非外物所能奪矣、○謝氏曰、仁者心、無內外遠近精粗之間、非有所存而自不亡、非有所理而自不亂、如目視而耳聽、手持而足行也、知者謂之有所見、則可、謂之有所得、則未可、有所存斯不亡、有所理斯不亂、未能無意也、安仁則一、利仁則二、安仁者、非顔閔以上、去聖人爲不遠、不知此味也、諸子雖有卓越之才、謂之見道不惑則可、然未免於利之也

○子ㅣ曰惟仁者ㅣ아能好人ᄒᆞ며能惡音오人이니라

子ㅣ갈ᄋᆞ샤ᄃᆡ오직仁ᄒᆞᆫ者ㅣ아能히사ᄅᆞᆷ을好ᄒᆞ며能히사ᄅᆞᆷ을惡ᄒᆞᄂᆞ니라

●惟之爲言、獨也、蓋無私心、然後好惡、當於理、程子所謂、得其公正是也、○游氏曰、好善而惡音오天下之同情、然人每失其正者、心有所繫、而不能自克也、惟仁者、無私心、所以能好惡也、

○子ㅣ曰苟志於仁矣면無惡也ㅣ니라

子ㅣ갈ᄋᆞ샤ᄃᆡ진실로仁에志ᄒᆞ면惡이업ᄂᆞ니라

●苟、誠也、志者、心之所之也、其心誠在於仁、則必無爲惡之事矣、○楊氏曰、苟

志於仁、未必無過擧也、然而爲惡則無矣、

○子ㅣ曰富與貴ㅣ是人之所欲也나ㅣ不以其道로得之어든不處也ᄒᆞ며貧與賤이是人之所惡音오也나ㅣ不以其道로得之라도不去也ㅣ니라

子ㅣᄀᆞᆯᄋᆞ샤ᄃᆡ富ᄒᆞᆷ과다ᄆᆺ貴ᄒᆞᆷ이이사ᄅᆞᆷ의ᄒᆞ고져ᄒᆞᄂᆞᆫ배나그道로ᄡᅥ아니ᄒᆞ야어더든處티아니ᄒᆞ며貧ᄒᆞᆷ과다ᄆᆺ賤ᄒᆞᆷ이이사ᄅᆞᆷ의惡ᄒᆞᄂᆞᆫ배나그道로ᄡᅥ아니ᄒᆞ야어더도去티아니ᄒᆞᆯᄯᅵ니라

●不以其道得之、謂不當得而得之、然於富貴則不處、於貧賤則不去、君子之審富貴、而安貧賤也、如此、

○君子ㅣ去仁이면惡音오乎成名이리오

君子ㅣ仁을去ᄒᆞ면어듸닐홈을일오리오

●言君子所以爲君子、以其仁也、若貪富貴而厭貧賤、則是自離其仁、而無君子之實矣、何所成其名乎、

顚 것구러질뎐作 倒 沛 잡바질패偃作

君子ㅣ無終食之間을違仁이니造次에必於是ᄒᆞ며顚沛에必於是니라

君子ㅣ食終ᄒᆞᆯᄉᆞ이ᄅᆞᆯ仁에違홈이업ᄂᆞ니造次에반ᄃᆞ시이예ᄒᆞ며顚沛에반ᄃᆞ시이
예ᄒᆞᄂᆞ니라

●終食者、一飯之頃、造次、急遽苟且之時、顚沛、傾覆流離之際、蓋君子之不去乎
仁如此、不但富貴貧賤取舍之間而已也、○言君子、爲仁、自富貴貧賤取舍之間、
以至於終食造次顚沛之頃、無時無處而不用其力也、然取舍之分明、然後存養之
功密、存養之功密、則其取舍之分、益明矣、

○子ㅣ曰我未見好仁者와惡音오不仁者케라好仁者는無以尙之
오惡不仁者는其爲仁矣ㅣ不使不仁者로加乎其身이니라

子ㅣᄀᆞᆯ으샤ᄃᆡ내仁을好ᄒᆞᄂᆞᆫ者와不仁을惡ᄒᆞᄂᆞᆫ者를보디못게라仁을好ᄒᆞᄂᆞᆫ者ᄂᆞᆫ
써더을거시업고不仁을惡ᄒᆞᄂᆞᆫ者ᄂᆞᆫ그仁을ᄒᆞ욤이不仁으로ᄒᆞ여곰그몸애加티아
니ᄒᆞᄂᆞ니라

●夫子、自言未見好仁者惡不仁者、蓋好仁者、眞知仁之可好、故天下之物、無以

加之、惡不仁者、眞知不仁之可惡、故其所以爲仁者、必能絶去不仁之事、而不使
少有及於其身、此皆成德之事、故難得而見之也、

有能一日에用其力於仁矣乎아我未見力不足者케라

能히 一日에 그 힘을 仁에 쓰리 잇ᄂᆞ냐 내 힘이 足디 못ᄒᆞᆫ者를 보디 못게라

●言、好仁惡不仁者、雖不可見、然或有人、果能一旦奮然用力於仁、則我又未見
其力有不足者、蓋爲仁在己、欲之則是、而志之所至、氣必至焉、故仁雖難能、而至
之亦易音이也、

蓋有之矣어ᄂᆞᆯ我未之見也ㅣ로다

잇거ᄂᆞᆯ 내 보니 못ᄒᆞ엿도다

●蓋、疑辭、有之、謂有用力而力不足者、蓋人之氣質不同、故疑亦容或有此昏弱
之甚、欲進而不能者、但我偶未之見耳、蓋不敢終以爲易、而又歎人之莫肯用力於
仁也、○此章言、仁之成德、雖難其人、然學者苟能實用其力、則亦無不可至之理、
但用力而不至者、今亦未見其人焉、此夫子所以反覆而歎息之也、

○子ㅣ曰人之過也ㅣ各於其黨이니 觀過에 斯知仁矣니라

子ㅣ ᄀᆞᆯᄋᆞ샤ᄃᆡ 사ᄅᆞᆷ의 허믈이 각각 그류에 니 허믈을 봄에 이에 仁을 알ᄯᅵ니라

●黨、類也、程子曰、人之過也、各於其類、君子常失於厚、小人常失於薄、君子過於愛、小人過於忍、尹氏曰、於此觀之、則人之仁不仁、可知矣、○吳氏曰、後漢吳祐、謂掾音연以親、故受汙辱之名、所謂觀過知仁是也、愚按、此亦但言、人雖有過猶可卽此而知其厚薄、非謂必俟其有過、而後賢否可知也、

○子ㅣ曰朝聞道면 夕死ㅣ라도 可矣니라

子ㅣ ᄀᆞᆯᄋᆞ샤ᄃᆡ 아ᄎᆞᆷ의 道를 드르면 저녁에 쥭어도 可ᄒᆞ니라

●道者、事物當然之理、苟得聞之、則生順、死安、無復遺恨矣、朝夕、所以甚言其時之近、○程子曰、言人不可以不知道、苟得聞道、雖死可也、又曰、皆實理也、人知而信者爲難、死生亦大矣、非誠有所得、豈以夕死爲可乎、

○子ㅣ曰士ㅣ志於道而恥惡衣惡食者는 未足與議也ㅣ니라

子ㅣ ᄀᆞᆯᄋᆞ샤ᄃᆡ 士ㅣ 道에 志ᄒᆞ되 사오나온 옷과 사오나온 음식을 븟그리ᄂᆞᆫ 者ᄂᆞᆫ 足히

더브러議티못ᄒᆞᆯ게시니라

●心欲求道而以口體之奉、不若人爲恥、其識趣之卑陋甚矣、何足與議於道哉、○程子曰、志於道、而心役乎外、何足與議也、

○子ㅣ曰君子之於天下也애無適也ᄒᆞ며無莫也ᄒᆞ야義之與比니라

子ㅣ ᄀᆞᆯᄋᆞ샤ᄃᆡ 君子ㅣ 天下애 適ᄒᆞᆷ도 업스며 莫ᄒᆞᆷ도 업서 義로 더브러 比ᄒᆞᄂᆞ니라

●適、專主也、春秋傳曰、吾誰適從是也、莫、不肯也、比、從也、○謝氏曰、適、可也、莫、不可也、無可無不可、苟無道以主之、不幾於猖狂自恣乎、此佛老之學、所以自謂心無所住、而能應變、而卒得罪於聖人也、聖人之學不然、於無可無不可之間、有義存焉、然則君子之心、果有所倚乎、

○子ㅣ曰君子ᄂᆞᆫ懷德ᄒᆞ고小人은懷土ᄒᆞ며君子ᄂᆞᆫ懷刑ᄒᆞ고小人은懷惠니라

子ㅣ ᄀᆞᆯᄋᆞ샤ᄃᆡ 君子ᄂᆞᆫ 德을 懷ᄒᆞ고 小人은 土를 懷ᄒᆞ며 君子ᄂᆞᆫ 刑을 懷ᄒᆞ고 小人은 惠를 懷ᄒᆞᄂᆞ니라

●懷、思念也、懷德、謂存其固有之善、懷土、謂溺其所處之安、懷刑、謂畏法、懷惠謂貪利、君子小人、趣向不同、公私之間而已矣、○尹氏曰、樂(音락)善惡(音오)不善、所以爲君子、苟安務得、所以爲小人、

○子ㅣ曰放於利而行이면多怨이니라

子ㅣ글ᄋᆞ샤ᄃᆡ利에放ᄒᆞ야行ᄒᆞ면怨이多하ᄂᆞ니라

●孔氏曰、(孔氏名安國西漢人)放、依也、多怨、謂多取怨、○程子曰、欲利於己、必害於人、故多怨

○子ㅣ曰能以禮讓이면爲國乎애何有ㅣ며不能以禮讓으로爲國이면如禮에何ㅣ리오

子ㅣ글ᄋᆞ샤ᄃᆡ能히禮讓으로써ᄒᆞ면國을ᄒᆞᆷ애무서시이시며能히禮讓으로써國을ᄒᆞ지못ᄒᆞ면禮에엇지ᄒᆞ리오

●讓者、禮之實也、何有、言不難也、言有禮之實、以爲國、則何難之有、不然、則其禮文雖具、亦且無如之何矣、而況於爲國乎、

○子ㅣ曰不患無位오患所以立ᄒᆞ며不患莫己(音긔)知오求爲可知

貫 꿰일관 穿也ㅣ通 唯 허락할유 諾也

也ㅣ니라

子ㅣ글ᄋᆞ샤ᄃᆡ位업ᄉᆞ믈患티말고써立ᄒᆞᆯ바ᄅᆞᆯ患ᄒᆞ며己아디몯호믈患티말고可히알게ᄒᆞ옴을求ᄒᆞᆯ띠니라

●所以立、謂所以立乎其位者、可知、謂可以見知之實、○程子曰、君子、求其在己而已矣、

○子ㅣ曰參乎아吾道는一以貫之니라曾子ㅣ曰唯라

子ㅣ글ᄋᆞ샤ᄃᆡ參아吾道ᄂᆞᆫ一이써貫ᄒᆞ얏ᄂᆞ니라曾子ㅣ글ᄋᆞ샤ᄃᆡ唯ㅣ라

●參乎者、呼曾子之名、而告之、貫、通也、唯者、應之速而無疑者也、聖人之心、渾然一理而泛應曲當、用各不同、曾子於其用處、蓋已隨事精察而力行之、但未知其體之一爾、夫子、知其眞積力久、將有所得、是以呼而告之、曾子、果能默契其指、卽應之速而無疑也、

子ㅣ出커시ᄂᆞᆯ門人이問曰何謂也잇고曾子ㅣ曰夫子之道ᄂᆞᆫ忠恕而已矣니라

子ㅣ出커시ᄂᆞᆯ門人이묻ᄌᆞ와글오ᄃᆡ엇디니ᄅᆞ심이니잇고曾子ㅣ글ᄋᆞ샤ᄃᆡ夫子의

道는忠과恕ᄯᆞ름이니라

●盡己之謂忠、推己之謂恕、而已矣者、竭盡而無餘之辭也、夫子之一理渾然、而泛應曲當、譬則天地之至誠無息、而萬物各得其所也、自此之外、固無餘法、而亦無待於推矣、曾子有見於此而難言之、故借學者盡己推己之目、以著明之、欲人之易(音이)曉也、蓋至誠無息者、道之體也、萬殊之所以一本也、萬物各得其所者、道之用也、一本之所以萬殊也、以此觀之、一以貫之之實、可見矣、或曰、中心爲忠如心爲恕、於義亦通、○程子曰、以己及物、仁也、推己及物、恕也、違道不遠、是也忠恕、一以貫之、忠者、天道、恕者、人道、忠者、無妄、恕者、所以行乎忠也、忠者、體、恕者、用、大本達道也、此與違道不遠異者、動以天爾、又曰、維天之命、於(音오)穆不已、忠也、乾道變化、各正性命恕也、又曰、聖人敎人、各因其才、吾道一以貫之、唯曾子、爲能達此、孔子所以告之也、曾子告門人曰、夫子之道、忠恕而已矣、亦猶夫子之告曾子也、中庸所謂、忠恕、違道不遠、斯乃下學上達之義、

○子ㅣ曰君子는喩於義ᄒᆞ고小人은喩於利니라

子ㅣ글ᄋᆞ샤ᄃᆡ君子ᄂᆞᆫ義예喩ᄒᆞ고小人은利예喩ᄒᆞᄂᆞ니라

●喩、猶曉也、義者、天理之所宜、利者、人情之所欲、○程子曰、君子之於義、猶小人之於利也、唯其深喩是以篤好、楊氏曰、君子有舍生而取義者、以利言之、則人之所欲、無甚於生、所惡오音、無甚於死、孰肯舍生而取義哉、其所喩者義而已、不知利之爲利故也、小人反是、

○子ㅣ曰見賢思齊焉ᄒᆞ며見不賢而內自省也ㅣ니라

子ㅣ글ᄋᆞ샤ᄃᆡ賢ᄒᆞᆫ이ᄅᆞᆯ보고齊홈을思ᄒᆞ며賢티아니ᄒᆞᆫ이ᄅᆞᆯ보고안ᄒᆞ로스ᄉᆞ로省홀ᄯᅵ니라

●思齊者、冀己亦有是善、內自省者、恐己亦有是惡、○胡氏曰、見人之善惡不同、而無不反諸身者、則不徒羨人而、甘自棄、不徒責人而忘自責矣、

○子ㅣ曰事父母호ᄃᆡ幾諫이니見志不從ᄒᆞ고又敬不違ᄒᆞ며勞而不怨이니라

子ㅣ글ᄋᆞ샤ᄃᆡ父母ᄅᆞᆯ셤교ᄃᆡ幾히諫홀ᄯᅵ니志ㅣ좃디아니ᄒᆞ심을보고ᄯᅩ敬ᄒᆞ야違

티아니ᄒᆞ며勞ᄒᆞ야도怨티아니홀띠니라

●此章、與內則之言、相表裏、幾、微也、微諫、所謂父母有過、下氣怡色、柔聲以諫也、見志不從、又敬不違、所謂諫若不入、起敬起孝、說則復(音부)諫也、勞而不怨、所謂與其得罪於鄕黨州閭、寧孰諫、父母怒不悅而撻之流血、不敢疾怨、起敬起孝也、

○子ㅣ曰父母ㅣ在어시든不遠遊ᄒᆞ며遊必有方이니라

子ㅣᄀᆞᆯᄋᆞ샤ᄃᆡ父母ㅣ겨시거시든멀리遊티아니ᄒᆞ며遊호ᄃᆡ반ᄃᆞ시方을둘띠니라

●遠遊則去親遠、而爲日久、定省曠而音問疏、不惟己之思親不置、亦恐親之念我不忘也、遊必有方、如己告云之東、則不敢更適西、欲親必知己之所在而無憂、召己則必至而無失也、范氏曰、子能以父母之心、爲心、則孝矣、

○子ㅣ曰三年을無改於父之道ㅣ라(야)可謂孝矣니라

●胡氏曰、已見(音현)首篇、此蓋複出而逸其半也、

○子ㅣ曰父母之年은不可不知也ㅣ니一則以喜오一則以懼

逮 밋칠톄 及也

ㅣ니라

子ㅣ갈ᄋᆞ샤ᄃᆡ父母의나흔可히知티아니티못ᄒᆞᆯ게시니一로ᄂᆞᆫ써깃브고一로ᄂᆞᆫ써저프니라

●知、猶記憶也、常知父母之年、則旣喜其壽、又懼其衰、而於愛日之誠、自有不能已者、

○子ㅣ曰古者애言之不出은恥躬之不逮也ㅣ니라

子ㅣ갈ᄋᆞ샤ᄃᆡ古者애말ᄉᆞᆷ을내디아니홈은몸의밋디못홈을븟그림이니라

●言古者、以見(현音)今之不然、逮、及也、行不及言、可恥之甚、古者、所以不出其言、爲此故也、○范氏曰、君子之於言也、不得已而後出之、非言之難、而行之難也、人惟其不行也、是以輕言之、言之如其所行、行之如其所言、則出諸其口、必不易(이音)矣、

○子ㅣ曰以約失之者ㅣ鮮矣니라

子ㅣ갈ᄋᆞ샤ᄃᆡ約으로써失ᄒᆞᆯ者ㅣ져그니라

○謝氏曰、不侈然以自放之謂約、尹氏曰、凡事約則鮮失、非止謂儉約也、

訥 어눌할 눌 言難謇ㅣ

○子ㅣ曰君子는欲訥於言而敏於行이니라

子ㅣᄀᆞᆯᄋᆞ샤ᄃᆡ君子ᄂᆞᆫ言에訥ᄒᆞ고行에敏코저ᄒᆞᄂᆞ니라

●謝氏曰、放言易音이故欲訥、力行難、故欲敏、○胡氏曰、自吾道一貫至此十章、疑皆曾子門人所記也、

○子ㅣ曰德不孤ㅣ라必有鄰이니라

子ㅣᄀᆞᆯᄋᆞ샤ᄃᆡ德이孤티아니ᄒᆞᆫ디라반ᄃᆞ시鄰이잇ᄂᆞ니라

●鄰、猶親也、德不孤立、必以類應、故有德者、必有其類從之、如居之有鄰也、

○子游ㅣ曰事君數音삭이면斯辱矣오朋友數音삭이면斯疏矣니라

子游ㅣᄀᆞᆯᄋᆞᄃᆡ君을셤김애數ᄒᆞ면이예辱ᄒᆞ고朋友에數ᄒᆞ면이예疏ᄒᆞᄂᆞ니라

●程子曰、數煩數也、胡氏曰、事君諫不行、則當去、導友善不納、則當止、至於煩瀆、則言者輕、聽者厭矣、是以、求榮而反辱、求親而反疏也、范氏曰、君臣朋友、皆以義合、故其事同也、

懸吐釋字具解集註論語卷之四終

治 플무야 鎔也

縲 오라류 黑索罪也

絏 말설 縲ㅣ

戮 죽일륙 殺也

懸吐釋字具解

集註論語卷之五

公冶長第五

此篇、皆論古今人物賢否得失、蓋格物窮理之一端也、凡二十七章、胡氏以爲疑多子貢之徒所記云

子ㅣ謂公冶長ᄒᆞ샤디 可妻也ㅣ로다 雖在縲絏之中이나 非其罪也ㅣ라ᄒᆞ시고 以其子로 妻之ᄒᆞ시다

子ㅣ公冶長을닐ᄋᆞ샤디可히妻ᄒᆞ얌즉ᄒᆞ도다비록縲絏ㅅ中에이시나그罪ㅣ아니라ᄒᆞ시고그子로써妻ᄒᆞ시다

●公冶長、孔子弟子 魯人一云齊人 妻、爲之妻也、縲黑索也、絏、攣也、古者、獄中以黑索拘攣罪人、長之爲人無所考、而夫子稱其可妻、其必有以取之矣、又言、其人雖嘗陷於縲絏之中、而非其罪、則固無害於可妻也、夫有罪無罪、在我而已、豈以自外至者爲榮辱哉、

子ㅣ謂南容ᄒᆞ샤디 邦有道에 不廢ᄒᆞ며 邦無道에 免於刑戮이라ᄒᆞ시고 以其

兄之子로 妻之하시다

子ㅣ南容을닐ᄋᆞ샤ᄃᆡ나라히道ㅣ이숌애廢티아니ᄒᆞ며나라히道ㅣ업숌애刑戮에免ᄒᆞ리라ᄒᆞ시고그兄의子로써妻ᄒᆞ시다

●南容、孔子弟子、居南宮、名縚、(音도)又名适、字子容、諡敬叔、孟懿子之兄也、不廢、言必見用也、以其謹於言行、故能見用於治朝、免禍於亂世也、事又見(音현)第十一篇

○或曰、公冶長之賢、不及南容、故聖人、以其子妻長、而以兄子妻容、蓋厚於兄而薄於己也、程子曰、此以己之私心、窺聖人也、凡人避嫌者、皆內不足也、聖人自至公、何避嫌之有、況嫁女必量其才、而求配、尤不當有所避也、若孔子之事、則其年之長幼、時之先後、皆不可知、唯以爲避嫌、則大不可、避嫌之事、賢者且不爲、況聖人乎、

○子ㅣ謂子賤하샤ᄃᆡ 君子哉라若人이여 魯無君子者ㅣ면 斯焉取斯ㅣ리오

子ㅣ子賤을닐ᄋᆞ샤ᄃᆡ君子ㅣㄴ디라이러ᄃᆞᆺᄒᆞᆫ사람이여魯에君子ㅣ업스면이어ᄃᆡ가

瑚 종묘졔긔호ㅣ 璉 璉종묘졔긔련瑚ㅣ 佞 지조녕 才也

이ᄅᆞᆯ取ᄒᆞ리오

●子賤、孔子弟子、姓宓、名不齊齊人上斯斯、此人下斯斯此德、子賤蓋能尊賢取友、以成其德者、故夫子旣歎其賢、而又言、若魯無君子、則此人、何所取以成此德乎、因以見魯之多賢也、○蘇氏曰、稱人之善、必本其父兄師友、厚之至也、

○子貢이問曰賜也는何如ᄒᆞ니잇고子ㅣ曰女汝同는器也ㅣ니라曰何器也ㅣ잇고曰瑚璉也ㅣ니라

子貢이묻ᄌᆞ와ᄀᆞᆯ오ᄃᆡ賜ᄂᆞᆫ엇더ᄒᆞ니잇고子ㅣᄀᆞᆯᄋᆞ샤ᄃᆡ너ᄂᆞᆫ器也ㅣ니라ᄀᆞᆯ오ᄃᆡ엇던器ㅣ니잇고ᄀᆞᆯᄋᆞ샤ᄃᆡ瑚ㅣ며璉이니라

●器者、有用之成材、夏曰瑚、商曰璉、周曰簠簋、皆宗廟盛黍稷之器、而飾以玉、器之貴重而華美者也、子貢、見孔子以君子許子賤、故以己爲問、而孔子告之以此、然則子貢、雖未至於不器、其亦器之貴者歟、

○或이曰雍也는仁而不佞이로다

或이ᄀᆞᆯ오ᄃᆡ雍은仁ᄒᆞ고佞티몯ᄒᆞ도다

屢 여러 루 數也

憎 뮈울 증 惡也

漆 물일홈 칠 岐州水名

雕 석일 됴 彫也

●雍、孔子弟子、姓冉、字仲弓、魯人、佞、口才也、仲弓爲人、重厚簡默、而時人以佞爲賢、故美其優於德、而病其短於才也、

子曰 焉用佞이리오 禦人以口給ᄒᆞ야 屢憎於人ᄒᆞᄂᆞ니 不知其仁이어니와 焉用佞이리오

子ㅣ ᄀᆞᆯᄋᆞ샤듸 엇디 佞을 쓰리오 人을 禦호듸 口給으로써 ᄒᆞ야 ᄌᆞ조 人에 憎ᄒᆞ이ᄂᆞ니 그 仁은 아디 몯ᄒᆞ거니와 엇디 佞을 쓰리오

●禦、當也、猶應答也、給、辨也、憎、惡也、(惡音오) 言何用佞乎、佞人所以應答人者、但以口取辨、而無情實、徒多爲人所憎惡爾、我雖未知仲弓之仁、然其不佞、乃所以爲賢、不足以爲病也、再言焉用佞、所以深曉之、○或疑仲弓之賢、而夫子不許其仁、何也、曰、仁道至大、非全體而不息者、不足以當之、如顏子亞聖、猶不能無違於三月之後、況仲弓雖賢、未及顏子、聖人固不得而輕許之也。

○子ㅣ使漆雕開로 仕ᄒᆞ신대 對曰吾斯之未能信이로이다 子ㅣ說(音열)ᄒᆞ시다

子ㅣ 漆雕開로 ᄒᆞ여곰 仕ᄒᆞ라 ᄒᆞ신듸 對ᄒᆞ야 ᄀᆞᆯ오듸 내 이를 能히 信티 몯ᄒᆞ얏노이다

子ㅣ說ᄒᆞ시다

●漆雕開、孔子弟子、字子若、蔡人斯、指此理而言、信、謂眞知其如此、而無毫髮之疑也、開、自言未能如此、未可以治人、故夫子說其篤志、○程子曰、漆雕開已見大意、故夫子說之、又曰、古人見道分明、故其言如此、謝氏曰、開之學、無可考、然聖人使之仕、必其材可以仕矣、至於心術之微、則一毫不自得、不害其爲未信、此聖人所不能知、而開自知之、其材可以仕、而其器不安於小成、他日所就、其可量乎、夫子所以說之也、

○子曰道不行이라乘桴ᄒᆞ야浮于海ᄒᆞ리니從我者는其由也與ᆫ뎌子路ㅣ聞之ᄒᆞ고喜ᄒᆞᆫ대子ㅣ曰由也는好勇이過我ㅣ나無所取材로다

子ㅣᄀᆞᆯᄋᆞ샤ᄃᆡ道ㅣ行티몯ᄒᆞᆫᄂᆞᆫ디라桴를乘ᄒᆞ야海예桴호리니나를從ᄒᆞᆯ者ᄂᆞᆫ그由ᆫ뎌子路ㅣ듣고깃거ᄒᆞᆫ대子ㅣᄀᆞᆯᄋᆞ샤ᄃᆡ由ᄂᆞᆫ勇을好ᄒᆞᆷ이내게過ᄒᆞ나取ᄒᆞ야材ᄒᆞᆯ새업도다

●桴、筏也、程子曰、浮海之歎、傷天下之無賢君也、子路、勇於義、故謂其能從己、

賦 부세부 稅也斂也

皆假設之言耳、子路以爲實然、而喜夫子之與己故、夫子美其勇、而譏其不能、裁度音락事理以適於義也、

○**孟武伯**이**問子路**는**仁乎**ᅵ잇가**子**ᅵ**曰不知也**ᅵ로라

孟武伯이뭇ᄌᆞ오ᄃᆡ子路ᄂᆞᆫ仁ᄒᆞ니잇가子ᅵᄀᆞᄅᆞ샤ᄃᆡ아디몯ᄒᆞ노라

●子路之於仁、蓋日月至焉者、或在或亡、不能必其有無、故以不知告之、

又問ᄒᆞᆫᄃᆡ**子**ᅵ**曰由也**는**千乘之國**에**可使治其賦也**ᅵ어니와**不知其仁也**케라

또묻ᄌᆞ온대子ᄀᆞᄅᆞ샤ᄃᆡ由ᄂᆞᆫ千乘ㅅ나라히可히ᄒᆞ여곰그賦ᄂᆞᆫ治ᄒᆞ얌즉ᄒᆞ거니와그仁은아디몯게라

●賦、兵也、古者、以田賦出兵、故謂兵爲賦、春秋傳所謂、悉索敝賦是也、言子路之才可見者如此、仁則不能知也、

求也는**何如**ᄒᆞ니잇고**子**ᅵ**曰求也**는**千室之邑**과**百乘之家**애**可使爲之宰也**ᅵ어니와**不知其仁也**케라

愈 나을유 勝也

求는엇더ᄒᆞ니잇고子ㅣ갈ᄋᆞ샤ᄃᆡ求는千室ㅅ邑과百乘ㅅ家에可히ᄒᆞ여곰宰되얌즉ᄒᆞ거니와그仁은아디몯게라

●千室、大邑、百乘、卿大夫之家、宰、邑長、家臣之通號、

赤也는 **何如**ᄒᆞ니잇고 **子**ㅣ **曰赤也**는 **束帶立於朝**ᄒᆞ야 **可使與賓客言也**ㅣ어니와 **不知其仁也**케라

赤은엇더ᄒᆞ니잇고子ㅣ갈ᄋᆞ샤ᄃᆡ赤은帶를束ᄒᆞ야朝에立ᄒᆞ야可히ᄒᆞ여곰賓客으로더부러言ᄒᆞ얌즉ᄒᆞ거니와그仁은아디몯게라

◉赤、孔子弟子、姓公西、字子華、魯人

○**子**ㅣ **謂子貢曰女**(同汝)**與回也**로 **孰愈**오

子ㅣ子貢ᄃᆞ려닐어갈ᄋᆞ샤ᄃᆡ네回로더부러뉘愈ᄒᆞ뇨

●愈、勝也、

對曰賜也는 **何敢望回**리잇고 **回也**는 **聞一以知十**ᄒᆞ고 **賜也**는 **聞一以知二**ᄒᆞ노이다

朽 썩을후 木腐也 **杇** 흙손오 塗墁器

對ᄒᆞ야 ᄀᆞᆯ오ᄃᆡ 賜ᄂᆞᆫ 엇디 敢히 回를 ᄇᆞ라리잇고 回ᄂᆞᆫ ᄒᆞ나ᄒᆞᆯ 들어써 열ᄒᆞᆯ 알고 賜ᄂᆞᆫ ᄒᆞ나ᄒᆞᆯ 들어써 둘ᄒᆞᆯ 아노이다

●一、數之始、十、數之終、二者、一之對也、顏子、明睿(音 예)所照、卽始而見終、子貢、推測而知、因此而識彼、無所不悅、告往知來、是其驗矣、

子ㅣ曰弗如也ㅣ니라 吾與女(汝同)의 弗如也ᄒᆞ노라

子ㅣ ᄀᆞᆯᄋᆞ샤ᄃᆡ ᄀᆞᆺ디 못ᄒᆞ니라 내 너의 ᄀᆞᆺ디 못홈을 與ᄒᆞ노라

●與、許也、○胡氏曰、子貢方人、夫子旣語以不暇、又問其與回孰愈、以觀其自知之如何、聞一知十、上知之資、生知之亞也、聞一知二、中人以上之資、學而知之之才也、子貢平日、以己方回、見其不可企及、故喩之如此、夫子以其自知之明、而又不難於自屈、故旣然之、又重許之、此其所以終聞、性與天道、不特聞一知二而已也、

○宰予ㅣ晝寢이어늘 子ㅣ曰朽木은 不可雕也ㅣ며 糞土之墻은 不可杇(音 오)也ㅣ니 於予與에 何誅ㅣ리오

宰予ㅣ晝에寢ᄒᆞ거ᄂᆞᆯ子ㅣᄀᆞᆯᄋᆞ샤ᄃᆡ朽ᄒᆞᆫ木은可히雕티못ᄒᆞᆯ게시며糞土ㅅ墻은可히杇티못ᄒᆞᆯ게시니予에엇디誅ᄒᆞ리오

●晝寢、謂當晝而寐、朽、腐也、彫、刻畫也、杇、鏝也、言、其志氣昏惰、敎無所施也與、語辭、誅、責也、言不足責、乃所以深責之、

子ㅣ曰始吾ㅣ於人也애聽其言而信其行이러니今吾ㅣ於人也애聽其言而觀其行ᄒᆞ노니於予與에改是와라

子ㅣᄀᆞᆯᄋᆞ샤ᄃᆡ비로소내人의게그言을듣고그行을信ᄒᆞ다니이제내人의게그言을듣고그行을觀ᄒᆞ노니予의게이를改ᄒᆞ과라

●宰予、能言而行不逮、故孔子、自言於予之事、而改此失、亦以重警之也、胡氏曰子曰、疑衍文、不然則非一日之言也、○范氏曰、君子之於學、惟日孜孜、斃而後已、惟恐其不及也、宰予晝寢、自棄孰甚焉、故夫子責之、胡氏曰、宰予不能以志帥氣、居然而倦、是宴安之氣勝、儆戒之志惰也、古之聖賢、未嘗不以懈惰荒寧爲懼、勤勵不息自强、此孔子所以深責宰予也、聽言觀行、聖人不待是而後能、亦非緣此而

棖 문설주 정 門兩旁木

慾 욕심 욕 貪也 欲同

盡疑、學者、特因此立敎、以警羣弟子、使謹於言而敏於行耳、

○子ㅣ曰吾未見剛者케라 **或**이 **對曰申棖**이니이다 **子ㅣ曰棖也**는 **慾**이어니 **焉得剛**이리오

子ㅣ ᄀᆞᆯᄋᆞ샤ᄃᆡ 내 剛ᄒᆞᆫ 者를 보디 몯게라 或이 對ᄒᆞ야 ᄀᆞᆯ오ᄃᆡ 申棖이니이다 子ㅣ ᄀᆞᆯᄋᆞ샤ᄃᆡ 棖은 慾ᄒᆞ거니 엇디 시러곰 剛ᄒᆞ리오

剛、堅强不屈之意、最人所難能者、故夫子歎其未見、申棖弟子姓名、魯人 慾、多嗜慾也、多嗜慾則不得爲剛矣、○程子曰、人有慾則無剛、剛則不屈於慾、謝氏曰、剛與慾、正相反、能勝物之謂剛、故常伸於萬物之上、爲物揜之謂慾、故常屈於萬物之下、自古有志者、少、無志者、多、宜夫子之未見也、棖之慾、不可知其爲人、得非悻悻自好者乎、故或者疑以爲剛、然不知此其所以爲慾耳、

○子貢이 **曰我不欲人之加諸我也**를 **吾亦欲無加諸人**ᄒᆞ노이다 **子ㅣ曰賜也**아 **非爾所及也**ㅣ니라

子貢이 ᄀᆞᆯ오ᄃᆡ 내 人이 내게 加ᄒᆞ과댜 아니ᄒᆞᄂᆞᆫ 거ᄉᆞᆯ 내 ᄯᅩᄒᆞᆫ 人의게 加홈이 업고져 ᄒᆞ

노이다子ㅣᄀᆞᆯᄋᆞ샤ᄃᆡ賜아너의及ᄒᆞᆯ배아니니라

●子貢、言我所不欲人加於我之事、我亦不欲以此加之於人、此仁者之事、不待勉强故夫子以爲非子貢所及、○程子曰、我不欲人之加諸我、吾亦欲無加諸人、仁也、施諸己而不願、亦勿施於人、恕也、恕則子貢或能勉之、仁則非所及矣、愚謂、無者自然而然、勿者、禁止之謂、此所以爲仁恕之別、

○子貢이曰夫子之文章은可得而聞也ㅣ어니와夫子之言性與天道는不可得而聞也ㅣ니라

子貢이ᄀᆞᆯ오ᄃᆡ夫子의文章은可히시러곰드르려니와夫子의性과다ᄆᆞᆺ天道를니ᄅᆞ샤ᄆᆞᆫ可히시러곰듯디몯ᄒᆞ리니라

●文章、德之見音현乎外者、威儀、文辭、皆是也、性者、人所受之天理、天道者、天理自然之本體、其實一理也、言、夫子之文章、日見乎外、固學者所共聞、至於性與天道、則夫子罕言之、而學者有不得聞者、蓋聖門敎不躐等、子貢至是始得聞之而歎其美也、○程子曰、此子貢、聞夫子之至論、而歎美之言也、

○子路ᄂᆞᆫ有聞이오未之能行ᄒᆞ야셔惟恐有聞ᄒᆞ더라

子路ᄂᆞᆫ드롬이잇고能하行티못ᄒᆞ야셔드름이잇실가저허ᄒᆞ더라

●前所聞者、旣未及行、故恐復有所聞、而行之不給也、○范氏曰、子路聞善、勇於必行、門人自以爲弗及也、故著之、若子路、可謂能用其勇矣、

○子貢아問曰孔文子를何以謂之文也ㅣ잇고子ㅣ曰敏而好學ᄒᆞ며不恥下問이라是以謂之文也ㅣ니라

子貢이뭇ᄌᆞ와ᄀᆞᆯ오ᄃᆡ孔文子를엇디써文이라니르니잇고子ㅣᄀᆞᆯᄋᆞ샤ᄃᆡ敏ᄒᆞ고學을好ᄒᆞ며下問을恥티아니ᄒᆞᆫ디라일로써文이라니르니라

●孔文子、衛大夫、名圉、凡人性敏者、多不好學、位高者、多恥下問、故諡法、有以勤學好問、爲文者、蓋亦人所難也、孔圉得諡爲文、以此而已、○蘇氏曰、孔文子、使太叔疾、出其妻而妻之、疾、通於初妻之娣、文子、怒、將攻之、訪於仲尼、仲尼不對、命駕而行、疾奔宋、文子、使疾弟遺室孔姞、其爲人如此、而諡曰文、此子貢之所以疑而問也、孔子不沒其善、言能如此、亦足以爲文矣、非經天緯地之文也、

晏 느질안 晚也
臧 착할장 善也
藻 마름조 水草名

○子ㅣ謂子産ᄒᆞ샤ᄃᆡ有君子之道ㅣ四焉이니其行己也ㅣ恭ᄒᆞ며其事上也ㅣ敬ᄒᆞ며其養民也ㅣ惠ᄒᆞ며其使民也ㅣ義니라

子ㅣ子産을닐ᄋᆞ샤ᄃᆡ君子의道ㅣ네히인ᄂᆞ니그己를行홈이恭ᄒᆞ며그上을事홈이敬ᄒᆞ며그民을養홈이惠ᄒᆞ며그民을使홈이義ᄒᆞ니라

●子産鄭大夫公孫僑、恭、謙遜也、敬、謹恪也、惠、愛利也、使民義、如都鄙有章、上下有服、田有封洫、廬井有伍之類、○吳氏曰、數其事而責之者、其所善者多也、臧文仲、不仁者三、不知者三是也、數其事而稱之者、猶有所未至也、子産、有君子之道四焉是也、今或以一言蓋一人、一事蓋一時、皆非也、

○子ㅣ曰晏平仲은善與人交ㅣ로다久而敬之온여

子ㅣ ᄀᆞᆯᄋᆞ샤ᄃᆡ晏平仲은人으로더브러交홈을善히ᄒᆞ놋다오라되敬ᄒᆞ곤여

●晏平仲、齊大夫、名嬰、程子曰、人交久則敬衰、久而能敬、所以爲善、

○子ㅣ曰臧文仲이居蔡호ᄃᆡ山節藻梲音절ᄒᆞ니何如其知也ㅣ리오

子ㅣ ᄀᆞᆯᄋᆞ샤ᄃᆡ臧文仲이蔡를居호ᄃᆡ節에山을ᄒᆞ며梲에藻를ᄒᆞ니엇더그知라ᄒᆞ리

梲 동ᄌᆞ기 동절 梲 上梲

오

●臧文仲、魯大夫、臧孫氏、名辰、居、猶藏也、蔡、大龜也、節、柱頭斗栱也、藻、水草名、梲、梁上短柱也、蓋爲藏龜之室、而刻山於節、畫藻於梲也、當時以文仲爲知、孔子言其不務民義、而謟瀆鬼神如此、安得爲知、春秋傳所謂、作虛器、卽此事也

○張子曰、(張子名載字子厚號橫渠先生長安人) 山節藻梲、爲藏龜之室、祀爰居之義同歸於不知、宜矣、

○子張이問曰令尹子文이三仕爲令尹호ᄃᆡ無喜色ᄒᆞ며三已之호ᄃᆡ無慍色ᄒᆞ야舊令尹之政을必以告新令尹ᄒᆞ니何如ᄒᆞ니잇고子ㅣ曰忠矣니라曰仁矣乎ㅣ잇다曰未知케라焉得仁이리오

子張이묻ᄌᆞ와ᄀᆞᆯ오ᄃᆡ令尹子文이세번仕ᄒᆞ야令尹이도요ᄃᆡ喜ᄒᆞᆫ色이업ᄉᆞ며세번已호ᄃᆡ慍ᄒᆞᆫ色이업서녯令尹의政을반ᄃᆞ시써新令尹에告ᄒᆞ니엇더ᄒᆞ니잇고子ㅣᄀᆞᆯ으샤ᄃᆡ忠ᄒᆞ니라ᄀᆞᆯ오ᄃᆡ仁ᄒᆞ니잇가ᄀᆞᆯ으샤ᄃᆡ아디못게라엇디사러곰仁ᄒᆞ리오

●令尹、官名、楚上卿執政者也、子文、姓鬬、名穀(音오)於菟(音도)、其爲人也、喜怒不形、物我無間、知有其國而不知有其身、其忠盛矣、故子張疑其仁、然其所以三仕三已

弑 죽일시 殺也 下害上

棄 바릴기 捐也 遺也

而告新令尹者、未知其皆出於天理、而無人欲之私也、是以、夫子但許其忠而未許其仁也、

崔子ㅣ弑齊君이어늘 陳文子ㅣ有馬十乘이러니 棄而違之ᄒᆞ고 至於他邦ᄒᆞ야 則曰猶吾大夫崔子也ㅣ라ᄒᆞ고 違之ᄒᆞ며 之一邦ᄒᆞ야 則又曰猶吾大夫崔子也ㅣ라ᄒᆞ고 違之ᄒᆞ니 何如ᄒᆞ니잇고 子ㅣ曰清矣니라 曰仁矣乎ㅣ잇가 曰未知케라 焉得仁이리오

崔子ㅣ齊君을弑ᄒᆞ야ᄂᆞᆯ陳文子ㅣ馬十乘을둣더니棄ᄒᆞ야違ᄒᆞ고他邦에之ᄒᆞ야곳ᄀᆞᆯ오ᄃᆡ우리대우崔子ᄀᆞᆺ다ᄒᆞ고違ᄒᆞ며一邦에之ᄒᆞ야곳또ᄀᆞᆯ오ᄃᆡ우리대우崔子ᄀᆞᆺ다ᄒᆞ고違ᄒᆞ니엇더ᄒᆞ닝잇고子ㅣᄀᆞᆯᄋᆞ샤ᄃᆡ清ᄒᆞ니라ᄀᆞᆯᄋᆞᄃᆡ仁ᄒᆞ닝잇가ᄀᆞᆯᄋᆞ샤ᄃᆡ아디못게라엇디시러곰仁ᄒᆞ리오

● 崔子、齊大夫、名杼音저、齊君、莊公名光、陳文子、亦齊大夫、名須無、十乘、四十匹也、違、去也、文子、潔身去亂、可謂清矣、然未知其心、果見義理之當然、而能脫然無所累乎、抑不得已於利害之私、而猶未免於怨悔也、故夫子特許其清、而不許其

仁、愚聞之師曰、當理而無私心則仁矣、今以是而觀二子之事、雖其制行之高、若不可及、然皆未有以見其必當於理、而眞無私心也、子張、未識仁體、而悅於苟難、遂以小者信其大者、夫子之不許也、宜哉、讀者於此、更以上章不知其仁、後篇仁則吾不知之語、并與三仁夷齊之事觀之、則彼此交盡、而仁之爲義可識矣、今以他書考之、子文之相楚所謀者、無非僭王猾夏之事、文子之仕齊、旣失正君討賊之義、又不數歲而復反於齊焉、則其不仁、亦可見矣、

○季文子ㅣ三思而後에行ᄒᆞ더니子ㅣ聞之ᄒᆞ시고曰再ㅣ斯可矣니라

季文子ㅣ세번思ᄒᆞᆫ後에行ᄒᆞ더니子ㅣ드르시고ᄀᆞᆯᄋᆞ샤ᄃᆡ再ㅣ可ᄒᆞ니라

●季文子、魯大夫、名行父、(音보)每事、必三思而後行、若使晉而求遭喪之禮、以行亦其一事也、斯、語辭、程子曰、爲惡之人、未嘗知有思、有思則爲善矣、然至於再則已審、三則私意起而反惑矣、故夫子譏之、○愚按、季文子、慮事如此、可謂詳審、而宜無過擧矣、而宣公簒立、文子乃不能討、反爲之使齊而納賂焉、豈非程子所謂、私意起而反惑之驗與、是以、君子務窮理而貴果斷、不徒多思之爲尙、

斐 빗날비 文章相錯

○子ㅣ曰甯武子ㅣ邦有道則知ᄒᆞ고邦無道則愚ᄒᆞ니其知ᄂᆞᆫ可及也ㅣ어니와其愚ᄂᆞᆫ不可及也ㅣ니라

子ㅣᄀᆞᆯᄋᆞ샤ᄃᆡ甯武子ㅣ邦이道ㅣ이시면知ᄒᆞ고邦이道ㅣ업스면愚ᄒᆞ니그知ᄂᆞᆫ可히及ᄒᆞ려니와그愚ᄂᆞᆫ可히及디몯ᄒᆞᆯ이니라

●甯武子、衛大夫、名兪、按春秋傳、武子仕衛、當文公成公之時、文公有道、而武子無事、可見此其知之可及也、成公無道、至於失國而武子周旋其間、盡心竭力、不避艱險、凡其所處、皆智巧之士、所深避而不肯爲者、而能卒保其身、以濟其君、此其愚之不可及也、○程子曰、邦無道、能沈晦以免患、故曰不可及也、亦有不當愚者、比干是也、

○子ㅣ在陳ᄒᆞ샤曰歸與歸與ㄴ뎌吾黨之小子ㅣ狂簡ᄒᆞ야斐然成章이오不知所以裁之로다

子ㅣ陳에겨샤ᄀᆞᆯᄋᆞ샤ᄃᆡ歸ᄒᆞᆯ딘뎌歸ᄒᆞᆯ딘뎌우리黨앳小子ㅣ狂簡ᄒᆞ야斐然히章을成ᄒᆞ고ᄡᅥ裁ᄒᆞᆯ바를아디몯ᄒᆞ놋다

希 稀同

醯 초혜 酸也

●此、孔子周流四方、道不行而思歸之歎也、吾黨小子、指門人之在魯者、狂簡、志大而略於事也、斐、文貌、成章、言其文理成就、有可觀者、裁、割正也、夫子、初心欲行其道於天下、至是而知其終不用也、於時、始欲成就後學、以傳道於來世、又不得中行之士、而思其次、以爲狂士、志意高遠、猶或可與進於道也、但恐其過中失正、而或陷於異端耳、故欲歸而裁之也、

○子ㅣ曰伯夷叔齊는不念舊惡이라怨是用希니라

子ㅣ글ᄋᆞ샤ᄃᆡ伯夷와叔齊ᄂᆞᆫ舊惡을念티아니ᄒᆞ논디라怨이일로써드므니라

●伯夷、叔齊、孤竹君之二子、孟子稱其不立於惡人之朝、不與惡人言、與鄕人立、其冠不正、望望然去之、若將浼焉、其介如此、宜若無所容矣、然其所惡之人、能改卽止、故人亦不甚怨之也、○程子曰、不念舊惡、此淸者之量、又曰、二子之心、非夫子、孰能知之、

○子ㅣ曰孰謂微生高直고或이乞醯焉이어늘乞諸其鄰而與之온여

子ㅣ글ᄋᆞ샤ᄃᆡ뉘微生高를닐오ᄃᆡ直다ᄒᆞᄂᆞ뇨或이醯를乞ᄒᆞ여ᄂᆞᆯ그鄰에乞ᄒᆞ야與

匿 숨길닉 隱也

盍 엇지아니ᄒᆞᆯ합 何不也

ᄒᆞ곤여

●微生、姓、高、名、魯人、素有直名者、醯、音혜 醋也、人來乞時、其家無有、故乞諸鄰家以與之、夫子言此、譏其曲意徇物、掠美布恩、不得爲直也、○程子曰、微生高、所枉雖小、害直爲大、范氏曰、是曰是、非曰非、有謂有、無謂無、曰直、聖人觀人、於其一介之取予、而千駟萬鍾、從可知焉、故以微事斷之、所以敎人不可不謹也、

○子ㅣ曰巧言令色足恭을 左丘明이 恥之러니 丘亦恥之ᄒᆞ노라 匿怨而友其人을 左丘明이 恥之러니 丘亦恥之ᄒᆞ노라

子ㅣ ᄀᆞᆯᄋᆞ샤ᄃᆡ 言을 巧히 ᄒᆞ며 色을 令히 ᄒᆞ며 恭을 足히 홈을 左丘明이 恥ᄒᆞ더니 丘ㅣ ᄯᅩᄒᆞᆫ 恥ᄒᆞ노라 怨을 匿ᄒᆞ고 그 사ᄅᆞᆷ을 友홈을 左丘明이 恥ᄒᆞ더니 丘ㅣ ᄯᅩᄒᆞᆫ 恥ᄒᆞ노라

●足、過也、程子曰、左丘明、古之聞人也、謝氏曰、二者之可恥、有甚於穿窬也、左丘明恥之、其所養可知矣、夫子自言、丘亦恥之、蓋竊比老彭之意、又以深戒學者、使察乎此而立心以直也、

○顔淵季路ㅣ 侍러니 子ㅣ 曰盍各言爾志리오

敝 해여질 폐 壞也
憾 한할 감 恨也

顏淵과季路ㅣ待ᄒᆞ얏더니子ㅣᄀᆞᆯᄋᆞ샤ᄃᆡ엇디각각네의뜻을니르디아니ᄒᆞ리오

●盍、何不也、

子路ㅣ曰願車馬와衣輕裘를與朋友共ᄒᆞ야敝之而無憾ᄒᆞ노이다

子路ㅣᄀᆞᆯ오ᄃᆡ願컨ᄃᆡ車馬와輕裘를衣홈을朋友로더브러ᄒᆞᆫ가디로ᄒᆞ야敝ᄒᆞ야도
憾홈이업고져ᄒᆞ노이다

●衣、服之也、裘皮服、敝、壞也、憾、恨也、

顏淵이曰願無伐善ᄒᆞ며無施勞ᄒᆞ노이다

顏淵이ᄀᆞᆯ오ᄃᆡ願컨ᄃᆡ善을伐홈이업스며勞를施홈이업고져ᄒᆞ노이다

●伐、誇也、善、謂有能、施、亦張大之意、勞、謂有功、易曰、勞而不伐、是也、或曰、
勞、勞事也、勞事非己所欲、故亦不欲施之於人、亦通、

**子路ㅣ曰願聞子之志ᄒᆞ노이다子ㅣ曰老者를安之ᄒᆞ며朋友를信之ᄒᆞ며
少者를懷之니라**

子路ㅣᄀᆞᆯ오ᄃᆡ願컨ᄃᆡ子의志를듯좁고져ᄒᆞ노이다子ㅣᄀᆞᆯᄋᆞ샤ᄃᆡ老者를安ᄒᆞ며朋

訟 송ᄉᆞ할 송 爭辯 責也

友를信으로ᄒᆞ며少者를懷홈이니라

●老者、養之以安、朋友、與之以信、少者、懷之以恩、一說安之、安我也、信之、信我也、懷之、懷我也、亦通、○程子曰、夫子安仁、顔淵不違仁、子路求仁、又曰、子路顔淵、孔子之志、皆與物共者也、但有小大之差爾、又曰、子路勇於義者、觀其志、豈可以勢利拘之哉、亞於浴沂者也、顔子、不自私己、故無伐善、知同於人、故無施勞、其志可謂大矣、然未免出於有意也、至於夫子、則如天地之化工、付與萬物而己不勞焉、此聖人之所爲也、今夫羈(音기)靮(音뎍)以御馬、而不以制牛、人皆知羈靮之作在乎人、而不知羈靮之生由於馬、聖人之化、亦猶是也、先觀二子之言、後觀聖人之言、分明天地氣象、凡看論語、非但欲理會文字、須要識得聖賢氣象、

○子ㅣ曰已矣乎라ㅣ吾未見能見其過而內自訟者也케라

子ㅣ골ᄋᆞ샤ᄃᆡ말올디라내能히그過를보고內로스스로訟ᄒᆞᄂᆞᆫ者를보디몯게라

●已矣乎者、恐其終不得見而歎之也、內自訟者、口不言而心自咎也、人有過而能自知者、鮮矣、知過而能內自訟者、爲尤鮮、能內自訟、則其悔悟深切而能改必矣、

夫子、自恐終不得見而歎之、其警學者深矣、

○子ㅣ曰十室之邑에必有忠信이如丘者焉이어니와不如丘之好學也ㅣ니라

子ㅣ ᄀᆞᆯᄋᆞ샤ᄃᆡ 十室ㅅ邑에 반ᄃᆞ시 忠信이 丘ᄀᆞᄐᆞᆫ者ㅣ 잇거니와 丘의學을好홈만ᄀᆞᆺ디못ᄒᆞ니라

●十室、小邑也、忠信、如聖人生質之美者也、夫子、生知而未嘗不好學、故言此以勉人、言美質易(音이)得、至道難聞、學之至則可以爲聖人、不學、則不免爲鄕人而已、可不勉哉、

懸吐釋字具解 集註論語卷之五公冶長 終

雍也第六

凡二十八章、篇內第十四章以前、大意與前篇同、

子ㅣ曰雍也ᄂᆞᆫ可使南面이로다

子ㅣ ᄀᆞᆯᄋᆞ샤ᄃᆡ 雍은可히ᄒᆞ여곰南面ᄒᆞ얌즉ᄒᆞ도다

●南面者、人君聽治之位、言仲弓、寬洪簡重、有人君之度也、

仲弓이問子桑伯子ᄒᆞᆫᄃᆡ子ㅣ曰可也ㅣ簡이니라

仲弓이子桑伯子를묻ᄌᆞ온ᄃᆡ子ㅣᄀᆞᆯᄋᆞ샤ᄃᆡ可홈이簡이니라

●子桑伯子、魯人、胡氏以爲、疑卽莊周所稱、子桑戶者、是也、仲弓、以夫子許己南面、故問伯子如何、可者、僅可而有所未盡之辭、簡者、不煩之謂、

仲弓이曰居敬而行簡ᄒᆞ야以臨其民이면不亦可乎ㅣ잇가 居簡而行簡이면無乃大(音대)簡乎ㅣ잇가

仲弓이 ᄀᆞᆯᄋᆞᄃᆡ 敬에居ᄒᆞ고簡을行ᄒᆞ야써 그ᄇᆡᆨ셩을臨ᄒᆞ면또ᄒᆞᆫ可티아니ᄒᆞ니잇가

簡에居ᄒᆞ고簡을行ᄒᆞ면아니넘어簡ᄒᆞ니잇가

●言、自處以敬、則中有主而自治嚴、如是而行簡以臨民、則事不煩而民不擾、所以爲可、若先自處以簡、則中無主而自治疎矣、而所行、又簡、豈不失之大簡、而無法度之可守乎、家語、記伯子不衣冠而處、夫子譏其欲同人道於牛馬、然則伯子、蓋大簡者、而仲弓、疑夫子之過許與、

子ㅣ曰雍之言이然ᄒᆞ다

子ㅣ갈ᄋᆞ샤ᄃᆡ雍의말이그러ᄒᆞ다

●仲弓、蓋未喩夫子可字之意、而其所言之理、有默契焉者、故夫子然之、○程子曰、子桑伯子之簡、雖可取而未盡善、故夫子云可也、仲弓因言內主於敬、而簡則爲要直、內存乎簡、而簡則爲疎略、可謂得其旨矣、又曰居敬則心中無物、故所行自簡、居簡、則先有心於簡、而多一簡字矣、故曰大簡、

○哀公이問弟子ㅣ孰爲好學이니잇고孔子ㅣ對曰有顔回者ㅣ好學ᄒᆞ야不遷怒ᄒᆞ며不貳過ᄒᆞ더니不幸短命死矣라今也則亡音무ᄒᆞ니未聞

好學者也케이다

哀公이묻ᄌᆞ오ᄃᆡ弟子ㅣ뉘學을됴히녀기ᄂᆞ니잇고孔子ㅣ對ᄒᆞ야ᄀᆞᆯᄋᆞ샤ᄃᆡ顔回라ᄒᆞ리學을됴히녀겨怒를遷티아니ᄒᆞ며過를貳티아니ᄒᆞ더니幸티못ᄒᆞ야命이短ᄒᆞ야죽은디라이제ᄂᆞᆫ업스니學을됴히녀기ᄂᆞᆫ이를듯디못게이다

●遷、移也、貳、復부音也、怒於甲者、不移於乙、過於前者、不復於後、顔子克己之功至於如此、可謂眞好學矣、短命者、顔子三十二而卒也、旣云今也則亡、又言未聞好學者、蓋深惜之、又以見眞好學者之難得也○程子曰、顔子之怒、在物不在己、故不遷、有不善、未嘗不知、知之未嘗復行、不貳過也、又曰、喜怒在事、則理之當喜怒者也、不在血氣則不遷、若舜之誅四凶也、可怒在彼、己何與焉、如鑑之照物、姸媸在彼、隨物應之而已、何遷之有、又曰、如顔子地位、豈有不善、所謂不善、只是微有差失、才差失、便能知之、才知之、便更不萌作、張子曰、慊於己者、不使萌於再、或曰、詩書六藝、七十子非不習而通也、而夫子、獨稱顔子爲好學、顔子之所好、果何學歟、程子曰、學以至乎聖人之道也、學之道奈何、曰、天地儲精、得五行之秀

庾 즁량일홈유 量名

秉 즁량일홈병

肥 살질비 多肉

裘 갓옷구 皮衣狐ㅣ也

者、爲人、其本也、眞而靜、其未發也、五性具焉、曰仁義禮智信、形旣生矣、外物觸其形而動於中矣、其中動而七情出焉、曰喜怒哀懼愛惡오音欲情、旣熾而益蕩、其性鑿矣、故學者約其情、使合於中、正其心養其性而已、然必先明諸心、知所往、然後力行以求至焉、若顏子之非禮勿視聽言動、不遷怒貳過者、則其好之篤、而學之得其道也、然其未至於聖人者守之也、非化之也、假之以年、則不日而化矣、今人乃謂、聖本生知、非學可至、而所以爲學者、不過記誦文辭之間、其亦異乎顏子之學矣、

○子華ㅣ使시音於齊더니冉子ㅣ爲其母請粟ᄒᆞᆫ대子ㅣ曰與之釜ᄒᆞ라 請益ᄒᆞᆫ대曰與之庾ᄒᆞ라ᄒᆞ야시ᄂᆞᆯ冉子ㅣ與之粟五秉ᄒᆞᆫ대

子華ㅣ齊에브리이더니冉子ㅣ그어마를爲ᄒᆞ야粟을請ᄒᆞᆫ대子ㅣ갈ᄋᆞ샤대釜를쥬라더ᄒᆞᆷ을請ᄒᆞᆫ대갈ᄋᆞ샤대庾를쥬라ᄒᆞ야시ᄂᆞᆯ冉子ㅣ粟다ᄉᆞᆺ秉을준대

●子華、公西赤也、使、爲孔子使也、釜、六斗四升、庾、十六斗、秉、十六斛、

子ㅣ曰赤之適齊也에乘肥馬ᄒᆞ며衣輕裘ᄒᆞ니吾ᄂᆞᆫ聞之也ᄒᆞ니君子ᄂᆞᆫ周急이오不繼富ㅣ라ᄒᆞ라

繼 니을계 續也

辭 ᄉᆞ양할ᄉᆞ 不受 却也

子ㅣ ᄀᆞᆯᄋᆞ샤ᄃᆡ 赤의 齊에 ᄀᆞᆯ제 肥馬를 ᄐᆞ며 輕裘를 닙으니 나는 들오니 君子는 急ᄒᆞᆫ 이를 周ᄒᆞ고 富ᄒᆞᆫ 이를 繼티 아니ᄒᆞᆫ다 호라

●乘肥馬、衣輕裘、言其富也、急、窮迫也、周者、補不足、繼者、續有餘、

原思ㅣ爲之宰러니 與之粟九百이어시늘 辭ᄒᆞᆫ대

原思ㅣ 宰되엿더니 粟九百을 주어시늘 辭ᄒᆞᆫ대

●原思、孔子弟子、名憲、宋人 孔子爲魯司寇時、以思爲宰、粟、宰之祿也、九百、不言其量、不可考、

子ㅣ曰毋(音무)ᄒᆞ라 以與爾鄰里鄕黨乎ㄴ뎌

子ㅣ ᄀᆞᆯᄋᆞ샤ᄃᆡ 말아 써 네의 隣이며 里며 鄕이며 黨을 줄딘뎌

●毋、禁止辭、五家爲隣、二十五家爲里、萬二千五百家爲鄕、五百家爲黨、言常祿不當辭、有餘、自可推之以周貧乏、蓋隣里鄕黨、有相周之義、○程子曰、夫子之使子華、子華之爲夫子使、義也、而冉有乃爲之請、聖人寬容、不欲直拒人、故與之少、所以示不當與也、請益、而與之亦少、所以示不當益也、求未達、而自與之多則己

犂 얼넉소 리 駁牛

騂 붉은소 셩 赤色牲

過矣、故夫子非之、蓋赤苟至乏、則夫子必自周之、不待請矣、原思爲宰、則有常祿、思辭其多、故又敎以分諸隣里之貧者、蓋亦莫非義也、張子曰、於斯二者、可見聖人之用財矣、

○子ㅣ謂仲弓曰犂牛之子ㅣ騂且角이면雖欲勿用이나山川은其舍諸아

子ㅣ仲弓을닐어ᄀᆞᆯᄋᆞ샤ᄃᆡ犂牛의子ㅣ騂ᄒᆞ고ᄯᅩ角ᄒᆞ면비록쓰디말고쟈ᄒᆞ나山川은그ᄇᆞ리리라

●犂、雜文、騂、赤色、周人尙赤、牲用騂、角、角周正、中犧牲也、用、用以祭也、山川、山川之神也、言、人雖不用、神必不舍也、仲弓父賤而行惡、故夫子以此譬之、言父之惡、不能廢其子之善、如仲弓之賢、自當見用於世也、然此論仲弓云爾、非與仲弓言也、○范氏曰、以瞽叟爲父而有舜、以鯀爲父而有禹、古之聖賢、不繫於世類尙矣、能改父之過、變惡以爲美、則可謂孝矣、

○子ㅣ曰回也는其心이三月不違仁이오其餘則日月至焉而

已矣니라

子ㅣ ᄀᆞᆯᄋᆞ샤ᄃᆡ 回ᄂᆞᆫ 그 ᄆᆞᄋᆞᆷ이 셕ᄃᆞᆯ을 仁에 어긔웃디 아니ᄒᆞ고 그 나믄이ᄂᆞᆫ 날이며 ᄃᆞᆯ로 니를 ᄯᆞᄅᆞᆷ이니라

●三月、言其久、仁者、心之德、心不違仁者、無私欲而有其德也、日月至焉者、或日一至焉、或月一至焉、能造其域而不能久也、○程子曰、三月、天道小變之節、言其久也、過此則聖人矣、不違仁、只是無纖毫私欲、少有私欲、便是不仁、尹氏曰、此顏子於聖人、未達一間者也、若聖人、則渾然無間斷矣、張子曰、始學之要、當知三月不違仁、與日月至焉、內外賓主之辨、使心意、勉勉循循、而不能已、過此幾非在我者、

○季康子ㅣ問仲由ᄂᆞᆫ可使從政也與잇가子ㅣ曰由也ᄂᆞᆫ果ᄒᆞ니於從政乎애何有ㅣ리오曰賜也ᄂᆞᆫ可使從政也與잇가曰賜也ᄂᆞᆫ達ᄒᆞ니於從政乎애何有ㅣ리오曰求也ᄂᆞᆫ可使從政也與잇가曰求也ᄂᆞᆫ藝ᄒᆞ니於從政乎애何有ㅣ리오

騫 물일홈 문水名 汶 셜건躁 進

季康子ㅣ뭇ᄌᆞ오ᄃᆡ仲由는可히ᄒᆡ여곰政을從ᄒᆞ얌즉ᄒᆞ니잇가子ㅣᄀᆞᆯᄋᆞ샤ᄃᆡ由는果ᄒᆞ니政을從홈애므스거시이시리오ᄀᆞᆯ오ᄃᆡ賜는可히ᄒᆡ여곰政을從ᄒᆞ얌즉ᄒᆞ니잇가ᄀᆞᆯᄋᆞ샤ᄃᆡ賜는達ᄒᆞ니政을從홈애므스거시이시리오ᄀᆞᆯ오ᄃᆡ求는可히ᄒᆡ여곰政을從ᄒᆞ얌즉ᄒᆞ니잇가ᄀᆞᆯᄋᆞ샤ᄃᆡ求는藝ᄒᆞ니政을從홈애므스거시이시리오

●從政、謂爲大夫、果、有決斷、達、通事理、藝、多才能、○程子曰、季康子問三子之才、可以從政乎、夫子答以各有所長、非惟三子、人各有所長、能取其長、皆可用也、

○季氏ㅣ使閔子騫으로爲費宰ᄒᆞᆫ대閔子騫이曰善爲我辭焉ᄒᆞ라如有復我者ㅣ댄則吾ㅣ必在汶上矣로리라

季氏ㅣ閔子騫으로ᄒᆡ여곰費人宰를ᄒᆞ인대閔子騫이ᄀᆞᆯ오ᄃᆡ善히나를爲ᄒᆞ야辭ᄒᆞ라만일에내게다시홈이잇실딘댄곳내반ᄃᆞ시汶ㅅ上에이쇼리라

●閔子騫、孔子弟子、名損、魯人 費、季氏邑、汶、水名、在齊南魯北境上、閔子不欲臣季氏、令使者善爲己辭、言若再來召我、則當去之齊、○程子曰、仲尼之門、能不仕

牖 창문유 壁窓

大夫之家者、閔子曾子數人而已、謝氏曰、學者、能少知內外之分、皆可以樂、音락道而忘人之勢、況閔子得聖人爲之依歸、彼其視季氏不義之富貴、不啻犬彘、又從而臣之、豈其心哉、在聖人則有不然者、蓋居亂邦、見惡人、在聖人則可、自聖人以下、剛則必取禍、柔則必取辱、閔子、豈不能蚤見而豫待之乎、如由也、不得其死、求也爲季氏附益、夫豈其本心哉、蓋旣無先見之知、又無克亂之才故也、然則閔子其賢乎、

○伯牛ㅣ有疾이어늘子ㅣ問之ᄒᆞ실새自牖로執其手曰亡音무之러니命矣夫ㅣ라斯人也ㅣ而有斯疾也ᄒᆞᆯ셔斯人也ㅣ而有斯疾也ᄒᆞᆯ셔

伯牛ㅣ疾이잇거늘子ㅣ무ᄅᆞ실새牖로브터그손을잡아ᄀᆞᆯᄋᆞ샤ᄃᆡ업스리러니命이라이사람이이疾을둘셔이사람이이疾을둘셔

●伯牛、孔子弟子、姓冉、名耕、魯人 有疾、先儒以爲癩也、牖、南牖也、禮、病者居北牖下、君視之、則遷於南牖下、使君得以南面視己、時、伯牛家以此禮尊孔子、孔子不敢當、故不入其室、而自牖執其手、蓋與之永訣也、命、謂天命、言此人不應有此

簞 도ᄉᆞᆯ기 단 小筐 **瓢** 표쥬박 표瓠瓜 酒器

疾、而今乃有之、是乃天之所命也、然則非其不能謹疾而有以致之、亦可見矣、○侯氏曰、(名仲良字師聖河東人)伯牛以德行稱、亞於顏閔、故其將死也、孔子尤痛惜之、

○**子ㅣ曰賢哉**라 **回也**ㅣ여 **一簞食**(音ᄉᆞ)와 **一瓢飮**으로 **在陋巷**을 **人不堪其憂**ㅣ어늘 **回也**ㅣ **不改其樂**ᄒᆞ니 **賢哉**라 **回也**ㅣ여

子ㅣᄀᆞᆯᄋᆞ샤ᄃᆡ賢ᄒᆞ다回ㅣ여ᄒᆞᆫ簞앳食와ᄒᆞᆫ瓢앳飮으로陋巷에이심을사ᄅᆞᆷ이그시름을이긔디못ᄒᆞ거ᄂᆞᆯ回ㅣ그樂을改티아니ᄒᆞ니賢ᄒᆞ다回여

●簞、竹器、食、飯也、瓢、瓠也、顏子之貧如此、而處之泰然、不以害其樂、故夫子再言賢哉回也、以深歎美之、○程子曰、顏子之樂、非樂簞瓢陋巷也、不以貧窶累其心、而改其所樂也、故夫子稱其賢、又曰、簞瓢陋巷非可樂、蓋自有其樂爾、其字當玩味、自有深意、又曰、昔受學於周茂叔、每令尋仲尼顏子樂處、所樂何事、愚按程子之言、引而不發、蓋欲學者、深思而自得之、今亦不敢妄爲之說、學者、但當從事於博文約禮之誨、以至於欲罷不能、而竭其才、則庶乎有以得之矣、

○**冉求**ㅣ**曰非不說**(音열)**子之道**ㅣ언마ᄂᆞᆫ **力不足也**ㅣ로이다 **子**ㅣ **曰力不足**

畫 그획을 界限

儒 션비유 學者稱

澹 셩담 複姓

者는中道而廢ᄒᆞᄂᆞ니今女는畫이로다

冉求ㅣᄀᆞᆯ오ᄃᆡ子의道를說티아니홈이아니언마ᄂᆞᆫ힘이足디못호이다子ㅣᄀᆞᆯᄋᆞ샤ᄃᆡ힘이足디못ᄒᆞᆫ者ᄂᆞᆫ道에中ᄒᆞ야廢ᄒᆞᄂᆞ니이제너ᄂᆞᆫ畫홈이로다

●力不足者、欲進而不能、畫者、能進而不欲、謂之畫者、如畫地以自限也、○胡氏曰、夫子稱顏回不改其樂、冉求聞之、故有是言、然使求、說夫子之道、誠如口之說芻豢、音환 則必將盡力以求之、何患力之不足哉、畫而不進、則日退而已矣、此冉求之所以局於藝也、

○子ㅣ謂子夏曰女爲君子儒오無爲小人儒ᄒᆞ라

子ㅣ子夏ᄃᆞ려닐어ᄀᆞᆯᄋᆞ샤ᄃᆡ네君子ㅅ儒ㅣ되고小人ㅅ儒ㅣ되디말라

●儒、學者之稱、程子曰、君子儒、爲己、小人儒、爲人、○謝氏曰、君子小人之分、義與利之間而已、然所謂利者、豈必殖貨財之謂、以私滅公、適己自便、凡可以害天理者、皆利也、子夏、文學雖有餘、然意其遠者大者、或昧焉、故夫子語之以此、

○子游ㅣ爲武城宰러니子ㅣ曰女ㅣ得人焉爾乎아曰有澹臺滅

徑 지름길 경 小道疾也

殿 군사뒤 뎐 軍後

明者ᄒᆞ니行不由徑ᄒᆞ며非公事ㅣ어든未嘗至於偃之室也ᄒᆞᄂᆞ니이다

子游ㅣ武城ㅅ宰되엿더니子ㅣᄀᆞᆯᄋᆞ샤대네사ᄅᆞᆷ을어던ᄂᆞᆫ다ᄀᆞᆯ오ᄃᆡ澹臺滅明이라ᄒᆞᆯ이이시니行ᄒᆞᆷ애徑을말미암디아니ᄒᆞ며公事ㅣ아니어든일쯕偃의室에니르디아니ᄒᆞᄂᆞ니이다

●武城、魯下邑、澹臺、姓、滅明、名、字子羽、徑、路之小而捷者、公事、如飮射讀法之類、不由徑、則動必以正、而無見小欲速之意、可知、非公事不見邑宰、則其有以自守、而無枉己徇人之私、可見矣、○楊氏曰、爲政以人才爲先、故孔子以得人爲問、如滅明者、觀其二事之小、而其正大之情、可見矣、後世有不由徑者、人必以爲迂、不至室、人必以爲簡、非孔氏之徒、其孰能知、而取之、愚謂持身以滅明爲法、則無苟賤之羞、取人以子游爲法、則無邪媚之惑、

○子ㅣ曰孟之反은不伐이로다奔而殿ᄒᆞ야將入門ᄒᆞᆯ새策其馬曰非敢後也라馬不進也ㅣ라ᄒᆞ니라

子ㅣᄀᆞᆯᄋᆞ샤ᄃᆡ孟之反은伐티아니ᄒᆞ놋다奔ᄒᆞᆷ애殿ᄒᆞ야將ᄎᆞᆺ門의들ᄉᆡ그ᄆᆞᆯ을策ᄒᆞ

鮀 모래무지타 吹沙魚

야글오되敢히後ᄒᆞᆫ줄이아니라몰이나아가디아니홈이라ᄒᆞ니라

●孟之反、魯大夫、名側、胡氏曰、反、卽莊周所稱、孟子反者、是也、伐、誇功也、奔敗走也、軍後曰殿、策、鞭也、戰敗而還以後爲功、反奔而殿、故以此言自揜其功也、事在哀公十一年、○謝氏曰、人能操無欲上人之心、則人欲日消、天理日明、而凡可以矜已誇人者、皆無足道矣、然不知學者、欲上人之心、無時而忘也、若孟之反、可以爲法矣、

○子ㅣ曰不有祝鮀之佞이며而有宋朝之美면難乎免於今之世矣니라

子ㅣ글ᄋᆞ샤되祝鮀의佞을두며宋朝의美를두디아니면이제世예免홈이어려우니라

●祝、宗廟之官、鮀、衛大夫、字子魚、有口才、朝、宋公子、有美色、言衰世好諛悅色、非此難免、蓋傷之也、

○子ㅣ曰誰能出不由戶ㅣ리오마ᄂᆞᆫ何莫由斯道也오

彬 빈날빈 文質雜

子ㅣ ᄀᆞᆯᄋᆞ샤ᄃᆡ 뉘能히 出ᄒᆞᆯ애 戶를由티아니리오마ᄂᆞᆫ 엇디 이道를由티아니ᄒᆞᄂᆞᆫ고

●言、人不能出不由戶、何故乃不由此道耶、怪而歎之之辭、○洪氏曰、人知出必由戶、而不知行必由道、非道遠人、人自遠爾、

○子ㅣ曰質勝文則野ㅣ오 文勝質則史ㅣ니 文質이 彬彬然後에 君子ㅣ니라

子ㅣ ᄀᆞᆯᄋᆞ샤ᄃᆡ 質이 文을勝ᄒᆞ면 野ㅣ오 文이 質을勝ᄒᆞ면 史ㅣ니 文과 質이 彬彬ᄒᆞᆫ後에 君子ㅣ니라

●野、野人、言鄙略也、史、掌文書、多聞習事、而誠或不足也、彬彬、猶班班、物相雜而適均之貌、言學者當損有餘、補不足、至於成德、則不期然而然矣、○楊氏曰、文質不可以相勝、然質之勝文、猶之甘可以受和、白可以受采也、文勝而至於滅質則其本亡矣、雖有文、將安施乎、然則與其史也、寧野、

○子ㅣ曰人之生也ㅣ 直ᄒᆞ니 罔之生也ᄂᆞᆫ 幸而免이니라

子ㅣ ᄀᆞᆯᄋᆞ샤ᄃᆡ 사ᄅᆞᆷ의 生이 直ᄒᆞ거시니 罔의 生ᄒᆞᆷ은 幸히 免ᄒᆞ얀ᄂᆞ니라

●程子曰生理本直、罔、不直也、而亦生者、幸而免爾、

○子ㅣ曰知之者ㅣ不如好之者ㅣ오好之者ㅣ不如樂之者ㅣ니라

子ㅣ골ᄋᆞ샤ᄃᆡ아ᄂᆞᆫ이됴히너기ᄂᆞᆫ이만ᄀᆞᆺ디못ᄒᆞ고됴히너기ᄂᆞᆫ이즐겨ᄒᆞᄂᆞᆫ이만ᄀᆞᆺ디못ᄒᆞ니라

●尹氏曰、知之者、知有此道也、好之者、好而未得也、樂之者、有所得而樂之也

○張敬夫曰、譬之五穀、知者、知其可食者也、好者、食而嗜之者也、樂者、嗜之而飽者也、知而不能好、則是知之未至也、好之而未及於樂、則是好之未至也、此、古之學者、所以自强而不息者與、

○子ㅣ曰中人以上은可以語上也ㅣ어니와中人以下는不可以語上也ㅣ니라

子ㅣ골ᄋᆞ샤ᄃᆡ中人으로써우흔可히써우흘니르려니와中人으로써아래ᄂᆞᆫ可히써우흘니르디못ᄒᆞᆯ게시니라

●語、告也、言敎人者、當隨其高下、而告語之則其言易(音이)入、而無躐等之弊也、○

張敬夫曰、聖人之道、精粗、雖無二致、但其施敎、則必因其材而篤焉、蓋中人以下之質、驟而語之太高、非惟不能以入、且將妄意躐等、而有不切於身之弊、亦終於下而已矣、故就其所及而語之、是乃所以使之切問近思、而漸進於高遠也、

○樊遲ㅣ問知ᄒᆞᆫ대 子ㅣ曰務民之義오 敬鬼神而遠之면 可謂知矣니라 問仁ᄒᆞᆫ대 曰仁者ㅣ 先難而後獲이면 可謂仁矣니라

樊遲ㅣ知를뭇ᄌᆞ온대子ㅣᄀᆞᆯᄋᆞ샤ᄃᆡ民의義를힘ᄡᅳ고鬼神을공경코멀리ᄒᆞ면可히知라닐을띠니라仁을뭇ᄌᆞ온ᄃᆡᄀᆞᆯᄋᆞ샤ᄃᆡ仁ᄒᆞᆫ者ㅣ難을몬져ᄒᆞ고獲흠을後ᄒᆞ면可히仁이라니를띠니라

●民、亦人也、獲、謂得也、專用力於人道之所宜、而不惑於鬼神之不可知、知者之事也、先其事之所難、而後其效之所得、仁者之心也、此必因樊遲之失而告之、○程子曰、人多信鬼神惑也、而不信者又不能敬、能敬能遠、可謂知矣、又曰、先難克己也、以所難爲先、而不計所獲、仁也、呂氏曰、當務爲急、不求所難知、力行所知、不憚所難爲、

○子ㅣ曰知者는樂音요水ᄒᆞ고仁者는樂山이니知者는動ᄒᆞ고仁者는靜ᄒᆞ며知者는樂音洛ᄒᆞ고仁者는壽ㅣ니라

子ㅣᄀᆞᆯᄋᆞ샤ᄃᆡ知ᄒᆞᆫ者ᄂᆞᆫ水ᄅᆞᆯ됴히너기고仁ᄒᆞᆫ者ᄂᆞᆫ山을됴히너기ᄂᆞ니知ᄒᆞᆫ者ᄂᆞᆫ動ᄒᆞ고仁ᄒᆞᆫ者ᄂᆞᆫ靜ᄒᆞ며知ᄒᆞᆫ者ᄂᆞᆫ樂ᄒᆞ고仁ᄒᆞᆫ者ᄂᆞᆫ壽ᄒᆞᄂᆞ니라

●樂、喜好也、知者、達於事理、而周流無滯、有似於水、故樂水、仁者、安於義理而厚重不遷、有似於山、故樂山、動靜、以體言、樂壽、以效言也、動而不括、故樂、靜而有常、故壽、○程子曰、非體仁知之深者、不能如此形容之、

○子ㅣ曰齊一變이면至於魯ᄒᆞ고魯一變이면至於道ㅣ니라

子ㅣᄀᆞᆯᄋᆞ샤ᄃᆡ齊ㅣᄒᆞᆫ번變ᄒᆞ면魯에니르고魯ㅣᄒᆞᆫ번變ᄒᆞ면道에니를띠니라

●孔子之時、齊俗、急功利、喜夸詐、乃霸政之餘習、魯則重禮教、崇信義、猶有先王之遺風焉、但人亡政息、不能無廢墜爾、道則先王之道也、言二國之政俗、有美惡、故其變而之道、有難易、○程子曰、夫子之時、齊强魯弱、孰不以爲齊勝魯也、然魯猶存周公之法制、齊由桓公之霸 爲從簡尙功之治、太公之遺法、變易盡矣、

觚 모난잔 그릇고 方也又ㅣ稜
逝 갈셔 往也
陷 싸질함 沒也

故一變、乃能至魯、魯則脩舉廢墜而已、一變則至於先王之道也、愚謂、二國之俗惟夫子爲能變之而不得試、然因其言以考之、則其施爲緩急之序、亦略可見矣、

○子ㅣ曰觚ㅣ不觚ㅣ면觚哉觚哉아

子ㅣᄀᆞᆯᄋᆞ샤ᄃᆡ觚ㅣ觚티아니면觚ㅣ랴觚ㅣ랴

●觚、稜也、或曰、酒器、或曰、木簡、皆器之有稜者也、不觚者、蓋當時、失其制而不爲稜也、觚哉觚哉、言不得爲觚也、○程子曰、觚而失其形制、則非觚也、舉一器而天下之物、莫不皆然、故君而失其君之道、則爲不君、臣而失其臣之職、則爲虛位范氏曰、人而不仁則非人、國而不治則不國矣、

○宰我ㅣ問曰仁者ㅣ雖告之曰井有仁焉이라도 其從之也ㅣ로소이다 子ㅣ曰何爲其然也ㅣ리오 君子는 可逝也ㅣ언뎡 不可陷也ㅣ며 可欺也ㅣ언뎡 不可罔也ㅣ니라

宰我ㅣ묻ᄌᆞ와ᄀᆞᆯ오ᄃᆡ仁者ᄂᆞᆫ비록告ᄒᆞ야ᄀᆞᆯ오ᄃᆡ井에사ᄅᆞᆷ이잇다ᄒᆞ야도그從ᄒᆞ리로소이다子ㅣᄀᆞᆯᄋᆞ샤ᄃᆡ엇디그그러ᄒᆞ리오君子ᄂᆞᆫ可히가게ᄒᆞᆯ띠언뎡可히싸디게

畔 叛同

못ᄒᆞ며可히欺ᄒᆞᆯ씨언뎡可히罔티못ᄒᆞᆯ게시니라

●劉聘君曰、聘君名勉之字致仲號草堂建安人文公婦翁有仁之仁、當作人、今從之、從、謂隨之於井而救之也、宰我、信道不篤、而憂爲仁之陷害、故有此問、逝、謂使之往救、陷、謂陷之於井、欺、謂誑之以理之所有、罔、謂昧之以理之所無、蓋身在井上、乃可以救井中之人、若從之於井、則不復音부能救之矣、此理甚明、人所易音이曉、仁者雖切於救人、而不私其身、然不應如此之愚也

○子ㅣ曰君子ㅣ博學於文이오約之以禮면亦可以弗畔矣夫ㅣᆫ뎌

子ㅣᄀᆞᆯᄋᆞ샤ᄃᆡ君子ㅣ文에너비學ᄒᆞ고約호ᄃᆡ禮로써ᄒᆞ면또可히써畔티아니ᄒᆞ린뎌

●約、要也、畔、背音패也、君子學欲其博、故於文無不考、守欲其要、故其動必以禮、如此則可以不背於道矣、○程子曰、博學於文、而不約之以禮、必至於汗漫博學矣、又能守禮而由於規矩、則亦可以不畔道矣、

○子ㅣ見南子ᄒᆞ신대子路ㅣ不說이어늘夫子ㅣ矢之曰予所否者ㅣᆫ댄天厭之天厭之시리라

濟 구제할 제 救也

子ㅣ南子를보신대子路ㅣ깃거티아니ᄒᆞ거늘夫子ㅣ矢ᄒᆞ야ᄀᆞᆯᄋᆞ샤ᄃᆡ내否ᄒᆞᆫ밴댄하ᄂᆞᆯ히厭ᄒᆞ시리라하ᄂᆞᆯ히厭ᄒᆞ시리라

●南子(宋女子姓)衛靈公之夫人、有淫行、孔子至衛、南子請見、孔子辭謝、不得已而見之、蓋古者、仕於其國、有見其小君之禮、而子路以夫子、見此淫亂之人爲辱、故不悅、矢、誓也所、誓辭也、如云所不與崔慶者之類、否、謂不合於禮、不由其道也、厭棄絕也、聖人道大德全、無可不可、其見惡人、固謂在我有可見之禮、則彼之不善、我何與焉、然此豈子路所能測哉、故重言以誓之、欲其姑信此、而深思以得之也、

○子ㅣ曰中庸之爲德也ㅣ其至矣乎ㄴ뎌民鮮이久矣니라

子ㅣᄀᆞᆯᄋᆞ샤ᄃᆡ中庸의德이로옴이그至ᄒᆞᆫ뎌民이鮮컨디오라니라

●中者、無過無不及之名也、庸、平常也、至、極也、鮮、少也、言、民少此德、今已久矣、○程子曰、不偏之謂中、不易之謂庸、中者、天下之正道、庸者、天下之定理、自世教衰、民不興於行、少有此德久矣、

○子貢이曰如有博施於民而能濟衆ᄒᆞᆫ딘如何ᄒᆞ니잇고可謂仁乎ㅣ잇가

子ㅣ曰何事於仁이리오 必也聖乎신뎌 堯舜도 其猶病諸ㅣ시니라

子貢이골오ᄃᆡ만일에民의게施홈을너비ᄒᆞ고能히濟홈이衆ᄒᆞᆫ된엇더ᄒᆞ니잇고可히仁이라니ᄅᆞ리잇가子ㅣ골ᄋᆞ샤ᄃᆡ엇디仁에事ᄒᆞ리오반ᄃᆞ시聖인뎌堯舜도그오히려病도이녀기시라

●博、廣也、仁、以理言、通乎上下、聖、以地言、則造其極之名也、乎者、疑而未定之辭、病、心有所不足也、言、此何止於仁、必也聖人能之乎、則雖堯舜之聖、其心猶有所不足於此也、以是求仁、愈難而愈遠矣、

夫仁者ᄂᆞᆫ 己音긔 欲立而立人ᄒᆞ며 己欲達而達人이니라

仁ᄒᆞᆫ者ᄂᆞᆫ몸이立고져홈에샤ᄅᆞᆷ을立게ᄒᆞ며몸이達코져홈애샤ᄅᆞᆷ을達케ᄒᆞᄂᆞ니라

●以己及人、仁者之心也、於此觀之、可以見天理之周流而無間矣、狀仁之體、莫切於此、

能近取譬면 可謂仁之方也已니라

能히갓가온ᄃᆡ取ᄒᆞ야譬ᄒᆞ면可히仁의方이라니ᄅᆞᆯ띠니라

●譬、喻也、方、術也、近取諸身、以己所欲、譬之他人、知其所欲、亦猶是也、然後、推其所欲以及於人、則恕之事而仁之術也、於此勉焉、則有以勝其人欲之私、而全其天理之公矣、○程子曰、醫書、以手足痿痺、爲不仁、此言最善名狀、仁者、以天地萬物爲一體、莫非己也、認得爲己、何所不至、若不屬己、自與己不相干、如手足之、不仁、氣已不貫、皆不屬己、故博施濟衆、乃聖人功用、仁至難言、故止曰己欲立而立人、己欲達而達人、能近取譬、可謂仁之方也、己欲令如是觀仁、可以得仁之體、又曰、論語、言堯舜、其猶病諸者二、夫博施者、豈非聖人之所欲、然必五十乃衣帛、七十乃食肉、聖人之心、非不欲少者亦衣帛食肉也、顧其養、有所不贍爾、此病其施之不博也、濟衆者、豈非聖人之所欲、然治不過九州、聖人非不欲四海之外、亦兼濟也、顧其治有所不及爾、此病其濟之不衆也、推此以求、脩己以安百姓、則爲病可知、苟以吾治已足、則便不是聖人、呂氏曰、子貢有志於仁、徒事高遠、未知其方、孔子敎以於己取之、庶近而可入、是乃爲仁之方、雖博施濟衆、亦由此進、

懸吐釋字具解 集註論語卷之六 終

竊 그윽할 절 私也

彭 성 팽 姓也

默 묵묵할 묵 靜也 不語

懸吐釋字具解 集註論語卷之七

述而第七

●此篇、多記聖人謙己誨人之辭、及其容貌行事之實、凡三十七章

子ㅣ曰述而不作ᄒᆞ며信而好古를竊比於我老彭ᄒᆞ노라

子ㅣᄀᆞᆯᄋᆞ샤ᄃᆡ述ᄒᆞ고作디아니ᄒᆞ며信ᄒᆞ고녜를됴히너김을그윽이우리老彭의게比ᄒᆞ노라

●述、傳舊而已、作則、創始也、故作非聖人不能、而述則賢者可及、竊比、尊之之辭、我、親之之辭、老彭、商賢大夫、見(音현)大戴禮、蓋信古而傳述者也、孔子、刪詩書、定禮樂、贊周易、脩春秋、皆傳先王之舊、而未嘗有所作也、故其自言如此、蓋不惟不敢當作者之聖 而亦不敢顯然、自附於古之賢人、蓋其德、愈盛而心愈下、不自知其辭之謙也、然當是時、作者略備、夫子蓋集羣聖之大成、而折衷之、其事雖述、而功則倍於作矣、此又不可不知也、

○子ㅣ曰默而識(音지)之ᄒᆞ며學而不厭ᄒᆞ며誨人不倦이何有於我

倦게으를권 懈也

哉오

子ㅣ골ᄋᆞ샤ᄃᆡ默ᄒᆞ야識ᄒᆞ며學ᄒᆞ야厭티아니ᄒᆞ며사ᄅᆞᆷᄀᆞᄅᆞ침을게을이아니홈이무서시내게인ᄂᆞ뇨

●識、記也、默識、謂不言而存諸心也、一說、識、知也、不言而心解也、前說近是、何有於我、言何者能有於我也、三者、已非聖人之極至、而猶不敢當、則謙而又謙之辭也、

○子ㅣ曰德之不修와學之不講과聞義不能徙ᄒᆞ며不善不能改ㅣ是吾憂也ㅣ니라

子ㅣ골ᄋᆞ샤ᄃᆡ德의脩티몯홈과學의講티몯홈과義를듯고能히徙티몯ᄒᆞ며善티몯ᄒᆞᆫ거슬能히고티디몯홈이이내의시름이니라

●尹氏曰、德、必脩而後成、學、必講而後明、見善能徙、改過不吝、此四者、日新之要也、苟未能之、聖人猶憂、況學者乎、

○子之燕居애申申如也ᄒᆞ시며夭夭如也ㅣ러시다

子의燕居ᄒᆞ심애申申ᄃᆞᆺᄒᆞ시며夭夭ᄃᆞᆺᄒᆞ더시다

●燕居、閒暇無事之時、楊氏曰、申申、其容舒也、夭夭、其色愉也、○程子曰、此弟子善形容聖人處也、爲申申字說不盡、故更著夭夭字、今人燕居之時、不怠惰放肆、必太嚴厲、嚴厲時、著此四字不得、怠惰放肆時、亦著此四字不得、惟聖人、便自有中和之氣、

○子ㅣ曰甚矣라吾衰也ㅣ여久矣라吾不復夢見周公이로다

子ㅣ ᄀᆞᆯᄋᆞ샤ᄃᆡ甚ᄒᆞ다내衰ᄒᆞᆷ이여오라다내다시ᄭᅮᆷ에周公을보디못ᄒᆞ리로다

●孔子盛時、志欲行周公之道、故夢寐之間、如或見之、至其老而不能行也、則無復音부是心、而亦無復是夢矣、故因此而自歎其衰之甚也、○程子曰、孔子盛時、寤寐常存行周公之道、及其老也、則志慮衰而不可以有爲矣、蓋存道者心、無老少之異、而行道者身、老則衰也、

○子ㅣ曰志於道ᄒᆞ며

子ㅣ ᄀᆞᆯᄋᆞ샤ᄃᆡ道에志ᄒᆞ며

據 웅거할 거 拒守

●志者、心之所之之謂、道、則人倫日用之間、所當行者是也、知此而心必之焉、則所適者、正、而無他歧之惑矣、

據於德호며

德에 據ᄒᆞ며

◉據者、執守之意、德則行道、而有得於心者也、得之於心、而守之不失、則終始惟一、而有日新之功矣

依於仁ᄒᆞ며

仁에 依ᄒᆞ며

●依者、不違之謂、仁、則私欲盡去而心德之全也、工夫至此、而無終食之違、則存養之熟、無適而非天理之流行矣、

游於藝니라

藝에 游ᄒᆯ띠니라

●游者、玩物適情之謂、藝、則禮樂之文、射御書數之法、皆至理所寓、而日用之不

脩 포슈 脯也

憤 분할분 懣也

悱 분할비 憤也

可闕者也、朝夕游焉、以博其義理之趣、則應務有餘、而心亦無所放矣、○此章、言人之爲學、當如是也、蓋學莫先於立志、志道、則心存於正而不他、據德、則道得於心而不失、依仁、則德性常用、而物欲不行、游藝、則小物不遺、而動息有養、學者於此、有以不失其先後之序、輕重之倫焉、則本末兼該、內外交養、日用之間、無少間隙而涵泳從容、忽不自知其入於聖賢之域矣、

○子ㅣ曰自行束脩以上은吾未嘗無誨焉이로라

子ㅣ글ᄋᆞ샤ᄃᆡ束脩行ᄒᆞᆫ이로브터써우흔내일쯕ᄀᆞᄅᆞ침이업디아니호라

●脩、脯也、十脡(音挺 뎡)爲束、古者相見、必執贄以爲禮、束脩其至薄者、蓋人之有生、同具此理、故聖人之於人、無不欲其入於善、但不知來學、則無往敎之禮、故苟以禮來、則無不有以敎之也、

○子ㅣ曰不憤이어든不啓ᄒᆞ며不悱어든不發호ᄃᆡ擧一隅애不以三隅反이어든則不復也ㅣ니라

子ㅣ글ᄋᆞ샤ᄃᆡ憤티아니커든啓티아니ᄒᆞ며悱티아니커든發티아니호ᄃᆡ一隅를擧

홈애三隅로써反티몯ᄒᆞ거든곳다시아니ᄒᆞᄂᆞ니라

●憤者、心求通而未得之意、悱者、口欲言而未能之貌、啓、謂開其意、發、謂達其辭、物之有四隅者、擧一、可知其三、反者、還以相證之義、復、再告也、上章已言、聖人誨人不倦之意、因幷記此、欲學者、勉於用力、以爲受敎之地也、○程子曰、憤悱、誠至之見(音현)於色辭者也、待其誠意而後告之、旣告之、又必待其自得、乃復告爾、又曰、不待憤悱而發、則知之不能堅固、待其憤悱而後發、則沛然矣、

○子ㅣ食於有喪者之側에未嘗飽也ㅣ러시다

子ㅣ喪잇ᄂᆞᆫ者의겨틔셔食ᄒᆞ심애일쯕飽티아니터시다

●臨喪、哀不能甘也、

子ㅣ於是日에哭則不歌ㅣ러시다

子ㅣ이날애哭ᄒᆞ시면歌티아니ᄒᆞ더시다

●哭、謂弔哭、一日之內、餘哀未忘、自不能歌也、○謝氏曰、學者於此二者、可見聖人情性之正也、能識聖人之情性、然後可以學道、

暴 민손으로칠포 徒搏也
馮 달일빙 馬行疾
懼 두려울구 恐也

○子ㅣ謂顏淵曰用之則行ᄒᆞ고舍之則藏을惟我與爾ㅣ有是夫ᄂᆞᆫ뎌

子ㅣ顏淵ᄃᆞ려닐러ᄀᆞᆯᄋᆞ샤ᄃᆡ用ᄒᆞ면行ᄒᆞ고舍ᄒᆞ면藏홈을오직나와다못네이ᄅᆞᆯ둔ᄂᆞᆫ뎌

●尹氏曰、用舍無與於已、行藏安於所遇、命不足道也、顏子幾於聖人、故亦能之、

子路ㅣ曰子ㅣ行三軍則誰與ㅣ시리잇고

子路ᄀᆞᆯ오ᄃᆡ子ㅣ三軍을行ᄒᆞ시면누를더브러ᄒᆞ시리잇고

●萬二千五百人爲軍、大國、三軍、子路見孔子獨美顏淵、自負其勇、意夫子若行軍、必與己同、

子ㅣ曰暴虎馮河ᄒᆞ야死而無悔者를吾不與也ㅣ니必也臨事而懼ᄒᆞ며好謀而成者也ㅣ니라

子ㅣᄀᆞᆯᄋᆞ샤ᄃᆡ虎를暴ᄒᆞ며河를馮ᄒᆞ야죽어도뉘웃츰이업ᄂᆞᆫ者를내더브러아니호리니반ᄃᆞ시일에臨ᄒᆞ야저허ᄒᆞ며謀홈을됴히녀기고成ᄒᆞᄂᆞᆫ者ㅣ니라

鞭 책적편 馬箠

●暴虎、徒搏、馮河、徒涉、懼、謂敬其事、成、謂成其謀、言此皆以抑其勇而教之、然行師之要、實不外此、子路蓋不知也、○謝氏曰、聖人於行藏之間、無意無必、其行非貪位、其藏非獨善也、若有欲心、則不用而求行、舍之而不藏矣、是以、惟顔子爲可以與於此、子路雖非有欲心者、然未能無固必也、至以行三軍爲問、則其論益卑矣、夫子之言、蓋因其失而救之、夫不謀無成、不懼必敗、小事尙然、而況於行三軍乎、

○子ㅣ曰富而可求也ㄴ댄 雖執鞭之士ㅣ라도 吾亦爲之어니와 如不可求ㄴ댄 從吾所好호리라

子ㅣ골ᄋᆞ사ᄃᆡ富를可히求ᄒᆞᆯ게신댄비록채를잡ᄂᆞᆫ士ㅣ라도내ᄯᅩᄒᆞ려니와만일에可히求티못ᄒᆞᆯ게신댄내의됴히너기ᄂᆞᆫ바를조초리라

●執鞭、賤者之事、設言、富若可求、則雖身爲賤役以求之、亦所不辭、然有命焉、非求之可得也、則安於義理而已矣、何必徒取辱哉、○蘇氏曰、聖人、未嘗有意於求富也、豈問其可不可哉、爲此語者、特以明其決不可求爾、楊氏曰、君子非惡(音오)富

貴而不求、以其在天、無可求之道也、

○子之所愼은齊戰疾이러시다

子의삼가시는바는齊와戰과疾이러시다

●齊之爲言、齊也、將祭、而齊其思慮之不齊者、以交於神明也、誠之至與不至、神之饗與不饗、皆決於此、戰則衆之死生、國之存亡、繫焉、疾、又吾身之所以死生存亡者、皆不可以不謹也、○尹氏曰、夫子無所不謹、弟子記其大者耳、

○子ㅣ在齊聞韶ᄒᆞ시고三月을不知肉味ᄒᆞ사曰不圖爲樂之至於斯也호라

子ㅣ齊에겨샤韶를드르시고學ᄒᆞ신석ᄃᆞᆯ을肉味를아지못ᄒᆞ샤ᄀᆞᆯᄋᆞ샤ᄃᆡ樂을ᄒᆞᆷ이이에이를줄을圖티아니호라

●史記、三月上、有學之二字、不知肉味、蓋心一於是、而不及乎他也、曰不意舜之作樂、至於如此之美、則有以極其情文之備、而不覺其歎息之深也、蓋非聖人不足以及此、○范氏曰、韶盡美、又盡善、樂之無以加此也、故學之三月、不知肉味、

衛 위나라 위康叔所封國

夷 방동ᄉᆞᄅᆞᆷ이東方之人

而歎美之如此、誠之至、感之深也、

○**冉有**ㅣ**曰夫子**ㅣ**爲衛君乎**아**子貢**이**曰諾**다**吾將問之**호리라

冉有ㅣᄀᆞᆯ오ᄃᆡ夫子ㅣ衛君을爲ᄒᆞ시랴子貢이ᄀᆞᆯ오ᄃᆡ諾다내장ᄎᆞᆺ뭇ᄌᆞ오리라

●爲、猶助也、衛君、出公輒也、靈公、逐其世子蒯聵蒯音괴聵音외、公薨而國人、立蒯聵之子輒、於是、晉納蒯聵、而輒拒之、時、孔子居衛、衛人以蒯聵、得罪於父、而輒嫡孫當立、故冉有、疑而問之、諾應辭也、

入曰伯夷叔齊는**何人也**ㅣ잇고**曰古之賢人也**ㅣ니라**曰怨乎**ㅣ잇가**曰求仁而得仁**이어니**又何怨**이리오**出曰夫子**ㅣ**不爲也**ㅣ시리러라

들어가ᄀᆞᆯ오ᄃᆡ伯夷와叔齊ᄂᆞᆫ엇던ᄉᆞᄅᆞᆷ이니잇고ᄀᆞᆯᄋᆞ샤ᄃᆡ녯賢人이니라ᄀᆞᆯ오ᄃᆡ怨ᄒᆞ더니잇가ᄀᆞᆯᄋᆞ샤ᄃᆡ仁을求ᄒᆞ야仁을得ᄒᆞ야니또엇디怨ᄒᆞ리오ᄀᆞᆯ오ᄃᆡ夫子ㅣ爲ᄒᆞ디아니ᄒᆞ시리러라

●伯夷、叔齊、孤竹君之二子、其父將死、遺命立叔齊、父卒、叔齊、遜伯夷、伯夷曰父命也、遂逃去、叔齊亦不立、而逃之、國人、立其中子、其後、**武王伐**紂、夷齊、扣馬

疏 蔬同 肱 팔굉臂 上一節

而諫、武王滅商、夷齊、恥食周粟、去隱於首陽山、遂餓而死、怨、猶悔也、君子居是邦、不非其大夫、況其君乎、故子貢、不斥衛君、而以夷齊爲問、夫子告之如此、則其不爲衛君可知矣、蓋伯夷以父命爲尊、叔齊以天倫爲重、其遜國也、皆求所以合乎天理之正、而卽乎人心之安、旣而各得其志焉、則視棄其國、猶敝蹝(音사)爾、何怨之有、若衛輒之據國拒父、而唯恐失之、其不可同年而語明矣、○程子曰、伯夷叔齊、遜國而逃、諫伐而餓、終無怨悔、夫子以爲賢、故知其不與輒也、

○子ㅣ曰飯疏食(音사)飲水ᄒᆞ고曲肱而枕之라도樂亦在其中矣니不義而富且貴는於我애如浮雲이니라

子ㅣᄀᆞᆯᄋᆞ샤ᄃᆡ疏食을飯ᄒᆞ며水를飮ᄒᆞ고肱을曲ᄒᆞ야枕ᄒᆞ야도樂이ᄯᅩᄒᆞᆫ그가온ᄃᆡ잇ᄂᆞ니義아니오富코ᄯᅩ貴홈은내게浮雲ᄀᆞᄐᆞ니라

●飯、食之也、疏食、麤飯也、聖人之心、渾然天理、雖處困極、而樂亦無不在焉、其視不義之富貴、如浮雲之無有、漠然無所動於其中也、○程子曰、非樂疏食飲水也、雖疏食飲水、不能改其樂也、不義之富貴、視之輕如浮雲然、又曰、須知所樂者何

事、

○子ㅣ曰加我數年ᄒᆞ야五十以學易이면可以無大過矣리라

子ㅣᄀᆞᆯᄋᆞ샤ᄃᆡ나를두어ᄒᆡ를假ᄒᆞ야맛ᄎᆞᆷ내易를學ᄒᆞ면可히ᄡᅥ큰허믈이업스리라

●劉聘君、見元城劉忠定公、(名安世字器之大名府元城人)自言嘗讀他論、加、作假、五十、作卒、蓋加假、聲相近而誤讀、卒與五十、字相似而誤分也、愚按、此章之言、史記作假我數年、若是我於易則彬彬矣、加正作假、而無五十字、蓋是時孔子年已幾七十矣、五十字誤、無疑也、學易則明乎吉凶消長之理、進退存亡之道、故可以無大過、蓋聖人深見易道之無窮、而言此以敎人、使知其不可不學、而又不可以易(音이)而學也、

○子所雅言은詩書執禮ㅣ皆雅言也ㅣ러시다

子의상히言ᄒᆞ시ᄂᆞᆫ바ᄂᆞᆫ詩와書와자밧ᄂᆞᆫ禮ㅣ다상히言이러시다

●雅、常也、執、守也、詩以理情性、書以道政事、禮以謹節文、皆切於日用之實、故常言之、禮獨言執者、以人所執守而言、非徒誦說而已也、○程子曰、孔子雅素之言、止於如此、若性與天道、則有不可得而聞者、要在默而識之也、謝氏曰、此因學易

之語、而類記之、

○葉(音섭)公이問孔子於子路ㅣ어늘子路ㅣ不對ᄒᆞᆫ대

葉公이孔子를子路의게무러늘子路ㅣ對티아니ᄒᆞᆫ대

●葉公、楚葉縣尹、沈諸梁、字子高、僭稱公也、葉公、不知孔子必有非所問而問者、故子路不對、抑亦以聖人之德、實有未易(音이)名言者與、

子ㅣ曰女ㅣ奚不曰其爲人也ㅣ發憤忘食ᄒᆞ며樂以忘憂ᄒᆞ야不知老之將至云爾오

子ㅣ ᄀᆞᆯᄋᆞ샤ᄃᆡ 네 엇디 ᄀᆞᆯ오ᄃᆡ 그 사ᄅᆞᆷ이 로옴이 憤을發ᄒᆞ야 食을이즈며 樂ᄒᆞ야 써 시름을 이져 늘금의 장ᄎᆞᆺ 니름을 아디 못ᄒᆞᆫ다 아니ᄒᆞ뇨

●未得、則發憤而忘食、已得、則樂之而忘憂、以是二者俛焉、日有孶孶(音자)而不知年數之不足、但自言其好學之篤耳、然深味之、則見其全體至極、純亦不已之妙、有非聖人不能及者、蓋凡夫子之自言、類如此、學者宜致思焉、

○子ㅣ曰我非生而知之者ㅣ라好古敏以求之者也ㅣ로라

怪 괴이할 괴 異也
擇 가릴 퇵 揀選也

子ㅣ ᄀᆞᆯᄋᆞ샤ᄃᆡ 내 生ᄒᆞ야 아ᄂᆞᆫ 者ㅣ 아니라 녜를 됴히녀겨 敏히 ᄡᅥ 求ᄒᆞᄂᆞᆫ 者ㅣ로라

●生而知之者、氣質淸明、義理昭著、不待學而知也、敏、速也、謂汲汲也、○尹氏曰、孔子以生知之聖、每云好學者、非惟勉人也、蓋生而可知者義理爾、若夫禮樂名物、古今事變、亦必待學而後、有以驗其實也、

○子ㅣ不語怪力亂神이러시다

子ㅣ 怪와 力과 亂과 神을 니ᄅᆞ디 아니ᄒᆞ더시다

●怪異勇力、悖亂之事、非理之正、固聖人所不語、鬼神造化之迹、雖非不正、然非窮理之至、有未易(音이)明者、故亦不輕以語人也、○謝氏曰、聖人語常而不語怪、語德而不語力、語治而不語亂、語人而不語神、

○子ㅣ曰三人行애 **必有我師焉**이니 **擇其善者而從之**오 **其不善者而改之**니라

子ㅣ ᄀᆞᆯᄋᆞ샤ᄃᆡ 세 사ᄅᆞᆷ이 行홈애 반ᄃᆞ시 내 스승이 인ᄂᆞ니 그 어딘 者를 ᄀᆞᆯ희여 좃고 그 어디디 아닌 者를 고틸ᄯᅵ니라

桓 ᄀᆞᆺ셀 환 武貌
魋 일홈 퇴 桓ㅣ

●三人同行、其一我也、彼二人者、一善一惡、則我從其善而改其惡焉、是二人者、皆我師也、○尹氏曰、見賢思齊、見不賢而內自省、則善惡皆我之師、進善其有窮乎、

○子ㅣ曰天生德於予시니 桓魋ㅣ其如予何리오

子ㅣ골으샤ᄃᆡ하ᄂᆞᆯ히德을내게生ᄒᆞ시니桓魋ㅣ그내게엇디ᄒᆞ리오

●桓魋、宋司馬向魋也、出於桓公、故又稱桓氏、魋欲害孔子、孔子言、天旣賦我以如是之德、則桓魋其奈我何、言必不能違天害己、

○子ㅣ曰二三子는 以我爲隱乎아 吾無隱乎爾로라 吾無行而不與二三子者ㅣ是丘也ㅣ니라

子ㅣ골으샤ᄃᆡ二三子ᄂᆞᆫ날로써隱ᄒᆞᆫ다ᄒᆞᄂᆞ냐내네게隱홈이업소라내行ᄒᆞ고二三子에與티아니홈이업ᄉᆞᆫ者ㅣ이丘ㅣ니라

●諸弟子、以夫子之道高深不可幾及、故疑其有隱而不知、聖人作止語默、無非敎也、故夫子以此言曉之、與、猶示也、○程子曰、聖人之道猶天然、門弟子親炙而冀

恒 항샹항 久也

及之、然後知其高且遠也、使誠以爲不可及、則趨向之心、不幾於怠乎、故聖人之敎、常俯而就之如此、非獨使資質庸下者、勉思企及、而才氣高邁者、亦不敢躐易音이而進也、呂氏曰、聖人體道無隱、與天象昭然、莫非至敎、常以示人、而人自不察

○子ㅣ以四敎ᄒᆞ시니文行忠信이니라

子ㅣ네흐로써ᄀᆞᄅᆞ치시니文과行과忠과信이니라

●程子曰、敎人以學文脩行、而存忠信也、忠信、本也、

○子ㅣ曰聖人을吾不得而見之矣어든得見君子者ㅣ면斯可矣니라

子ㅣᄀᆞᆯᄋᆞ샤ᄃᆡ聖人을내어더보디몯ᄒᆞ거든君子를어더보면이可ᄒᆞ니라

●聖人、神明不測之號、君子、才德出衆之名、

子ㅣ曰善人을吾不得而見之矣어든得見有恒者ㅣ면斯可矣니라

子ㅣᄀᆞᆯᄋᆞ샤ᄃᆡ善人을내어더보디몯ᄒᆞ거든恒인ᄂᆞᆫ者를어더보면이可ᄒᆞ니라

●子曰字、疑衍文、恒、常久之意、張子曰、有恒者、不貳其心、善人者、志於仁而無惡、

釣 낙시 됴 漁魚
綱 벼리 강 ㅣ紀
弋 주살 익 繳射取也

亡音무而爲有ᄒᆞ며虛而爲盈ᄒᆞ며約而爲泰면難乎有恒矣니라

亡호ᄃᆡ有호라ᄒᆞ며虛호ᄃᆡ盈호라ᄒᆞ며約호ᄃᆡ泰호라ᄒᆞ면恆이심이어려우니라

●三者皆虛夸之事、凡若此者、必不能守其常也、○張敬夫曰、聖人君子、以學言、善人有恒者、以質言、愚謂、有恒者之與聖人、高下固懸絶矣、然未有不自有恒、而能至於聖者也、故章末、申言有恒之義、其示人入德之門、可謂深切而著明矣、

○子ᄂᆞᆫ釣而不綱ᄒᆞ시며弋不射音셕宿이러시다

子ᄂᆞᆫ釣ᄒᆞ시고綱치아니ᄒᆞ시며弋ᄒᆞ샤ᄃᆡ宿을射디아니ᄒᆞ더시다

●綱以大繩屬音쵹網、絶流而漁者也、弋、以生絲繫矢而射也、宿、宿鳥、○洪氏曰、孔子少貧賤、爲養與祭、或不得已而釣弋、如獵較音각是也、然盡物取之、出其不意、亦不爲也、此可見仁人之本心矣、待物如此、待人可知、小者如此、大者可知、

○子ㅣ曰蓋有不知而作之者아我無是也ㅣ로라多聞ᄒᆞ야擇其善者而從之ᄒᆞ며多見而識音지之ㅣ知之次也ㅣ니라

子ㅣ글ᄋᆞ샤ᄃᆡ아디못ᄒᆞ고作ᄒᆞ리잇ᄂᆞ나내이업소라해들어그善을擇ᄒᆞ야좃ᄎᆞ며

互 서로 호 交ㅣ

潔 정결ᄒᆞᆯ 결 淨也

해보와識홈이知의次ㅣ니라

●不知而作、不知其理而妄作也、孔子自言、未嘗妄作、蓋亦謙辭、然亦可見其無所不知也 識、記也、所從不可不擇、記則善惡、皆當存之以備參考、如此者、雖未能實知其理、亦可以次於知之者也、

○互鄕은難與言이러니童子ㅣ見(音현)커ᄂᆞᆯ門人이惑ᄒᆞᆫ대

互鄕은더부러말홈이어렵더니童子ㅣ뵈ᄋᆞ와ᄂᆞᆯ門人이惑ᄒᆞᆫ대

●互鄕、鄕名、其人習於不善、難與言善、惑者、疑夫子不當見之也、

子ㅣ曰與其進也ㅣ오不與其退也ㅣ니唯何甚이리오人이潔己(音기)以進이어든與其潔也ㅣ오不保其往也ㅣ녀

子ㅣ갈ᄋᆞ샤ᄃᆡ사ᄅᆞᆷ이己를潔ᄒᆞ야써進ᄒᆞ거든그潔을與ᄒᆞ고그往을保티몯ᄒᆞ며그進홈을與ᄒᆞ고그退를與홈이아니니엇디甚히ᄒᆞ리오

●疑此章有錯簡、人潔至往也十四字、當在與其進也之前、潔、脩治也、與、許也、往、前日也、言人潔己而來、但許其能自潔耳、固不能保其前日所爲之善惡也、但

司 맛흘ᄉᆞ 主也
昭 ᄇᆞᆰ을쇼 明也

許其進而來見耳、非許其既退而爲不善也、蓋不追其既往、不逆其將來、以是心至、斯受之耳、唯字上下、疑又有闕文、大抵亦不爲已甚之意、○程子曰、聖人待物之洪如此

○子ㅣ曰仁遠乎哉아 我欲仁ㅣ면 斯仁이 至矣니라

子ㅣ 갈ᄋᆞ샤대 仁이 머냐 내 仁코쟈 ᄒᆞ면 이에 仁이 니르ᄂᆞ니라

●仁者、心之德、非在外也、放而不求、故有以爲遠者、反而求之、則卽此而在矣、夫豈遠哉、○程子曰、爲仁由己、欲之則至、何遠之有、

○陳司敗ㅣ問昭公이 知禮乎ㅣ잇가 孔子ㅣ曰知禮시니이라

●陳司敗ㅣ 묻ᄌᆞ오대 昭公이 禮를 아ᄅᆞ시더니잇가 孔子ㅣ 갈ᄋᆞ샤대 禮를 아ᄅᆞ시더니라

●陳、國名、司敗、官名、卽司寇也、昭公、魯君名、稠、習於威儀之節、當時以爲知禮、故司敗以爲問、而孔子答之如此、

孔子ㅣ 退커시늘 揖巫馬期而進之曰吾聞君子는 不黨이라ᄒᆞ니 君子도

娶 장가갈 취 取婦
苟 진실로 구 誠也

亦黨乎아君이娶於吳ᄒᆞ니爲同姓이라謂之吳孟子ㅣ라ᄒᆞ니君而知禮면
孰不知禮리오
孔子ㅣ退ᄒᆞ야시늘巫馬期를揖ᄒᆞ야나오와ᄀᆞᆯ오ᄃᆡ나ᄂᆞᆫ들오니君子ᄂᆞᆫ黨티아니ᄒᆞᆫ
다ᄒᆞ니君子도ᄯᅩᄒᆞᆫ黨ᄒᆞᄂᆞ냐君이吳에取ᄒᆞ니同姓인디라닐오ᄃᆡ吳孟子ㅣ라ᄒᆞ니
君이오禮를알면뉘禮를아디못ᄒᆞ리오
●巫馬、姓、期、字、孔子弟子、名施、魯人司敗揖而進之也、相助匿非曰黨、禮不取同姓、
而魯與吳皆姬姓、謂之吳孟子者諱之、使若宋女子姓者然、
巫馬期ㅣ以告ᄒᆞᆫ대子ㅣ曰丘也ㅣ幸이로다苟有過ㅣ어든人必知之온여
巫馬期ㅣ써告ᄒᆞᆫ대子ㅣᄀᆞᆯᄋᆞ샤ᄃᆡ丘ㅣ幸이로다진실로허물이잇거든사ᄅᆞᆷ이반ᄃᆞ
시알고녀
●孔子不可自謂諱君之惡、又不可以取同姓爲知禮、故受以爲過而不辭、○吳氏
曰、魯、蓋夫子父母之國、昭公、魯之先君也、司敗、又未嘗顯言其事、而遽以知禮
爲問、其對之宜如此也、及司敗、以爲有黨、而夫子受以爲過、蓋夫子之盛德、無所

抑 문득억 發語轉語

不可也、然其受以爲過也、亦不正言其所以過、初若不知孟子之事者、可以爲萬世之法矣、

○子ㅣ與人歌而善이어든 必使反之ᄒᆞ시고 而後和之러시다

子ㅣ사ᄅᆞᆷ으로더부러歌ᄒᆞ심애善ᄒᆞ거든반ᄃᆞ시ᄒᆞ여곰反ᄒᆞ시고後에和ᄒᆞ더시다

●反、復也、必使復歌者、欲得其詳而取其善也、而後和之者、喜得其詳而與其善也、此見聖人、氣象從容、誠意懇至、而其謙遜審密、不掩人善又如此、蓋一事之微而衆善之集、有不可勝既者焉、讀者宜詳味之、

○子ㅣ曰文莫吾猶人也아 躬行君子는 則吾ㅣ未之有得호라

子ㅣᄀᆞᆯ으샤ᄃᆡ文은아니내사ᄅᆞᆷᄀᆞᆺᄐᆞ나君子를몸소行ᄒᆞᆷ은곳내得ᄒᆞᆷ이잇디못호라

●莫、疑辭、猶人、言不能過人、而尚可以及人、未之有得、則全未有得、皆自謙之辭、而足以見言行之難易緩急、欲人之勉其實也、○謝氏曰、文雖聖人、無不與人同、故不遜、能躬行君子、斯可以入聖、故不居、猶言、君子道者三、我無能焉、

○子ㅣ曰若聖與仁은 則吾豈敢이리오 抑爲之不厭ᄒᆞ며 誨人不倦

誄 행장뢰 哀死而述其行
祇 귀신기 地神

은則可謂云爾已矣니라 公西華ㅣ 曰正唯弟子ㅣ 不能學也ㅣ로소이다

子ㅣ ᄀᆞᆯᄋᆞ샤ᄃᆡ 만일聖과다믓仁은내엇디敢ᄒᆞ리오爲음을厭타아니ᄒᆞ며사ᄅᆞᆷᄀᆞᄅᆞ침을게을리아니ᄒᆞᆷ은곳可히니를ᄯᆞᄅᆞᆷ이니라公西華ㅣᄀᆞᆯ오ᄃᆡ正히弟子ㅣ能히學디못ᄒᆞ리소이다

●此亦夫子之謙辭也、聖者、大而化之、仁則心德之全、而人道之備也、爲之、謂爲仁聖之道、誨人、亦謂以此教人也、然不厭不倦、非己有之、則不能、所以弟子不能學也、○晁氏(名說之字以道澶濮人)曰、當時有稱夫子聖且仁者、以故夫子辭之、苟辭之而已焉、則無以進天下之材、率天下之善、將使聖與仁、爲虛器而人終莫能至矣、故夫子雖不居仁聖、而必以爲之不厭、誨人不倦、自處也、可謂云爾已矣者、無他之辭也、公西華、仰而歎之、其亦深知夫子之意矣、

○子ㅣ疾病이어시ᄂᆞᆯ 子路ㅣ請禱ᄒᆞᆫ대 子ㅣ 曰有諸아 子路ㅣ 對曰有之ᄒᆞ니 誄예 曰禱爾于上下神祇라ᄒᆞ도소이다 子ㅣ 曰丘之禱ㅣ 久矣니라

子ㅣ疾이病ᄒᆞ거시ᄂᆞᆯ子路ㅣ禱홈을請ᄒᆞᆫ대子ㅣ ᄀᆞᆯᄋᆞ샤ᄃᆡ잇ᄂᆞ냐子路ㅣ對ᄒᆞ야ᄀᆞᆯ

孫 遜同

坦 넙을탄 寬平也

오되인ᄂᆞ니誄에ᄀᆞᆯ오되너를上下ㅅ神祇에비다ᄒᆞ도소이다子ㅣᄀᆞᆯ으샤되丘의禱ᄒᆞᆷ이오라니라

◉禱、謂禱於鬼神、有諸、問有此理否、誄者、哀死而述其行之詞也、上下、謂天地、天曰神、地曰祇、禱者、悔過遷善、以祈神之佑也、無其理則不必禱、旣曰有之、則聖人未嘗有過無善可遷、其素行、固已合於神明、故曰丘之禱久矣、又士喪禮、疾病行禱五祀、蓋臣子迫切之至情、有不能自已者、初不請於病者而後禱也、故孔子之於子路、不直拒之、而但告以無所事禱之意、

○子ㅣ曰奢則不孫ᄒᆞ고儉則固ㅣ니與其不孫也론寧固ㅣ니라

子ㅣᄀᆞᆯ으샤되奢ᄒᆞ면孫티아니ᄒᆞ고儉ᄒᆞ면固ᄒᆞᄂᆞ니그孫티아니홈으로더부러론출하리固홈디니라

●孫、順也、固、陋也、奢儉俱失中、而奢之害、大、○晁氏曰、不得已而救時之弊也

○子ㅣ曰君子ᄂᆞᆫ坦蕩蕩이오小人은長戚戚이니라

蕩 너를탕 廣遠貌

厲 가다듬을려 嚴也

猛 모질밍 勇暴也

子ㅣ 골ㅇ사ᄃᆡ 君子ᄂᆞᆫ 坦히 蕩蕩ᄒᆞ고 小人은 기리 戚戚ᄒᆞᄂᆞ니라

●坦、平也、蕩蕩、寬廣貌、程子曰、君子循理、故常舒泰、小人役於物、故多憂戚、

○程子曰、君子坦蕩蕩、心廣體胖、

○子ᄂᆞᆫ 溫而厲ᄒᆞ시며 威而不猛ᄒᆞ시며 恭而安이러시다

子ᄂᆞᆫ 溫ᄒᆞ되 厲ᄒᆞ시며 威ᄒᆞ되 猛타 아니ᄒᆞ시며 恭ᄒᆞ되 安ᄒᆞ더시다

●厲、嚴肅也、人之德性、本無不備、而氣質所賦、鮮有不偏、惟聖人、全體渾然、陰陽合德、故其中和之氣、見(音현)於容貌之間者如此、門人熟察而詳記之、亦可見其用心之密矣、抑非知足以知聖人、而善言德行者、不能記、故程子以爲曾子之言、學者所宜反復(音복)而玩心也、

懸吐釋字具解 集註論語卷之七 終

泰伯第八

凡二十一章

子ㅣ曰泰伯은 其可謂至德也已矣로다 三以天下讓호되 民無得而稱焉이온여

子ㅣ갈ᄋᆞ샤ᄃᆡ泰伯은그可히지극ᄒᆞᆫ德이라니를ᄯᆞᄅᆞᆷ이로다세번天下로써讓ᄒᆞ되民이시러곰稱홈이업고녀

●泰伯、周大(音태)王之長子、至德、謂德之至極、無以復(音부)加者也、三讓、謂固遜也、無得而稱、其遜隱微、無迹可見也、蓋大王三子、長泰伯、次仲雍、次季歷、大王之時、商道寖衰而周日彊大、季歷、又生子昌、有聖德、大王、因有翦商之志、而泰伯不從、大王、遂欲傳位季歷、以及昌、泰伯知之、卽與仲雍、逃之荊蠻、於是大王乃立季歷、傳國至昌、而三分天下、有其二、是爲文王、文王崩、子發立、遂克商而有天下、是爲武王、夫以泰伯之德、當商周之際、固足以朝諸侯、有天下矣、乃棄不取、

葸 두려울 시 畏懼貌
絞 급할 교 急也
偸 박할 투 薄也

而又泯其迹焉、則其德之至極、爲何如哉、蓋其心、卽夷齊叩馬之心、而事之難處、有甚焉者、宜夫子之歎息而贊美之也、泰伯不從、事見(音 현)春秋傳、

○**子ㅣ曰恭而無禮則勞ᄒᆞ고 愼而無禮則葸ᄒᆞ고 勇而無禮則亂ᄒᆞ고 直而無禮則絞ㅣ니라**

子ㅣ ᄀᆞᆯ으샤ᄃᆡ 恭ᄒᆞ고 禮ㅣ 업ᄉᆞ면 勞ᄒᆞ고 愼ᄒᆞ고 禮ㅣ 업스면 葸ᄒᆞ고 勇ᄒᆞ고 禮ㅣ 업스면 亂ᄒᆞ고 直ᄒᆞ고 禮ㅣ 업스면 絞ᄒᆞᄂᆞ니라

●葸、畏懼貌、絞、急切也、無禮則無節文、故有四者之弊、

君子ㅣ篤於親則民興於仁ᄒᆞ고 故舊를不遺則民不偸ㅣ니라

君子ㅣ 親애 篤ᄒᆞ면 民이 仁애 興ᄒᆞ고 故舊를 遺티 아니ᄒᆞ면 民이 偸티 아니ᄒᆞᄂᆞ니라

●君子、謂在上之人也、興、起也、偸薄也、○張子曰、人道知所先後、則恭不勞、愼不葸、勇不亂、直不絞、民化而德厚矣、○吳氏曰、君子以下、當自一章、乃曾子之言也、愚按、此一節、與上文不相蒙、而與首篇愼終追遠之意、相類、吳說近是、

○**曾子ㅣ有疾ᄒᆞ샤 召門弟子曰啓予足ᄒᆞ며 啓予手ᄒᆞ라 詩云戰戰**

兢 조심할 긍 戒懼
履 밟을 리 踐也

兢兢ᄒᆞ야 如臨深淵ᄒᆞ며 如履薄冰이라ᄒᆞ니 而今而後에아 吾知免夫ㅣ와라 小子아

曾子ㅣ疾이겨샤門弟子를불러ᄀᆞᆯᄋᆞ샤ᄃᆡ내발을啓ᄒᆞ며내손ᄂᆞᆯ啓ᄒᆞ라詩에닐오ᄃᆡ戰戰ᄒᆞ며兢兢ᄒᆞ야기픈모슬디ᄂᆞᆫᄃᆞᆺᄒᆞ며여론어름을밟ᄃᆞᆺᄒᆞ다ᄒᆞ니이젠後에아내免ᄒᆞᆷ을알과라小子아

●啓、開也、曾子平日、以爲身體、受於父母、不敢毁傷、故於此使弟子、開其衾而視之、詩、小旻之篇、戰戰、恐懼、兢兢、戒謹、臨淵、恐墜、履冰、恐陷也、曾子、以其所保之全、示門人、而言其所以保之之難如此、至於將死、而後知其得免於毁傷也、小子、門人也、語畢而又呼之、以致反復丁寧之意、其警之也深矣、○程子曰、君子曰終、小人曰死、君子保其身以沒、爲終其事也、故曾子以全歸爲免矣、尹氏曰、父母全而生之、子全而歸之、曾子臨終而啓手足、爲是故也、非有得於道、能如是乎、范氏曰、身體猶不可虧也、況虧其行、以辱其親乎、

○曾子ㅣ有疾이어시ᄂᆞᆯ 孟敬子ㅣ問之러니

貌 모양모 容儀

慢 거만할 만 倨也 放肆

籩 대제긔 변 祭祀 薦享器

曾子ㅣ疾이잇거시늘孟敬子ㅣ뭇ᄌᆞᆸ더니

●孟敬子、魯大夫仲孫氏、名捷、問之者、問其疾也、

曾子ㅣ言曰鳥之將死애其鳴也ㅣ哀ᄒᆞ고人之將死애其言也ㅣ善이니라

曾子ㅣ닐러ᄀᆞᆯᄋᆞ샤ᄃᆡ새쟝ᄎᆞᆺ죽음애그우롬이슬프고사ᄅᆞᆷ이쟝ᄎᆞᆺ죽음애그마리어디ᄂᆞ니라

●言、自言也、鳥畏死、故鳴哀、人窮反本、故言善、此曾子之謙辭、欲敬子知其所言之善而識之也、

君子ㅣ所貴乎道者ㅣ三이니動容貌애斯遠暴慢矣며正顏色애斯近信矣며出辭氣애斯遠鄙倍音패矣니籩豆之事則有司ㅣ存이니라

君子ㅣ道에貴히녀기ᄂᆞᆫ배셰히니容貌를動ᄒᆞ욤애이에暴慢을멀리ᄒᆞ며낫비ᄎᆞᆯ正ᄒᆞ욤애이예信애갓가오며辭氣를내욤애이예鄙倍를멀리홀ᄶᅵ니籩豆ㅅ일은有司ㅣ

인ᄂᆞ니라

●貴、猶重也、容貌、擧一身而言、暴、粗厲也、慢、放肆也、信、實也、正顏色而近信、則非色莊也、辭、言語、氣、聲氣也、鄙、凡陋也、倍、與背音패同、謂背理也、籩、竹豆、豆、木豆、言、道雖無所不在、然君子所重者、在此三事而已、是皆修身之要、爲政之本、學者所當操存省察、而不可有造次顚沛之違者也、若夫籩豆之事、器數之末、道之全體固無不該、然其分則有司之守、而非君子之所重矣、○程子曰、動容貌、擧一身而言也、周旋中禮、暴慢斯遠矣、正顏色則不妄、斯近信矣、出辭氣、正由中出、斯遠鄙倍、三者正身而不外求、故曰籩豆之事、則有司存、尹氏曰、養於中則見音현於外、曾子蓋以修己、爲爲政之本、若乃器用事物之細、則有司存焉、

○曾子ㅣ曰以能으로問於不能ᄒᆞ며以多로問於寡ᄒᆞ며有若無ᄒᆞ며實若虛ᄒᆞ며犯而不校를昔者吾友ㅣ嘗從事於斯矣러니라

曾子ㅣ ᄀᆞᆯᄋᆞ샤ᄃᆡ能으로써不能에무르며多로써寡에무르며이슈ᄃᆡ업ᄉᆞᆫᄃᆞᆺᄒᆞ며實ᄒᆞᄃᆡ虛ᄒᆞᆫᄃᆞᆺᄒᆞ며犯ᄒᆞ야도校티아니홈을녜내버디일쪽이예從事ᄒᆞ더니라

奪 쎄아슬탈强取攘奪

弘 너그러올홍寬也大也

毅 굿셀의果敢剛

●校、計校也、友、馬氏以爲顏淵是也、顏子之心、唯知義理之無窮、不見物我之有間、故能知此、○謝氏曰、不知有餘在己、不足在人、不必得爲在己、失爲在人、非幾於無我者不能也、

○曾子ㅣ曰可以託六尺之孤ᄒᆞ며可以寄百里之命이오臨大節而不可奪也ㅣ면君子人與아君子人也ㅣ니라

曾子ㅣᄀᆞᆯᄋᆞ샤ᄃᆡ可히써六尺人孤를託ᄒᆞ얌즉ᄒᆞ며可히써百里人命을寄ᄒᆞ얌즉ᄒᆞ고大節에臨ᄒᆞ야可히奪티몯ᄒᆞ리면君子엣사ᄅᆞᆷ가君子엣사ᄅᆞᆷ이니라

●其才可以輔幼君、攝國政、其節至於死生之際、而不可奪、可謂君子矣、與、疑辭也、決辭、設爲問答、所以深著其必然也、○程子曰、節操如是、可謂君子矣、

○曾子ㅣ曰士ㅣ不可以不弘毅니任重而道遠이니라

曾子ㅣᄀᆞᆯᄋᆞ샤ᄃᆡ士ㅣ可히써弘ᄒᆞ며毅티아니티몯ᄒᆞᆯ게시니任이重ᄒᆞ고道ㅣ遠ᄒᆞ니라

●弘、寬廣也、毅、强忍也、非弘、不能勝其重、非毅、無以致其遠、

仁以爲己任이니 **不亦重乎**아 **死而後已**[音이]니 **不亦遠乎**아

仁으로써몸의任을삼ᄂᆞ니또ᄒᆞᆫ重티아니ᄒᆞ냐죽은後에마ᄂᆞ니또ᄒᆞᆫ遠티아니ᄒᆞ냐

●仁者、人心之全德、而必欲以身體、而力行之、可謂重矣、一息、尙存此志、不容少懈、可謂遠矣、○程子曰、弘而不毅、則無規矩而難立、毅而不弘、則隘陋而無以居之、又曰、弘大剛毅、然後能勝重在而遠到、

○**子ㅣ曰興於詩**ᄒᆞ며

子ㅣᄀᆞᆯᄋᆞ샤ᄃᆡ詩예興ᄒᆞ며

●興、起也、詩本性情、有邪有正、其爲言旣易[音이]知、而吟詠之間、抑揚反覆、其感人、又易入、故學者之初、所以興起其好善惡[惡音오]惡之心、而不能自已者、必於此而得之、

立於禮ᄒᆞ며

禮예立ᄒᆞ며

●禮、以恭敬辭遜爲本、而有節文度數之詳、可以固人肌膚之會、筋骸之束、故學

者之中、所以能卓然自立、而不爲事物之所搖奪者、必於此而得之、

成於樂音악이니라

樂에成ᄒᆞᄂᆞ니라

●樂有五聲十二律、更唱迭和、以爲歌舞八音之節、可以養人之性情、而蕩滌其邪穢、消融其查滓、故學者之終、所以至於義精仁熟、而自和順於道德者、必於此而得之、是學之成也、○按內則、十歲學幼儀、十三學樂誦詩、二十而後學禮、則此三者、非小學傳授之次、乃大學終身所得之難易音이先後淺深也、程子曰、天下之英才不爲少矣、特以道學不明 故不得有所成就、夫古人之詩、如今之歌曲、雖閭里童稚、皆習聞之而知其說、故能興起、今雖老師宿儒、尙不能曉其義、況學者乎、是不得興於詩也、古人自灑掃應對、以至冠昏喪祭、莫不有禮、今皆廢壞、是以人倫不明、治家無法、是不得立於禮也、古人之樂、聲音、所以養其耳、采色、所以養其目、歌詠、所以養其性情、舞蹈、所以養其血脈、今皆無之、是不得成於樂也、是以古之成材也易、今之成材也難、

吝 앗길린 惜也

○子ㅣ曰民은可使由之오不可使知之니라

子ㅣ ᄀᆞᆯᄋᆞ샤ᄃᆡ 民은 可히 ᄒᆞ여곰 由케 ᄒᆞ고 可히 ᄒᆞ여곰 알게 몯ᄒᆞᄂᆞ니라

●民、可使之由於是理之當然、而不能使之知其所以然也、○程子曰、聖人設敎、非不欲人家喩而戶曉也、然不能使之知、但能使之由之爾、若曰聖人不使民知、則是、後世朝四暮三之術也、豈聖人之心乎、

○子ㅣ曰好勇疾貧이亂也오人而不仁을疾之已音이甚이亂也ㅣ니라

子ㅣ ᄀᆞᆯᄋᆞ샤ᄃᆡ 勇을 됴히 너기고 貧을 疾홈이 亂홈이오 사ᄅᆞᆷ이오 仁티 아니ᄒᆞ니를 疾홈을 너모 甚히 홈이 亂홈이니라

●好勇而不安分、則必作亂、惡音오不仁之人、而使之無所容、則必致亂、二者之心、善惡雖殊、然其生亂則一也、

○子ㅣ曰如有周公之才之美도使驕且吝音린이면其餘ᄂᆞᆫ不足觀也已音이니라

篤 두터울 독 厚也

子ㅣ 갈ᄋᆞ샤ᄃᆡ 만일에 周公의 才의 美홈을두고도ᄒᆞ여곰驕ᄒᆞ고ᄯᅩ吝ᄒᆞ면 그나믄거ᄉᆞ足히 보디 못홀게시니라

●才美、謂智能技藝之美、驕、矜夸、吝、鄙嗇(音색)也、○程子曰、此甚言驕吝之不可也、蓋有周公之德、則自無驕吝、若但有周公之才而驕吝焉、亦不足觀矣、又曰、驕、氣盈、吝、氣歉、愚謂、驕吝雖有盈歉之殊、然其勢常相因、蓋驕者、吝之枝葉、吝者、驕之本根、故嘗驗之天下之人、未有驕而不吝、吝而不驕者也、

○子ㅣ曰三年學에不至於穀을不易(音이)得也ㅣ니라

子ㅣ 갈ᄋᆞ샤ᄃᆡ 三年을學홈애 穀에 ᄯᅳᆺᄒᆞ디 아니ᄒᆞᄂᆞ니를 수이 엇디 못ᄒᆞ리니라

●穀、祿也、至、疑當作志、爲學之久、而不求祿、如此之人、不易得也、○楊氏曰、雖子張之賢、猶以干祿爲問、况其下者乎、然則三年學而不至於穀、宜不易得也、

○子ㅣ曰篤信好學ᄒᆞ며守死善道ㅣ니라

子ㅣ 갈ᄋᆞ샤ᄃᆡ 篤히 信ᄒᆞ고도 學을 好ᄒᆞ며 死를 守ᄒᆞ고도 道를 善히 홀ᄯᅵ니라

●篤、厚而力也、不篤信、則不能好學、然篤信而不好學、則所信、或非其正、不守

死、則不能以善其道、然守死而不足以善其道、則亦徒死而已、蓋守死者、篤信之效、
善道者、好學之功、

危邦不入ᄒᆞ고**亂邦不居**ᄒᆞ며**天下**ㅣ**有道則見**音현ᄒᆞ고**無道則隱**이니라

危ᄒᆞᆫ邦에入디아니ᄒᆞ고亂ᄒᆞᆫ邦에居티아니ᄒᆞ며天下ㅣ道ㅣ이시면見ᄒᆞ고道ㅣ업
ᄉᆞ면隱ᄒᆞᆯ띠니라

●君子見危授命、則仕危邦者、無可去之義、在外則不入可也、亂邦、未危、而刑政
紀綱紊音문矣、故潔其身而去之、天下、擧一世而言、無道則隱其身、而不見音현也、此
惟篤信好學、守死善道者能之、

邦有道애**貧且賤焉**이**恥也**ㅣ며**邦無道**애**富且貴焉**이**恥也**ㅣ니라

邦이道ㅣ이심애貧ᄒᆞ고ᄯᅩ賤홈이븟그러우며邦이道ㅣ업슴애富ᄒᆞ고ᄯᅩ貴홈이븟
그러우니라

●世治而無可行之道、世亂而無能守之節、碌碌庸人、不足以爲士矣、可恥之甚也
○晁氏曰、有學有守、而去就之義潔、出處之分明、然後爲君子之全德也、

摯 잡을지 握持

侗 미련할통 無知 顓蒙

愿 삼갈원 謹也

悾 정성스러울공 愨也無能貌

○子ㅣ曰不在其位ᄒᆞ얀不謀其政이니라

子ㅣ골ᄋᆞ샤ᄃᆡ그位예잇디아니ᄒᆞ얀그政을謀티아니홀ᄯᅵ니라

●程子曰、不在其位、則不在其事也、若君大夫、問而告者則有矣、

○子ㅣ曰師摯之始예關雎之亂이洋洋乎盈耳哉라

子ㅣ골ᄋᆞ샤ᄃᆡ師摯의始에關雎ㅅ亂이洋洋히귀예盈ᄒᆞ다

●師摯、魯樂音악師、名摯也、亂、樂之卒章也、史記曰、關雎之亂、以爲風始、洋洋美盛意、孔子自衛反魯而正樂、適師摯在官之初、故樂之美盛如此、

○子ㅣ曰狂而不直ᄒᆞ며侗而不愿ᄒᆞ며悾悾而不信을吾不知之矣로라

子ㅣ골ᄋᆞ샤ᄃᆡ狂호ᄃᆡ直디아니ᄒᆞ며侗호ᄃᆡ愿티아니ᄒᆞ며悾悾호ᄃᆡ信티아닌이를내아디몯ᄒᆞ노라

●侗、無知貌、愿、謹厚也、悾悾、無能貌、吾不知之者、甚絶之之辭、亦不屑之敎誨也、○蘇氏曰、天之生物、氣質不齊、其中材以下、有是德則有是病、有是病、必有

巍 놉흘외 高大貌

是德、故馬之踶齧者、必善走、其不善者、必馴、有是病而無是德、則天下之棄才也

○子ㅣ曰學如不及이오猶恐失之니라

子ㅣ골ᄋᆞ샤ᄃᆡ學을밋디못ᄒᆞᆯ듯ᄒᆞ고오히려일흘가저허ᄒᆞᆯ띠니라

●言人之爲學、旣如有所不及矣、而其心猶竦然、惟恐其或失之、警學者當如是也

○程子曰、學如不及、猶恐失之、不得放過、才說姑待明日、便不可也、

○子ㅣ曰巍巍乎舜禹之有天下也而不與焉이여

子ㅣ골ᄋᆞ샤ᄃᆡ巍巍ᄒᆞ다舜과禹의天下를두시되與티아니ᄒᆞ심이여

●巍巍、高大之貌、不與、猶言不相關、言其不以位爲樂音락也、

○子ㅣ曰大哉라堯之爲君也ㅣ여巍巍乎惟天이爲大어시늘惟堯ㅣ則音측之ᄒᆞ시니蕩蕩乎民無能名焉이로다

子ㅣ골ᄋᆞ샤ᄃᆡ크다堯의님금되샴이여巍巍ᄒᆞ다오직하ᄂᆞᆯ히크거시ᄂᆞᆯ오직堯ㅣ則ᄒᆞ시니蕩蕩ᄒᆞ다民이能히일홈홈이업도다

煥 빗날환 明貌 文章ㅣ爛

●惟、猶獨也、則、猶準也、蕩蕩、廣遠之稱也、言物之高大、莫有過於天者、而獨堯之德、能與之準、故其德之廣遠、亦如天之不可以言語形容也、

巍巍乎其有成功也ㅣ여 煥乎其有文章이여

巍巍ᄒᆞ다그成功이이숌이여煥ᄒᆞ다그文章이이숌이여

●成功、事業也、煥、光明之貌、文章、禮樂法度也、堯之德不可名、其可見者此爾、

○尹氏曰、天道之大、無爲而成、唯堯則之以治天下、故民無得而名焉、所可名者、其功業文章、巍然煥然而已、

○舜이 有臣五人而天下ㅣ治ᄒᆞ니라

舜이신하다ᄉᆞᆺ사ᄅᆞᆷ을두심애天下ㅣ다ᄉᆞ니라

●五人、禹、稷、契、皐陶(요音)、伯益、

武王아 曰予有亂臣十人호라

武王이ᄀᆞᆯᄋᆞ샤ᄃᆡ내다ᄉᆞ리ᄂᆞᆫ신하열사ᄅᆞᆷ을두노라

●書泰誓之辭、馬氏曰、亂、治也、十人、謂周公旦、召公奭、太公望、畢公、榮公、太

虞 나라우 帝舜國號

顚、閎夭、散宜生、南宮适、其一人謂文母、劉侍讀以爲、子無臣母之義、蓋邑姜也、
九人治外、邑姜治內、或曰、亂、本作乿、古治字也、

孔子ㅣ曰才難이不其然乎아唐虞之際ㅣ於斯ㅣ爲盛ᄒᆞ나有婦人焉이라九人而已(音이)니라

孔子ㅣ골ᄋᆞ샤ᄃᆡ才어렵다홈이그그러티아니ᄒᆞ냐唐虞ㅅ際ㅣ이예서盛ᄒᆞ나婦人이인ᄂᆞᆫ디라아홉사ᄅᆞᆷ일ᄯᆞᄅᆞᆷ이니라

●稱孔子者、上係武王君臣之際、記者謹之、才難、蓋古語、而孔子然之也、才者、德之用也、唐虞、堯舜有天下之號、際、交會之間、言周室人才之多、惟唐虞之際、乃盛於此、降自夏商皆不能及、然猶但有此數人爾、是才之難得也、

三分天下애有其二ᄒᆞ샤以服事殷ᄒᆞ시니周之德은其可謂至也已矣(音이)로다

天下ᄅᆞᆯ三分홈애그둘흘두샤써殷을服事ᄒᆞ시니周의德은그可히지극ᄒᆞᆫ德이라니ᄅᆞᆯᄯᆞᄅᆞᆷ이로다

菲 비 박할 비 薄也
黻 불 보불 불 裳繡兩己相背
冕 면 면류관 면 大夫以上冠
溝 구 봇도랑 구 田間水道ㅣ洫
洫 혁 봇도랑 혁 田間水道

●春秋傳曰、文王率商之畔國、以事紂、蓋天下歸文王者六州、荊、梁、雍、豫、徐、揚也、惟青、兗、冀、尙屬紂耳、范氏曰、文王之德、足以代商、天與之、人歸之、乃不取而服事焉、所以爲至德也、孔子因武王之言、而及文王之德、且與泰伯皆以至德稱之、其旨微矣、或曰宜斷三分以下、別以孔子曰起之、而自爲一章、

○子ㅣ曰禹는吾無間然矣로다菲飮食而致孝乎鬼神하시며惡衣服而致美乎黻冕하시며卑宮室而盡力乎溝洫하시니禹는吾無間然矣로다

子ㅣ골으샤ᄃᆡ禹는내間然홈이업도다飮食을菲히ᄒᆞ시고孝를鬼神애닐위시며衣服을惡히ᄒᆞ시고美를黻冕애닐위시며宮室을ᄂᆞㅈ게ᄒᆞ시고힘을溝洫애다ᄒᆞ시니禹는내間然홈이업도다

●間、罅音하隙也、謂指其罅隙而非議之也、菲、薄也、致孝鬼神、謂享祀豊潔、衣服常服、黻、蔽膝也、以韋爲之、冕、冠也、皆祭服也、溝洫、田間水道、以正疆界、備旱潦者也、或豊或儉、各適其宜、所以無罅隙之可議也、故再言以深美之、○楊氏曰、

薄於自奉、而所勤者民事、所致飾者宗廟朝廷之禮、所謂有天下而不與也、夫何間然之有、

懸吐釋字具解集註論語卷之八終

懸吐釋字具解 集註論語卷之九

子罕第九

凡三十章

子ᄂᆞᆫ 罕言利與命與仁이러시다

子ᄂᆞᆫ利와다못命과다못仁을저기니ᄅᆞ더시다

●罕、少也、程子曰、計利則害義、命之理、微、仁之道、大、皆夫子所罕言也、

○達巷黨人이曰大哉라孔子ㅣ여博學而無所成名이로다

達巷黨人이ᄀᆞᆯ오ᄃᆡ크다孔子ㅣ여넙이學호ᄃᆡ名을成ᄒᆞᆫ배업도다

●達巷、黨名、其人姓名不傳、博學而無所成名、蓋美其學之博、而惜其不成一藝之名也、

子ㅣ聞之ᄒᆞ시고謂門弟子曰吾何執고執御乎아執射乎아吾ㅣ執御矣로리라

子ㅣ드르시고門弟子ᄃᆞ려닐어ᄀᆞᆯᄋᆞ샤ᄃᆡ내무서슬執ᄒᆞ료御를執ᄒᆞ랴射를執ᄒᆞ랴

罕 드물한 稀少也

純 순전할 순粹也

내御를執호리라

●執、專執也、射御皆一藝、而御爲人僕、所執尤卑、言欲使我何所執以成名乎、然則吾將執御矣、聞人譽己、承之以謙也、○尹氏曰、聖人道全而德備、不可以偏長目之也、達巷黨人、見孔子之大、意其所學者博、而惜其不以 善得名於世、蓋慕聖人而不知者也、故孔子曰欲使我何所執、而得爲名乎、然則吾將執御矣、

○子ㅣ曰麻冕이禮也ㅣ어늘今也純ᄒᆞ니儉이라吾從衆호리라

子ㅣᄀᆞᆯᄋᆞ샤ᄃᆡ麻로冕이禮어늘이제純으로ᄒᆞ니儉ᄒᆞᆫ디라내衆을從호리라

●麻冕、緇布冠也、純、絲也、儉謂省約、緇布冠、以三十升布爲之、升、八十縷、則其經二千四百縷矣、細密難成、不如用絲之省約、

拜下ㅣ禮也ㅣ어늘今拜乎上ᄒᆞ니泰也ㅣ라雖違衆이나吾從下호리라

下에서拜ᄒᆞᆷ이禮어늘이제上에서拜ᄒᆞ니泰ᄒᆞᆫ디라비록衆을違ᄒᆞ나내下를從호리라

●臣與君行禮、當拜於堂下、君辭之、乃升成拜、泰、驕慢也、○程子曰、君子處世、

事之無害於義者、從俗可也、害於義、則不可從矣、

○子ㅣ絕四ㅣ러시니 毋音무意毋必毋固毋我ㅣ러시다

子ㅣ四ㅣ絕더시니意ㅣ업스며必이업스며固ㅣ업스며我ㅣ업더시다

◉絕、無之盡者、毋、史記作無、是也、意、私意也、必、期必也、固、執滯也、我、私己也、四者相爲終始、起於意遂於必、留於固而成於我也、蓋意必常在事前、固我常在事後、至於我又生意、則物欲牽引、循環不窮矣、○程子曰、此毋字、非禁止之辭、聖人絕此四者、何用禁止、張子曰、四者、有一焉、則與天地不相似、楊氏曰、非知足以知聖人、詳視而默識之、不足以記此、

○子ㅣ畏於匡이러시니

子ㅣ匡에畏ᄒᆞ더시니

●畏者、有戒心之謂、匡、地名、史記云、陽虎、曾暴於匡、夫子貌似陽虎、故匡人圍之、

曰文王이旣沒ᄒᆞ시니文不在玆乎아

匡 샤 광 地名

ᄀᆞᆯᄋᆞ샤ᄃᆡ文王이이믜沒ᄒᆞ시니文이이예잇디아니ᄒᆞ냐

●道之顯者、謂之文、蓋禮樂制度之謂、不曰道而曰文、亦謙辭也、玆、此也、孔子自謂、

天之將喪斯文也ᅵ신댄 後死者ᅵ 不得與於斯文也ᅵ어니와 天之未喪斯文也ᅵ시니 匡人이 其如予애 何ᅵ리오

하ᄂᆞᆯ히장ᄎᆞᆺ이文을喪ᄒᆞ실션댄後에死ᄒᆞᆯ者ㅣ시러곰이文에與티못ᄒᆞ려니와하ᄂᆞᆯ히이文을喪티아녀겨시니匡ㅅ人이그내게엇디ᄒᆞ라오

●馬氏曰、文王旣沒、故孔子自謂後死者、言天若欲喪此文、則必不使我得與於此文、今我旣得與於此文、則是天未欲喪此文也、天旣未欲喪此文、則匡人、其奈我何、言必不能違天害己也、

○太宰ᅵ問於子貢曰夫子ᄂᆞᆫ 聖者與아 何其多能也오

太宰ㅣ子貢의게무러ᄀᆞᆯ오ᄃᆡ夫子ᄂᆞᆫ聖이신者가엇디그能이하시뇨

●孔氏曰、大宰官名、或吳或宋、未可知也、與者、疑辭、太宰、蓋以多能爲聖也、

縱 노을 종 放也 牢 뎐고 뢰 도圈也

子貢이曰固天縱之將聖이시고又多能也ㅣ시니라

子貢이골오ᄃᆡ진실로天이縱ᄒᆞ신장ᄎᆞᆺ聖이시고ᄯᅩ能이하시니라

●縱猶肆也、言不爲限量也、將、殆也、謙若不知之辭、聖無不通、多能、乃其餘事、故言又以兼之、

子ㅣ聞之曰太宰ㅣ知我乎ㄴ뎌吾ㅣ少也에賤故로多能鄙事호니君子는多乎哉아不多也ㅣ니라

子ㅣ드ᄅᆞ시고골ᄋᆞ샤ᄃᆡ太宰나를아ᄂᆞᆫ뎌내졈은제賤ᄒᆞᆫ故로鄙ᄒᆞᆫ일을해能히호니君子ᄂᆞᆫ多ᄒᆞᆯ것가多티아니ᄒᆞ게사니라

●言、由少賤故多能、而所能者、鄙事爾、非以聖而無不通也、且多能、非所以率人故又言、君子不必多能以曉之、

牢ㅣ曰子ㅣ云吾ㅣ不試故로藝라ᄒᆞ시니라

牢ㅣ골오ᄃᆡ子ㅣ닐ᄋᆞ샤ᄃᆡ내試티못ᄒᆞᆫ故로藝호라ᄒᆞ시니라

●牢、孔子弟子、姓琴、字子開、一字、子張衛人試、用也、言由不爲世用、故得以習於

叩 발할고 發也
端 긋단 首也 緖也

藝而通之、○吳氏曰、弟子、記夫子此言之時、子牢、因言昔之所聞、有如此者、其意相近故併記之、

○子ㅣ曰吾ㅣ有知乎哉아無知也ㅣ로라有鄙夫ㅣ問於我호ᄃᆡ空空如也ㅣ라도我ㅣ叩其兩端而竭焉ᄒᆞ노라

子ㅣ골ᄋᆞ샤ᄃᆡ내알옴이인ᄂᆞ냐알옴이업소라鄙夫ㅣ이셔내게무로ᄃᆡ空空ᄒᆞ야도내그두긋들叩ᄒᆞ야竭ᄒᆞ노라

●孔子、謙言己無知識、但其告人、雖於至愚、不敢不盡耳、叩、發動也、兩端、猶言兩頭、言終始本末、上下精粗、無所不盡、○程子曰、聖人之敎人、俯就之若此、猶恐衆人、以爲高遠而不親也、聖人之道、必降而自卑、不如此則人不親、賢人之言、則引而自高、不如此則道不尊、觀於孔子孟子、可見矣、尹氏曰、聖人之言、上下兼盡、卽其近、衆人、皆可與知、極其至、則雖聖人、亦無以加焉、是之謂兩端、如答樊遲之問仁智、兩端竭盡、無餘蘊矣、若夫語上而遺下、語理而遺物、則豈聖人之言哉、

○子ㅣ曰鳳鳥ㅣ不至ᄒᆞ며河不出圖ᄒᆞ니吾已(이音)矣夫ᅟᅵᆫ뎌

瞽 소경고 盲也

趨 추창할추 走也 疾行

喟 탄식할위 太息

彌 더욱미 益也

子ㅣ ᄀᆞᆯᄋᆞ샤ᄃᆡ 鳳鳥ㅣ 니르디 아니ᄒᆞ며 河에 圖ㅣ 나디 아니ᄒᆞ니 내 말롤션뎌

●鳳、靈鳥、舜時來儀、文王時、鳴於岐山、河圖、河中龍馬負圖、伏羲時出、皆聖王之瑞也、已、止也、○張氏曰、鳳至圖出、文明之祥、伏羲舜文之瑞不至、則夫子之文章、知其已矣、

○子ㅣ 見齊(音자)衰(音최)者와 冕衣裳者와 與瞽者ᄒᆞ시고 見之예 雖少ㅣ나 必作ᄒᆞ시며 過之必趨ㅣ러시다

子ㅣ 齊衰ᄒᆞᆫ 者와 冕ᄒᆞ고 衣裳ᄒᆞᆫ 者와 다ᄆᆞᆺ 瞽者롤 보시고 보심에 비록 少ᄒᆞ나 반ᄃᆞ시 作ᄒᆞ시며 디나시애 반ᄃᆞ시 趨ᄒᆞ더시다

●齊衰、喪服、冕、冠也、衣、上服、裳下服、冕而衣裳、貴者之盛服也、瞽、無目者、作、起也、趨、疾行也、或曰、少、當作坐、○范氏曰、聖人之心、哀有喪、尊有爵、矜不成人、其作與趨、蓋有不期然而然者、尹氏曰、此聖人之誠心、內外一者也、

○顔淵이 喟然歎曰仰之彌高ᄒᆞ며 鑽之彌堅ᄒᆞ며 瞻之在前이러니 忽焉在後ㅣ로다

鑽 뚤올찬 穿也

瞻 볼쳠 仰視

循 차례슌 巡也次序

誘 인도할유 導也

罷 마할파 休也已也

卓 놉흘탁 高也特立ㅣ然

顏淵이喟然히歎ᄒᆞ야ᄀᆞᆯ오ᄃᆡ仰ᄒᆞᆷ애더욱놉프며鑽ᄒᆞᆷ애더욱구드며瞻ᄒᆞᆷ애압피잇더니믄득뒤헤잇도다

●喟、歎聲、仰彌高、不可及、鑽彌堅、不可入、在前在後、恍惚不可爲象、此顏淵深知夫子之道、無窮盡、無方體、而歎之也、

夫子ㅣ循循然善誘人ᄒᆞ샤**博我以文**ᄒᆞ시고**約我以禮**ᄒᆞ저니라

夫子ㅣ循循히사ᄅᆞᆷ을善히誘ᄒᆞ샤나ᄅᆞᆯ博ᄒᆞ샤ᄃᆡ文으로써ᄒᆞ시고나ᄅᆞᆯ約ᄒᆞ샤ᄃᆡ禮로써ᄒᆞ시니라

●循循、有次序貌、誘、引進也、博文約禮、教之序也、言、夫子道雖高妙、而教人有序也、侯氏曰、博我以文、致知格物也、約我以禮、克己復禮也、程子曰、此顏子稱聖人最切當處、聖人教人、惟此二事而已、

欲罷不能ᄒᆞ야**既竭吾才**ᄒᆞ니**如有所立**이**卓爾**ᄒᆞ다**雖欲從之**나**末由也已**音로이다

罷코쟈ᄒᆞ나能티못ᄒᆞ야임의내才ᄅᆞᆯ竭호니立ᄒᆞᆫ배卓ᄒᆞᆷ이인ᄂᆞᆫᄃᆞᆺᄒᆞᆫ디라비록좃고

ᄒᆞ나말미암옴이업도다

●卓、立貌、末、無也、此、顔子自言其學之所至也、蓋悅之深、而力之盡、所見益親、而又無所用其力也、吳氏曰、所謂卓爾、亦在乎日用行事之間、非所謂窈冥昏默者、程子曰、到此地位、功夫尤難、直是峻絕、又大段着力不得、楊氏曰、自可欲之謂善、充而至於大、力行之積也、大而化之、則非力行所及矣、此、顔子所以未達一間也、○程子曰、此、顔子所以爲深知孔子、而善學之者也、胡氏曰、無上事而喟然歎、此顔子學既有得、故述其先難之故、後得之由、而歸功於聖人也、高堅前後、語道體也、仰鑽瞻忽、未領其要也、惟夫子循循善誘、先博我以文、使我知古今、達事變、然後約我以禮、使我尊所聞、行所知、如行者之赴家、食者之求飽、是以欲罷而不能、盡心盡力、不少休廢、然後見夫子所立之卓然、雖欲從之、末由也已、是蓋不怠所從、必求至乎卓立之地也、抑斯歎也、其在請事斯語之後、三月不違之時乎、

○子ㅣ疾病이어시늘子路ㅣ使門人으로爲臣이러니

子ㅣ疾이病커시늘子路ㅣ門人으로ᄒᆞ여곰臣을삼앗더니

詐 속일사 欺也

●夫子、時已去位、無家臣、子路欲以家臣、治其喪、其意實尊聖人、而未知所以尊也、

病間曰久矣哉라 **由之行詐也**여ㅣ **無臣而爲有臣**ᄒᆞ니 **吾誰欺**오 **欺天乎**ㄴ뎌

病이 間ᄒᆞ심애 ᄀᆞᆯᄋᆞ샤ᄃᆡ 오래다 由의 詐ᄅᆞᆯ 行ᄒᆞᆷ이여 臣업슬 개시 臣두믈 ᄒᆞ니 내 누를 소기료 하ᄂᆞᆯᄒᆞᆯ 소긴뎌

●病間、少差也、病時不知、既差乃知其事、故言我之不當有家臣、人皆知之、不可欺也、而爲有臣、則是欺天而已、人而欺天、莫大之罪、引以自歸、其責子路深矣、

且予ㅣ **與其死於臣之手也**론 **無寧死於二三子之手乎**아 **且予**ㅣ **縱不得大葬**이나 **予**ㅣ **死於道路乎**아

또 내 그 臣의 手에 死홈으로더브러론 二三子의 手에 死홈이 출티 아니ᄒᆞ냐 또 내 비록 시러곰 大葬티 몯ᄒᆞ나 내 道路에 死ᄒᆞ랴

●無寧、寧也、大葬、謂君臣禮葬、死於道路、謂棄而不葬、又曉之以不必然之故、

韞 감출온 包藏也

匵 함독 函也

賈 장사고 坐賣也

沽 팔고 賣也

○范氏曰、曾子將死、起而易簀[音 척]曰、吾得正而斃焉、斯已矣、子路、欲尊夫子、而不知無臣之不可爲有臣、是以陷於行詐、罪至欺天、君子之於言動、雖微不可不謹、夫子深懲子路、所以警學者也、楊氏曰、非知至而意誠、則用智自私、不知行其所無事、往往自陷於行詐欺天、而莫之知也、其子路之謂乎、

○子貢이 曰有美玉於斯ᄒᆞ니 韞匵而藏諸잇가 求善賈而沽諸잇가 子ㅣ 曰沽之哉沽之哉나 我ᄂᆞᆫ 待賈者也ㅣ로라

子貢이 ᄀᆞᆯ오ᄃᆡ 美ᄒᆞᆫ 玉이 이예 이시니 匵에 韞ᄒᆞ야 藏ᄒᆞ링잇가 善ᄒᆞᆫ 賈를 求ᄒᆞ야 沽ᄒᆞ링잇가 子ㅣ ᄀᆞᆯᄋᆞ샤ᄃᆡ 沽ᄒᆯ띠니 沽ᄒᆯ띠니 나ᄂᆞᆫ 賈를 기ᄃᆞ리ᄂᆞᆫ 者ㅣ로라

●韞、藏也、匵、匱也、沽、賣也子貢、以孔子有道不仕、故設此二端、以問也、孔子言固當賣之、但當待賈而不當求之耳、○范氏曰、君子未嘗不欲仕也、又惡[音 오]不由其道、士之待禮、猶玉之待賈也、若伊尹之耕於野、伯夷、太公之居於海濱、世無成湯文王、則終焉而已、必不枉道以從人、衒[音 현]玉而求售[音 슈]也

○子ㅣ 欲居九夷러시니

頌 외올숑 歌頌

勉 힘쓸면 勗也勤也

子ㅣ 九夷에 居코져 ᄒᆞ시더니

●東方之夷、有九種、欲居之者、亦乘桴浮海之意、

或曰陋커니 如之何잇고 子ㅣ 曰君子ㅣ 居之면 何陋之有ㅣ리오

或이 ᄀᆞᆯ오ᄃᆡ 陋ᄒᆞ거니 엇디 ᄒᆞ링잇고 子ㅣ ᄀᆞᆯᄋᆞ샤ᄃᆡ 君子ㅣ 居ᄒᆞ면 무슴 陋ᄒᆞᆷ이 이시리오

●君子所居則化、何陋之有、

○子ㅣ 曰吾ㅣ 自衛反魯然後에 樂音악 正ᄒᆞ야 雅頌이 各得其所ᄒᆞ니라

子ㅣ ᄀᆞᆯᄋᆞ샤ᄃᆡ 내ㅣ 衛로브터 魯에 도라온 然後에 樂이 正ᄒᆞ야 雅와 頌이 각각 그 所를 得ᄒᆞ니라

●魯哀公十一年冬、孔子、自衛反魯、是時周禮在魯、然詩樂、亦頗殘缺失次、孔子周流四方、參互考訂、以知其說、晩知道終不行、故歸而正之

○子ㅣ 曰出則事公卿ᄒᆞ고 入則事父兄ᄒᆞ며 喪事를 不敢不勉ᄒᆞ며 不爲酒困이 何有於我哉오

子ㅣ갈ᄋᆞ샤ᄃᆡ나ᄂᆞᆫ公卿을섬기고들러ᄂᆞᆫ父兄을섬기며喪事를敢히힘ᄡᅳ디아니티
아니ᄒᆞ며술에困홈이되디아니홈이므스거시내게인ᄂᆞ뇨

●說見音현第七篇、然此則其事愈卑、而意愈切矣、

○子ㅣ在川上曰逝者ㅣ如斯夫ㄴ뎌不舍晝夜ㅣ로다

子ㅣ川上의겨셔갈ᄋᆞ샤ᄃᆡ逝ᄒᆞᄂᆞᆫ者ㅣ이ᄀᆞᆺᄐᆞᆫ뎌晝夜의舍티아니ᄒᆞᄂᆞᆺ다

●天地之化、往者過、來者續、無一息之停、乃道體之本然也、然其可指而易音이見者、莫如川流、故於此發以示人、欲學者時時省察、而無毫髮之間斷也、○程子曰、此道體也、天運而不已、日往則月來、寒往則暑來、水流而不息、物生而不窮、皆與道爲體、運乎晝夜、未嘗已也、是以君子法之、自强不息、及其至也、純亦不已焉、又曰、自漢以來、儒者皆不識此義、此見聖人之心、純亦不已也、純亦不已、乃天德也、有天德、便可語王道、其要只在謹獨、愚按、自此至終篇、皆勉人進學不已之辭、

○子ㅣ曰吾未見好德이如好色者也케라

子ㅣ갈ᄋᆞ샤ᄃᆡ내德됴히너김이色됴히너김ᄀᆞ티ᄒᆞᄂᆞᆫ이를보디몯케라

簣 삼태계 盛土器

惰 게으를타 懶也 懈怠

●謝氏曰、好好色、惡(音오)惡臭、誠也、好德、如好色、斯誠好德矣、然民鮮能之、○史記、孔子居衛、靈公與夫人同車、使孔子爲次乘、招搖市過之、孔子醜之、故有是言

○子ㅣ曰譬如爲山애 未成一簣ㅎ야 止도 吾止也ㅣ며 譬如平地예 雖覆(音복)一簣나 進도 吾往也ㅣ니라

子ㅣ 갈ᄋᆞ샤ᄃᆡ 譬컨댄 뫼ᄒᆞᆯ 밍ᄀᆞ롬애 ᄒᆞᆫ簣를 일오디 못ᄒᆞ야 그침도 내 그침이 ᄀᆞᄐᆞ며 譬컨댄 平地예 비록 ᄒᆞᆫ簣를 覆ᄒᆞ나 나아감도 내의 감 ᄀᆞᄐᆞ니라

●簣、土籠也、書曰、爲山九仞、功虧一簣、夫子之言、蓋出於此、言山成而但少一簣、其止者、吾自止耳、平地而方覆一簣、其進者、吾自往耳、蓋學者自强不息、則積少成多、中道而止、則前功盡棄、其止其往、皆在我而不在人也、

○子ㅣ曰語之而不惰者는 其回也與ㄴ뎌

子ㅣ 갈ᄋᆞ샤ᄃᆡ 語홈애 惰티 안니ᄒᆞ는 이는 그 回ㄴ뎌

●惰、懈怠也、范氏曰、顏子聞夫子之言、而心解力行、造次顚沛、未嘗違之、如萬物、得時雨之潤、發榮滋長、何有於惰、此羣弟子所不及也、

苗 싹묘 草初生

秀 쎼여날슈 茂盛也

○子ㅣ謂顔淵曰惜乎ㅣ라 吾見其進也ㅣ오 未見其止也호라

子ㅣ顔淵을닐어ᄀᆞᆯᄋᆞ샤ᄃᆡ惜홈다내그나아감을보고그그침을보지못호라

●進止二字、說見音현上章、顔子旣死、而孔子惜之、言其方進而未已也

○子ㅣ曰苗而不秀者ㅣ有矣夫며 秀而不實者ㅣ有矣夫ᄂᆞᆫ뎌

子ㅣᄀᆞᆯᄋᆞ샤ᄃᆡ苗ᄒᆞ고秀티못ᄒᆞ리이시며秀ᄒᆞ고實티못ᄒᆞ리인ᄂᆞᆫ뎌

●穀之始生曰苗、吐華曰秀、成穀曰實、蓋學而不至於成、有如此者、是以君子貴自勉也

○子ㅣ曰後生이可畏니 焉知來者之不如今也ㅣ리오 四十五十而無聞焉이면 斯亦不足畏也已音이니라

子ㅣᄀᆞᆯᄋᆞ샤ᄃᆡ後生이可히두려오니엇디來者의이제ᄀᆞᆺ디못홀줄을알리오四十五十이오드름이업스면이또ᄒᆞᆫ足히두렵디아니ᄒᆞ니라

●孔子言、後生年富力彊、足以積學而有待、其勢可畏、安知其將來、不如我之今

巽 사양할 손 讓也 遜通

繹 궁구할 역 尋究也

曰乎、然或不能自勉、至於老而無聞、則不足畏矣、言此以警人、使及時勉學也、曾子曰五十而不以善聞、則不聞矣、蓋述此意○尹氏、曰少而不勉、老而無聞、則亦已矣、自少而進者、安知其不至於極乎、是可畏也

○子ㅣ曰法語之言은 能無從乎아 改之爲貴니라 巽與之言은 能無說音열乎아 繹之爲貴니라 說而不繹ᄒᆞ며 從而不改면 吾末如之何也已音니이라

子ㅣ ᄀᆞᆯᄋᆞ샤ᄃᆡ法으로語ᄒᆞᄂᆞᆫ말ᄋᆞᆫ能히從ᄒᆞᆷ이업ᄉᆞ랴改ᄒᆞᆷ이貴ᄒᆞ니라巽히與ᄒᆞᄂᆞᆫ말ᄋᆞᆫ能히說ᄒᆞᆷ이업ᄉᆞ라繹ᄒᆞᆷ이貴ᄒᆞ니라說호ᄃᆡ繹디아니ᄒᆞ며從호ᄃᆡ改티아니ᄒᆞ면내엇디려뇨ᄒᆞᆷ이업ᄉᆞ니라

●法語者、正言之也、巽言者、婉而導之也、繹、尋其緒也、法言、人所敬憚、故必從、然不改、則面從而已、巽言、無所乖忤音오故必悅、然不繹、則又不足以知其微意之所在也、○楊氏曰、法言、若孟子論行王政之類是也、巽言、若論其好貨好色之

縕 혼솜온 舊絮
袍 도포포 長襦
狐 여호호 妖獸
貉 담뷔락 似狐善睡

類是也、語之而不達、拒之而不受、猶之可也、其或喩焉、則尙庶幾其能改繹矣、從且說矣、而不改繹焉、則是終不改繹也已、雖聖人、其如之何哉

○子ㅣ曰主忠信ᄒᆞ며毋(音무)友不如己者오ㅣ過則勿憚改ㅣ니라

重出而逸其半、

○子ㅣ曰三軍은可奪帥也ㅣ어니와匹夫ᄂᆞᆫ不可奪志也ㅣ니라

子ㅣ골ᄋᆞ샤ᄃᆡ三軍은可히帥를奪ᄒᆞ려니와匹夫ᄂᆞᆫ可히志를奪티못ᄒᆞᄂᆞ니라

●侯氏曰、三軍之勇在人、匹夫之志在己、故帥可奪而志不可奪、如可奪、則亦不足謂之志矣、

○子ㅣ曰衣敝縕袍ᄒᆞ야與衣狐貉者로立而不恥者ᄂᆞᆫ其由也與ㅣᆫ뎌

子ㅣ골ᄋᆞ샤ᄃᆡᄒᆞ여딘縕袍를닙어狐貉닙은이로더브러立호ᄃᆡ붓그려아니ᄒᆞᄂᆞ니ᄂᆞᆫ그由ㅣᆫ뎌

敝、壞也、縕、枲(音시)著(音저)也、袍、衣有著者也、蓋衣之賤者、狐貉、以狐貉之皮爲裘、衣

忮 한악ᄒᆞᆯ 기 狠也

誦 외일 송 讀也

彫 파리할 죠 瘁也

之貴者、子路之志如此、則能不以貧富動其心、而可以進於道矣、故夫子稱之、

不忮不求면何用不臧이리오

忮티아니ᄒᆞ며求티아니ᄒᆞ면엇디써臧티아니ᄒᆞ리오

●忮、害也、求、貪也、臧、善也、言能不忮不求、則何爲不善乎、此衛風雄雉之詩、孔子引之以美子路也、呂氏曰、貧與富交、强者必忮、弱者必求、

子路ㅣ終身誦之ᄒᆞᆫ대子ㅣ曰是道也ㅣ何足以臧이리오

子路ㅣ몸이ᄆᆞᆺ도록외오려ᄒᆞᆫ대子ㅣᄀᆞᆯᄋᆞ샤ᄃᆡ이道ㅣ엇디足히써臧ᄒᆞ리오

●終身誦之、則自喜其能、而不復求進於道矣、故夫子復言此以警之、○謝氏曰、恥惡衣惡食、學者之大病、善心不存、蓋由於此、子路之志如此、其過人遠矣、然以衆人而能此、則可以爲善矣、子路之賢、宜不止此、而終身誦之、則非所以進於日新也、故激而進之、

○子ㅣ曰歲寒然後에知松柏之後彫也ㅣ니라

子ㅣᄀᆞᆯᄋᆞ샤ᄃᆡ歲ㅣ寒ᄒᆞᆫ然後에松柏의後에彫ᄒᆞᄂᆞᆫ줄을아ᄂᆞ니라

●范氏曰、小人之在治世、或與君子無異、惟臨利害、遇事變、然後君子之所守、可見也、○謝氏曰、士窮見節義、世亂識忠臣、欲學者必周於德、

○子ㅣ曰知者는不惑ᄒᆞ고仁者는不憂ᄒᆞ고勇者는不懼ㅣ니라

子ㅣ골ᄋᆞ샤ᄃᆡ知ᄒᆞᆫ者ᄂᆞᆫ惑디아니ᄒᆞ고仁ᄒᆞᆫ者ᄂᆞᆫ憂티아니ᄒᆞ고勇ᄒᆞᆫ者ᄂᆞᆫ懼티아니ᄒᆞᄂᆞ니라

明足以燭理、故不惑、理足以勝私、故不憂、氣足以配道義、故不懼、此學之序也

○子ㅣ曰可與共學아오도未可與適道ㅣ며可與適道ㅣ오도未可與立이며可與立이오도未可與權이니라

子ㅣ골ᄋᆞ샤ᄃᆡ可히더브러ᄒᆞᆫ가지로學ᄒᆞ고도可히더브러道애가디몯ᄒᆞ며可히더브러道애가고도可히더브러立디몯ᄒᆞ며可히더브러立ᄒᆞ고도可히더브러權티몯ᄒᆞᄂᆞ니라

●可與者、言其可與共爲此事也、程子曰、可與共學、知所以求之也、可與適道、知所往也、可與立者、篤志固執而不變也、權、稱錘也、所以稱物、而知輕重者也、可

棣 아가위톄 栘也 棠ㅣ

與權、謂能權輕重、使合義也、○楊氏曰、知爲己、則可與共學矣、學足以明善、然後可與適道、信道篤、然後可與立、知時措之宜、然後可與權、洪氏曰、易九卦、終於巽以行權、權者、聖人之大用、未能立而言權、猶人未能立而欲行、鮮不仆矣、程子曰、漢儒、以反經合道爲權、故有權變權術之論、皆非也、權只是經也、自漢以下、無人識權字、愚按、先儒誤以此章、連下文、偏其反而爲一章、故有反經合道之說、程子非之是矣、然以孟子嫂溺援之以手之義、推之則權與經、亦當有辨、

○唐棣之華ㅣ여偏其反而로다豈不爾思ㅣ리오마는室是遠而니라

唐棣ㅅ꼿치여偏히그反ᄒᆞᄂᆞ또다엇지너를思티아니ᄒᆞ리오마ᄂᆞᆫ室이이멀옴이니라

●唐棣、郁李也、偏、晉書作翩、然則反、亦當與翻同、言華之搖動也、而語助也、此逸詩也、於六義屬興、上兩句、無意義、但以起下兩句之辭耳、其所謂爾、亦不知其何所指也、

子ㅣ曰未之思也ㅣ언뎡夫何遠之有ㅣ리오

子ㅣᄀᆞᆯᄋᆞ샤ᄃᆡ思티아니ᄒᆞᆫ건뎡엇지멀옴이이시리오

●夫子借其言而反之、蓋前篇仁遠乎哉之意、○程子曰、聖人未嘗言易이音 以驕人之志、亦未嘗言難以阻人之進、但曰未之思也、夫何遠之有、此言極有涵蓄、意思深遠、

懸吐釋字具解集註論語卷之九終

恂 신실할 순 信也 恭貌

懸吐釋字具解 集註論語卷之十

鄕黨第十

楊氏曰、聖人之所謂道者、不離乎日用之間也、故夫子之平日、一動一靜、門人皆審視而詳記之、尹氏曰、甚矣、孔門諸子之嗜學也、於聖人之容色言動、無不謹書而備錄之、以貽後世、今讀其書、卽其事、宛然如聖人之在目也、雖然、聖人豈拘拘而爲之者哉、蓋盛德之至、動容周旋、自中乎禮耳、學者欲潛心於聖人、宜於此求焉、舊說凡一章、今分爲十七節

孔子ㅣ於鄕黨애 恂恂如也ᄒᆞ샤 似不能言者ㅣ러시다

孔子ㅣ 鄕黨애 恂恂ᄃᆞᆺᄒᆞ샤 能히 言티 몯ᄒᆞᄂᆞᆫ 者ᄀᆞᆺ더시다

●恂恂、信實之貌、似不能言者、謙卑遜順、不以賢知先人也、鄕黨、父兄宗族之所在、故孔子居之、其容貌辭氣如此、

其在宗廟朝廷ᄒᆞ샤ᄂᆞᆫ 便便音변言ᄒᆞ샤ᄃᆡ 唯謹爾러시다

그 宗廟와 朝廷에 계샤ᄂᆞᆫ 便便히 言ᄒᆞ샤ᄃᆡ 오직 삼가더시다

侃 강직할간 剛直貌　誾 화열할은 和悅貌　踧 삼가드길축行 敬謹　踖 삼가드될척敬 貌踧ㅣ　擯 손접ᄃᆡ할빈ㅣ 使

●便便、辯也、宗廟、禮法之所在、朝廷、政事之所出、言不可以不明辯、故必詳問而極言之、但謹而不放爾、○此一節、記孔子、在鄕黨宗廟朝廷、言貌之不同、

○朝애與下大夫言애侃侃如也ᄒᆞ시며與上大夫言애誾誾如也ㅣ러시다

朝애下대우로더브러言ᄒᆞ심애侃侃ᄃᆞᆺᄒᆞ시며上대우로더브러言ᄒᆞ심애誾誾ᄃᆞᆺᄒᆞ더시다

●此、君未視朝時也、王制、諸侯、上大夫、卿、下大夫、五人、許氏說文、侃侃、剛直也、誾誾和悅而諍也、

君在어시든踧踖如也ᄒᆞ시며與與如也ㅣ러시다

君이겨시거시든踧踖ᄃᆞᆺᄒᆞ시며與與ᄃᆞᆺᄒᆞ더시다

●君在、視朝也、踧踖、恭敬不寧之貌、與與、威儀中適之貌、張子曰、與與、不忘向君也、亦通、○此一節、記孔子、在朝廷、事上接下之不同也、

○君이召使擯이어시든色勃如也ᄒᆞ시며足躩如也ㅣ러시다

勃 변ᄉᆡᆨ할 발 ㅣ然 色變
躩 발조심할 확 屈足
襜 옷깃정제할 첨 衣整貌
翼 날개 익 翅也
鞠 구푸릴 국 曲也

君이블러ᄒᆞ여곰擯ᄒᆞ라ᄒᆞ거시든色이勃ᄃᆞᆺᄒᆞ서며足이躩ᄃᆞᆺᄒᆞ더시다
●擯、主國之君所使出接賓者、勃、變色貌、躩、盤辟貌、皆敬君命故也

揖所與立ᄒᆞ샤ᄃᆡ**左右手**ㅣ러시니**衣前後**ㅣ**襜如也**ㅣ러시다
더브러立ᄒᆞ신바에揖ᄒᆞ샤ᄃᆡ손을左로ᄒᆞ며右로ᄒᆞ더시니옷압뒤가襜ᄃᆞᆺᄒᆞ더시다
●所與立、謂同爲擯者也、擯用命數之半、如上公九命、則用五人以次傳命、揖左人則左其手、揖右人則右其手、襜、整貌、

趨進에**翼如也**ㅣ러시다
趨ᄒᆞ야進ᄒᆞ심애翼ᄃᆞᆺᄒᆞ더시다
●疾趨而進、張拱端好、如鳥舒翼、

賓退어든**必復**音부**命曰賓不顧矣**라ᄒᆞ더시다
賓이退키든반ᄃᆞ시命을復ᄒᆞ야ᄀᆞᆯᄋᆞ샤ᄃᆡ賓이顧ᄒᆞ디아니타ᄒᆞ더시다
●紓君敬也、○此一節、記孔子、爲君擯相之容、

○**入公門**ᄒᆞ실서**鞠躬如也**ᄒᆞ샤**如不容**이러시다

閾 문지방 역 門下橫木

屛 물니칠 병 斥也

公門에드르실ᄉᆡ躬을鞠듯ᄒᆞ샤容티못ᄒᆞᆯ듯ᄒᆞ더시다

●鞠躬、曲身也、公門高大、而若不容、敬之至也、

立不中門ᄒᆞ시며**行不履閾**이러시다

立ᄒᆞ심애門에中티아니ᄒᆞ시며行ᄒᆞ심애閾을ᄇᆞᆲ디아니ᄒᆞ더시다

●中門、中於門也、謂當棖(音정)闑(音얼)之間、君出入處也、閾、門限也、禮士大夫出入君門、由闑右、不踐閾、謝氏曰、立中門則當尊行、履閾則不恪

過位ᄒᆞ실시**色勃如也**ᄒᆞ시며**足躩如也**ᄒᆞ시며**其言**이**似不足者**ᄒᆞ더시다

位에디나실ᄉᆡ色이勃듯ᄒᆞ시며足이躩듯ᄒᆞ시며그말ᄉᆞᆷ이足디못ᄒᆞᆫ者ᄀᆞᆺ더시다

●位、君之虛位、謂門屛之間、人君宁(音저)立之處、所謂宁也、君雖不在、過之必敬、不敢以虛位而慢之也、言似不足、不敢肆也、

攝齊(音지)**升堂**ᄒᆞ실시**鞠躬如也**ᄒᆞ시며**屛氣**ᄒᆞ샤**似不息者**ㅣ러시다

齊를攝ᄒᆞ야堂의오ᄅᆞ실ᄉᆡ躬을鞠듯ᄒᆞ시며氣를屛ᄒᆞ샤息디못ᄒᆞᄂᆞᆫ者ᄀᆞᆺ더시다

●攝、摳也、齊、衣下縫也、禮、將升堂、兩手摳衣、使去地尺、恐躡之而傾跌失容也

逞 쾌할령 快也　怡 화할이 和也　圭 홀규 瑞玉也 上圓下方　授 줄슈 予也 付也　踧 발ᄉᆡ며 드딜축 足迫 踵ㅣ曳

屛、藏也、息、鼻息出入者也、近至尊、氣容肅也、

出降一等ᄒᆞ사는 逞顏色ᄒᆞ샤 怡怡如也ᄒᆞ시며 沒階ᄒᆞ샤는 趨進翼如也ᄒᆞ시며 復(音복)其位ᄒᆞ샤는 踧踖如也ㅣ러시다

出ᄒᆞ샤 一等에 나리샤는 ᄂᆞᆺ비출 逞ᄒᆞ샤 怡怡ᄃᆞᆺᄒᆞ시며 階를 沒ᄒᆞ샤는 趨ᄒᆞ심애 翼ᄃᆞᆺᄒᆞ시며 그 位예 復ᄒᆞ샤는 踧踖ᄃᆞᆺᄒᆞ더시다

●陸氏曰、趨下、本無進字、俗本有之誤也、○等、階之級也、逞、放也、漸遠所尊、舒氣解顏怡怡、和悅也、沒階、下盡階也、趨、走就位也、復位踧踖、敬之餘也○此一節、記孔子在朝之容、

○執圭ᄒᆞ샤ᄃᆡ 鞠躬如也ᄒᆞ샤 如不勝ᄒᆞ시며 上如揖ᄒᆞ시고 下如授ᄒᆞ시며 勃如戰色ᄒᆞ시며 足蹜蹜如有循이러시다

圭를잡ᄋᆞ샤ᄃᆡ 躬을鞠ᄃᆞᆺᄒᆞ샤 이긔디못ᄒᆞᆯᄃᆞᆺᄒᆞ시며 上으로揖ᄃᆞᆺᄒᆞ시고 下로授ᄃᆞᆺᄒᆞ시며 勃히 戰ᄒᆞ는 色ᄀᆞᆺᄐᆞ시며 足이 蹜蹜ᄒᆞ야 循홈이 잇는ᄃᆞᆺᄒᆞ더시다

●圭、諸侯命圭、聘問鄰國、則使大夫執以通信、如不勝、執主器、執輕如不克、敬謹之至也、上如揖、下如授、謂執圭平衡、手與心齊、高不過揖、卑不過授也、戰色

覿 볼뎍 見也　愉 기쁠유 和也　紺 보라감 染色靑而含赤色　緅 붉을추 絳也　飾 꾸밀식 裝也

戰而色懼也、踧踧、擧足促狹也、如有循、記所謂擧前曳踵、言行不離地、如緣物也

享禮예 有容色ᄒᆞ시며

享ᄒᆞᄂᆞᆫ禮에容色이겨시며

●享、獻也、旣聘而享、用圭璧、有庭實、有容色、和也、儀禮曰、發氣滿容、

私覿에 愉愉如也ᄒᆞ시다

私로覿홈애愉愉ᄒᆞᆫᄃᆞᆺᄒᆞ더시다

●私覿、以私禮見音현也、愉愉、則又和矣、○此一節、記孔子、爲君聘於鄰國之禮也、晁氏曰、孔子定公九年仕魯、至十三年適齊、其間絕無朝聘往來之事、疑使擯執圭兩條、但孔子、嘗言其禮當如此爾、

○君子ᄂᆞᆫ 不以紺緅로 飾ᄒᆞ시며

君子ᄂᆞᆫ紺과緅로써飾디아니ᄒᆞ시며

●君子、謂孔子、紺、淡靑揚赤色、齊音저服也、緅、絳色、三年之喪、以飾練服也、飾、領緣也、

褻 속옷셜 私服
袗 홋옷진 單也
絺 가는베티 細葛布
綌 베격 葛布
緇 검을츼 黑色
麑 사슴삿기예 鹿子
袂 소매메 袖也

紅紫로不以爲褻服이러시다

紅과紫로써褻服도ᄒᆞ디아니ᄒᆞ시다

●紅紫、間色不正、且近於婦人女子之服也、褻服、私居服也、言此則不以爲朝祭之服、可知、

當暑ᄒᆞ샤袗絺綌을必表而出之러시다

暑를當ᄒᆞ샤홋絺와綌을반ᄃᆞ시表ᄒᆞ야내더시다

●袗、單也、葛之精者曰、絺、麤者曰綌、表而出之、謂先著音착裏衣、表絺綌而出之於外、欲其不見體也、詩所謂蒙彼縐絺、是也、

緇衣엔羔裘ㅣ오素衣엔麑裘ㅣ오黃衣엔狐裘ㅣ러시다

검은옷ᄉᆡᆫ羔裘ㅣ오흰옷ᄉᆡᆫ麑裘ㅣ오누른옷ᄉᆡᆫ狐裘ㅣ러시다

●緇、黑色、羔裘、用黑羊皮、麑、鹿子、色白、狐色黃、衣以裼裘、欲其相稱、

褻裘ᄂᆞᆫ長호ᄃᆡ短右袂러시다

褻裘ᄂᆞᆫ길게호ᄃᆡ올ᄒᆞᆫᄉᆞ매를댜ᄅᆞ게ᄒᆞ더시다

寢 잘침 臥息也　佩 찰패 ㅣ玉　帷 장막유 幔幕也

●長、欲其温、短右袂、所以便作事、

必有寢衣하시니 長이 一身有半이며라

반드시寢衣를두시니가릐一身이오또半이러라

●齊主於敬、不可解衣而寢、又不可著明衣而寢、故別有寢衣、其半、蓋以覆足、程子曰、此錯簡、當在齊必有明衣布之下、愚謂如此則此條與明衣變食、旣得以類相從、而褻裘狐貉、亦得以類相從矣、

狐貉之厚로 以居ㅣ며시다

狐貉의두터온거스로써居ᄒᆞ더시다

●狐貉、毛深温厚、私居取其適體、

去喪ᄒᆞ샤는 無所不佩러시다

喪을去ᄒᆞ샤는ᄎᆞ디아니ᄒᆞᆯ배업더시다

●君子無故、玉不去身、觿音휴礪音려之屬、亦皆佩也

非帷裳이어든 必殺音쇄之러시다

帷裳이아니어든반드시殺ᄒᆞ더시다

●朝祭之服、裳用正幅、如帷要有襞積、而旁無殺縫、其餘若深衣、要半下齊(音 ᄌᆞ)、倍要則無襞積、而有殺縫矣、

羔裘玄冠으로不以吊ㅣ러시다

羔裘와玄冠으로써吊치아니ᄒᆞ더시다

●喪主素、吉主玄、吊必變服、所以哀死、

吉月에必朝服而朝ㅣ러시다

吉月에반드시朝服ᄒᆞ고朝ᄒᆞ더시다

●吉月、月朔也、孔子在魯致仕時、如此、○此一節、記孔子衣服之制、蘇氏曰、此孔氏遺書、雜記曲禮、非特孔子事也、

○齊(音 지)必有明衣러시니布ㅣ러라

齊ᄒᆞ실제반드시明衣를두더시니布ㅣ러라

●齊必沐浴、浴竟卽著(音 착)明衣、所以明潔其體也、以布爲之此下、脫前章寢衣一簡、

膾 회회 魚肉腥細切
饐 쉬일에 飯傷濕臭變
餲 쉬일애 飯臭食饐
餒 상할뇌 敗傷也
臭 ᄂᆡ암새 卉氣通於臭也

齊必變食ᄒᆞ시며 居必遷坐ㅣ러시다

齊ᄒᆞ실제반ᄃᆞ시食을變ᄒᆞ시며居홈을반ᄃᆞ시坐를遷ᄒᆞ더시다

●變食、謂不飮酒、不茹葷、遷坐、易常處也、○此一節、記孔子謹齊之事、楊氏曰、齊所以交神、故致潔變常以盡敬、

○食音소不厭精ᄒᆞ시며 膾不厭細려시다

食ᄂᆞᆫ精홈을厭티아니ᄒᆞ시며膾ᄂᆞᆫ細홈을厭티아니ᄒᆞ더시다

●食、飯也、精、鑿也、牛羊與魚之腥、聶而切之爲膾、食精則能養人、膾麤則能害人、不厭、言以是爲善、非謂必欲如是也、

食饐而餲音애와 魚餒而肉敗를 不食ᄒᆞ시며 色惡不食ᄒᆞ시며 臭惡不食ᄒᆞ시며 失飪不食ᄒᆞ시며 不時不食이러시다

食ㅣ饐ᄒᆞ야餲ᄒᆞ니와魚ㅣ餒ᄒᆞ며肉이敗ᄒᆞ니를食디아니ᄒᆞ시며色이惡ᄒᆞ니를食디아니ᄒᆞ시며臭ㅣ惡ᄒᆞ니를食디아니ᄒᆞ시며飪을失ᄒᆞ엿거든食디아니ᄒᆞ시며時ㅣ아니어든食디아니ᄒᆞ더시다

飪 익을임 熟也
割 베힐할 截也
醬 장장 醢也

●饐、飯傷熱濕也、餲、味變也、魚爛曰餒、肉腐曰敗、色惡臭惡、未敗而色臭變也、飪、烹調生熟之節也、不時、五穀不成、果實未熟之類、此數者、皆足以傷人、故不食

割不正이어든不食ᄒᆞ시며不得其醬이어든不食이러시다

割ᄒᆞᆫ거시正티아니커든食디아니ᄒᆞ시며그醬을得디몯ᄒᆞ야든食디아니ᄒᆞ더시다

●割肉不方正者、不食、造次不離於正也、漢陸續之母、切肉未嘗不方、斷葱以寸爲度、蓋其質美、與此暗合也、食肉用醬、各有所宜、不得則不食、惡(音오)其不備也、此二者、無害於人、但不以嗜味而苟食耳、

肉雖多ㅣ나不使勝食(音ᄉᆞ)氣ᄒᆞ시며惟酒無量ᄒᆞ샤ᄃᆡ不及亂이러시다

肉이비록하나ᄒᆞ여곰食氣를勝티아니ᄒᆞ시며오직酒ᄂᆞᆫ量업시ᄒᆞ샤ᄃᆡ亂에밋게아니ᄒᆞ더시다

●食以穀爲主、故不使肉勝食氣、酒以爲人合歡、故不爲量、但以醉爲節、而不及亂耳、程子曰、不及亂者、非惟不使亂志、雖血氣、亦不可使亂、但浹洽而已可也、

脯 포육포 乾肉

薑 성강강 禦濕菜

沽酒市脯를不食ᄒᆞ시며

沽ᄒᆞᆫ酒와市ᄒᆞᆫ脯를食디아니ᄒᆞ시며

●沽市、皆賣也、恐不精潔、或傷人也、與不嘗康子之藥、同意、

不撤薑食ᄒᆞ시며

薑食을撤티아니ᄒᆞ시며

●薑、通神明、去穢惡、故不撤、

不多食이러시다

해食디아니더시다

●適可而止、無貪心也、

祭於公에不宿肉ᄒᆞ시며祭肉은不出三日ᄒᆞ더시니出三日이면不食之矣니라

公에祭ᄒᆞ심애肉을宿디아니ᄒᆞ시며祭肉은三日에出티아니ᄒᆞ더시니三日에出ᄒᆞ면食디못ᄒᆞᆯ개시니라

羹 국ᄀᆡᆼ 臛也 五味和肉ㅣ

●助祭於公、所得胙肉、歸卽頒賜、不俟經宿者、不留神惠也、家之祭肉、則不過三日、皆以分賜、蓋過三日、則肉必敗而人不食之、是褻鬼神之餘也、但比君所賜胙、可少緩耳、

食不語ᄒ시며**寢不言**이러시다

食ᄒ심애語티아니ᄒ시며寢ᄒ심애言티아니터시다

●答述曰語、自言曰言、范氏曰、聖人存心不他、當食而食、當寢而寢、言語、非其時也、楊氏曰、肺爲氣主、而聲出焉、寢食、則氣窒而不通、語言、恐傷之也、亦通、

雖疏食䟽소**菜羹**이라도**瓜祭**ᄒ샤ᄃᆡ**必齊如也**ㅣ러시다

비록疏食와菜羹이라도반ᄃᆞ시祭ᄒ샤ᄃᆡ齊ᄃᆞᆺᄒ더시다

●陸氏曰、魯論、瓜、作必、古人飮食、每種各出少許、置之豆間之地、以祭先代、始爲飮食之人、不忘本也、齊、嚴敬貌、孔子雖薄物、必祭、其祭必敬、聖人之誠也、○此一節、記孔子飮食之節、謝氏曰、聖人飮食如此、非極口腹之欲、蓋養氣體、不以傷生、當如此、然聖人之所不食、窮口腹者、或反食之、欲心勝而不暇擇也

○**席不正**이어든**不坐**ㅣ러시다

儺 려역쪼출나驅疫 阼 동편섬돌조東階主人接賓處

席이正티아니커든坐티아니터시다

●謝氏曰、聖人心安於正、故於位之不正者、雖小不處、

○鄕人飮酒에杖者ㅣ出이어든斯出矣러시다

鄕人이酒를飮홈애杖ᄒᆞᆫ者ㅣ出ᄒᆞ거든이예出ᄒᆞ더시다

●杖者、老人也、六十、杖於鄕、未出不敢先、旣出不敢後、

鄕人儺에朝服而立於阼階러시다

鄕人이儺홈애朝服ᄒᆞ시고阼階에立ᄒᆞ더시다

●儺、所以逐疫、周禮方相氏掌之、阼階、東階也、儺雖古禮、而近於戱、亦必朝服而臨之者、無所不用其誠敬也、或曰、恐其驚先祖五祀之神、欲其依己而安也○此一節、記孔子居鄕之事、

○問人於他邦ᄒᆞ실ᄉᆡ再拜而送之러시다

사ᄅᆞᆷ을다ᄅᆞᆫ나라히무ᄅᆞ실ᄉᆡ再拜ᄒᆞ야보내더시다

●拜送使者、如親見之敬也、

饋 먹일궤 餉也

廐 마구구 馬舍也

焚 살울분 燒也

腥 비릴셩 生肉臭也

康子ㅣ饋藥이어늘 拜而受之曰丘ㅣ未達이라 不敢嘗이라ᄒᆞ시다

康子ㅣ藥을饋ᄒᆞ야늘拜ᄒᆞ고受ᄒᆞ샤ᄀᆞᆯᄋᆞ샤ᄃᆡ丘ㅣ達티몯ᄒᆞᆫ지라敢히嘗티몯ᄒᆞ노라ᄒᆞ시다

●范氏曰、凡賜食、必嘗以拜、藥未達、則不敢嘗、受而不飮、則虛人之賜、故告之如此、然則可飮而飮、不可飮而不飮、皆在其中矣、楊氏曰大夫有賜、拜而受之禮也、未達不敢嘗、謹疾也、必告之直也、○此一節、記孔子與人交之誠意、

○廐焚이어늘 子ㅣ退朝曰傷人乎아ᄒᆞ시고 不問馬ᄒᆞ시다

廐ㅣ焚커늘子ㅣ朝로退ᄒᆞ샤ᄀᆞᆯᄋᆞ샤ᄃᆡ人이傷ᄒᆞ냐ᄒᆞ시고馬를묻디아니ᄒᆞ시다

●非不愛馬、然恐傷人之意多、故未暇問、蓋貴人賤畜、理當如此、

○君이 賜食이어시든 必正席先嘗之ᄒᆞ시고 君이 賜腥이어시든 必熟而薦之ᄒᆞ시고 君이 賜生이어시든 必畜之러시다

君이食을賜ᄒᆞ야시든반ᄃᆞ시席을正히ᄒᆞ고몬져嘗ᄒᆞ시고君이腥을賜ᄒᆞ야시든반ᄃᆞ시熟ᄒᆞ야薦ᄒᆞ시고君이生을賜ᄒᆞ야시든반ᄃᆞ시畜ᄒᆞ더시다

拖 이끌타 引也
紳 큰띄신 大帶
俟 기ᄃᆞ릴ᄉᆞ 待也

●食、恐或餕준音餘、故不以薦、正席先嘗、如對君也、言先嘗、則餘當以頒賜矣、腥、生肉、熟而薦之祖考、榮君賜也、畜之者、仁君之惠、無故不敢殺也、

侍食於君에君祭어시든先飯이러시다

君의뫼셔食ᄒᆞ실제君이祭ᄒᆞ시거든몬저飯ᄒᆞ더시다

●周禮、王日一擧、膳夫授祭品嘗食、王乃食、故侍食者、君祭則己不祭而先飯、若爲君嘗食、然不敢當客禮也、

○疾에君이視之어시든東首ᄒᆞ시고加朝服拖紳이러시다

疾에君이視ᄒᆞ거시든東으로首ᄒᆞ시고朝服을加ᄒᆞ시고紳을拖ᄒᆞ더시다

●東首、以受生氣也、病臥、不能著착音衣束帶、又不可以褻服見君、故加朝服於身、又引大帶於上也、

君이命召ㅣ어시든不俟駕行矣러시다

君이命ᄒᆞ야召ᄒᆞ거시든駕를俟티아니ᄒᆞ시고行ᄒᆞ더시다

●急趨君命、行出而駕車隨之、○此一節、記孔子事君之禮、

殯 빈소빈 殯也

○入太廟ᄒᆞ샤 每事를 問이러시다

●重出

○朋友ㅣ 死ᄒᆞ야 無所歸어든 曰於我殯이라ᄒᆞ더시다

朋友ㅣ死ᄒᆞ야歸ᄒᆞᆯ빼 업거든 ᄀᆞᆯᄋᆞ샤ᄃᆡ 내게 殯ᄒᆞ라ᄒᆞ더시다

●朋友以義合、死無所歸、不得不殯、

朋友之饋ᄂᆞᆫ 雖車馬ㅣ라도 非祭肉이어는 不拜러시다

朋友의 饋ᄂᆞᆫ 비록 車馬ㅣ라도 祭肉이 아니어든 拜타 아니ᄒᆞ더시다

●朋友有通財之義、故雖車馬之重不拜、祭肉則拜者、敬其祖考、同於己親也、○

此一節、記孔子交朋友之義

○寢不尸ᄒᆞ시며 居不容이러시다

寢홈애 尸타 아니ᄒᆞ시며 居홈애 容타 아니터시다

●尸、謂偃臥、似死人也、居、居家、容、容儀、范氏曰、寢不尸、非惡(오音)其類於死也、惰慢之氣、不設於身體、雖舒布其四體、而亦未嘗肆耳、居不容、非惰也、但不若奉

狎 친할압 親近

式 구푸릴식 憑車前橫木俯身

版 호적판 戶籍

祭祀、見賓客而已、申申夭夭是也、

見齊(音자)衰(音최)者ᄒᆞ시고 雖狎이나 必變ᄒᆞ시며 見冕者與瞽者ᄒᆞ시고 雖褻이나 必以貌ㅣ러시다

齊衰ᄒᆞᆫ者를보시고비록狎ᄒᆞ나반ᄃᆞ시變ᄒᆞ시며冕者와다ᄆᆞᆺ瞽ᄒᆞᆫ者를보시고비록褻ᄒᆞ나반ᄃᆞ시써貌ᄒᆞ더시다

●狎、謂素親狎、褻、謂燕見、貌謂禮貌、餘見前篇、

凶服者를 式之ᄒᆞ시며 式負版者ㅣ러시다

凶服ᄒᆞᆫ者를式ᄒᆞ시며版負ᄒᆞᆫ者를式ᄒᆞ더시다

●式、車前橫木、有所敬、則俯而憑之、負版、持邦國圖籍者、式此二者、哀有喪重民數也、人惟萬物之靈、而王者之所天也、故周禮獻民數於王、王拜受之、況其下者、敢不敬乎、

有盛饌이어든 必變色而作이러시다

盛ᄒᆞᆫ饌이잇거든반ᄃᆞ시色을變ᄒᆞ시고作ᄒᆞ더시다

迅 ᄲᆞᆯ을신 疾也
烈 ᄆᆡᆼ렬할렬 猛也
綏 수레곱비유 車轡

●敬主人之禮、非以其饌也、

迅雷風烈에必變이러시다

迅ᄒᆞᆫ雷와風이烈ᄒᆞᆷ애반ᄃᆞ시變ᄒᆞ더시다

●迅、疾也、烈、猛也、必變者、所以敬天之怒、記曰、若有疾風迅雷甚雨、則必變、雖夜必興、衣服冠而坐、○此一節、記孔子容貌之變、

○升車ᄒᆞ샤ᄃᆡ必正立執綏러시다

車의升ᄒᆞ샤ᄃᆡ正히立ᄒᆞ샤綏를執ᄒᆞ더시다

●綏、挽以上車之索也、范氏曰、正立執綏、則心體無不正、而誠意肅恭矣、蓋君子莊敬、無所不在、升車則見(音현)於此也、

車中애不內顧ᄒᆞ시며不疾言ᄒᆞ시며不親指러시다

車中에內顧티아니ᄒᆞ시며疾히言티아니ᄒᆞ시며親히指티아니ᄒᆞ더시다

●內顧、回視也、禮曰、顧不過轂、三者皆失容、且惑人、○此一節、記孔子升車之容、

翔 도다ᄂᆞᆯ 샹 回飛 翺ㅣ **雌** 암ᄏᆞᆺ ᄌᆞ 牝也 **雉** 꿩 치 野鷄 **嗅** 맛흠ᄒᆞᆯ 후 鼻取氣

○**色斯擧矣**ᄒᆞ야 **翔而後集**이니라

色ᄒᆞ고 이예擧ᄒᆞ야 翔ᄒᆞᆫ後에集ᄒᆞᄂᆞ니라

●言、鳥見人之顔色不善、則飛去、回翔審視、而後下止、人之見幾而作、審擇所處、亦當如此、然此上下必有闕文矣、

曰山梁雌雉ㅣ **時哉時哉**ㄴ뎌 **子路**ㅣ **共之**ᄒᆞᆫ대 **三嗅而作**ᄒᆞ시다

ᄀᆞᆯ으샤ᄃᆡ 山梁엣雌雉ㅣ 時ㄴ뎌子路ㅣ 共ᄒᆞᆫᄃᆡ 세번嗅ᄒᆞ시고作ᄒᆞ시다

●邢氏曰、(名昺濟陰人) 梁、橋也、時哉、言雉之飮啄得其時、子路不達、以爲時物而共具之、孔子不食、三嗅其氣而起、晁ㅅ曰、石經、嗅作戛、謂雉鳴也、劉聘君曰、嗅當作臭、古闃反、張兩翅也、見(音현)爾雅、愚按、如後兩說、則共字當爲拱執之義、然此必有闕文、不可强爲之說、姑記所聞、以俟知者、

懸吐釋字具解 **集註論語卷之十** 終

懸吐釋字具解 集註論語卷之十一

先進第十一

此篇、多評弟子賢否、凡二十五章、胡氏曰、此篇記閔子騫言行者四、而其一直稱閔子、疑閔氏門人所記也、

子ㅣ曰先進이於禮樂악音애野人也ㅣ오後進이於禮樂애君子也ㅣ라ᄒᆞ나니

子ㅣᄀᆞᆯᄋᆞ샤ᄃᆡ先進이禮와樂애野人이오後進이禮와樂애君子ㅣ라ᄒᆞᄂᆞ니

●先進後進、猶言前輩後輩、野人、謂郊外之民、君子、謂賢士大夫也、程子曰、先進於禮樂、文質得宜、今反謂之質朴、而以爲野人、後進之於禮樂、文過其質、今反謂之彬彬、而以爲君子、周末文勝、故時人之言如此、不自知其過於文也、

如用之則吾從先進호리라

만일用ᄒᆞ면내先進을조ᄎᆞ리라

●用之、謂用禮樂、孔子既述時人之言、又自言其如此、蓋欲損過以就中也、

○子ㅣ曰從我於陳蔡者ㅣ皆不及門也ㅣ로다

子ㅣ골ㅇ샤ᄃᆡ나를陳蔡예從ᄒᆞ얏던者ㅣ다門에밋디아니ᄒᆞ엿도다

●孔子、嘗厄於陳蔡之間、弟子多從之者、此時皆不在門、故孔子思之、蓋不忘其相從於患難之中也、

德行앤顏淵閔子騫冉伯牛仲弓이오言語앤宰我子貢이오政事앤冉有季路ㅣ오文學앤子游子夏ㅣ니라

德行에ᄂᆞᆫ顏淵과閔子騫과冉伯牛와仲弓이오言語에ᄂᆞᆫ宰我와子貢이오政事에ᄂᆞᆫ冉有와季路ㅣ오文學에ᄂᆞᆫ子游와子夏ㅣ니라

弟子、因孔子之言、記此十人、而幷目其所長、分爲四科、孔子敎人、各因其材、於此可見、○程子曰、四科、乃從夫子於陳蔡者爾、門人之賢者、固不止此、曾子傳道而不與焉、故知十哲、世俗論也、

○子ㅣ曰回也ᄂᆞᆫ非助我者也ㅣ로다於吾言애無所不說音열아온여

子ㅣ골ㅇ샤ᄃᆡ回ᄂᆞᆫ나를돕ᄂᆞᆫ者ㅣ아니로다내말애說티아닐빼업곤여

助我、若子夏之起予、因疑問而有以相長也、顏子於聖人之言、默識心通、無所疑問、故夫子云然、其辭若有憾焉、其實乃深喜之、○胡氏曰、夫子之於回、豈眞以助我望之、蓋聖人之謙德、又以深贊顏子云爾、

○子ㅣ曰孝哉라閔子騫이여人不間於其父母昆弟之言이로다

子ㅣ갈ᄋᆞ샤ᄃᆡ孝ᄒᆞ다閔子騫이여사ᄅᆞᆷ이그父母와昆季의말에間티못ᄒᆞᄂᆞᆺ다

●胡氏曰、父母兄弟、稱其孝友、人皆信之、無異詞者、蓋其孝友之實、有以積於中而著外、故夫子歎而美之、

○南容이三復(音복)白圭ㅣ어늘孔子ㅣ以其兄之子로妻之ᄒᆞ시다

南容이白圭를세번復ᄒᆞ거늘孔子ㅣ그兄의子로써妻ᄒᆞ시다

●詩、大雅抑之篇、曰白圭之玷、尙可磨也、斯言之玷、不可爲也、南容、一日三復此言、事見(音현)家語、蓋深有意於謹言也、此邦有道、所以不廢、邦無道、所以免禍、故孔子以兄子妻之、○范氏曰、言者行之表、行者言之實、未有易(音이)其言 而能謹於行者、南容欲謹其言如此、則必能謹其行矣、

槨 외관곽 外棺
鯉 리어리 三十六鱗
棺 관관 斂也

○季康子ㅣ問弟子ㅣ孰爲好學이닝잇고 孔子ㅣ對曰有顏回者ㅣ好學ᄒᆞ더니 不幸短命死矣라 今也則亡音무ᄒᆞ니라

季康子ㅣ묻ᄌᆞ오ᄃᆡ弟子ㅣ뉘學을好ᄒᆞᄂᆞ닝잇고孔子ㅣ對ᄒᆞ야ᄀᆞᆯᄋᆞ샤ᄃᆡ顏回라ᄒᆞ리이셔學을好ᄒᆞ더니幸티못ᄒᆞ야命이短ᄒᆞ야죽은지라이제ᄂᆞᆫ업ᄉᆞ니라

●范氏曰、哀公康子、問同而對有詳畧者、臣之告君、不可不盡、若康子者、必待其能問乃告之、此敎誨之道也、

○顏淵이死커ᄂᆞᆯ顏路ㅣ請子之車ᄒᆞ야以爲之槨ᄒᆞᆫ대

顏淵이죽거ᄂᆞᆯ顏路ㅣ子의車를請ᄒᆞ야써槨을ᄒᆞ여지이다ᄒᆞᆫ대

●顏路、淵之父、名無繇音유、少孔子六歲、孔子始敎而受學焉、槨、外棺也、請爲槨、欲賣車以買槨也、

子ㅣ曰才不才예亦各言其子也ㅣ니鯉也ㅣ死커ᄂᆞᆯ有棺而無槨ᄒᆞ니吾不徒行ᄒᆞ야以爲之槨은以吾ㅣ從大夫之後ㅣ라不可徒行也ㅣ니라

噫 탄식할 희 痛傷 聲歎息

慟 이통할 통 哀過 動心

子ㅣ ᄀᆞᆯᄋᆞ샤ᄃᆡ 才ᄒᆞ며 才티 못홈에 또ᄒᆞᆫ 각각 그 子ㅣ라 니ᄅᆞᆯ개시니 鯉ㅣ 죽거늘 棺이 잇고 槨을 업시 ᄒᆞ나 내 徒行ᄒᆞ야써 槨을 ᄒᆞ지 아니홈은 내 대우의 後에 從ᄒᆞ논디라 可히 徒行티 못ᄒᆞ모로써니라

●鯉、孔子之子、伯魚也、先孔子卒、言鯉之才、雖不及顔淵、然己與顔路、以父視之、則皆子也、孔子時已致仕、尙從大夫之列、言後、謙辭、○胡氏曰、孔子、遇舊館人之喪、嘗脫驂以賻(音부)之矣、今乃不許顔路之請何耶、葬可以無槨、驂可以脫、而復求、大夫不可以徒行、命車、不可以與人、而鬻諸市也、且爲所識窮乏者得我、而勉强以副其意、豈誠心與直道哉、或者以爲君子行禮、視吾之有無而已、夫君子之用財、視義之可否、豈獨視有無而已哉、

○顔淵이 死커늘 子ㅣ 曰噫라 天喪予ㅣ샷다 天喪予ㅣ샷다

顔淵이 죽거늘 子ㅣ ᄀᆞᆯᄋᆞ샤ᄃᆡ 噫라 하ᄂᆞᆯ히 나를 喪ᄒᆞ샷다 하ᄂᆞᆯ히 나를 喪ᄒᆞ샷다

●噫、傷痛聲、悼道無傳、若天喪己也、

○顔淵이 死커늘 子ㅣ 哭之慟ᄒᆞ신대 從者ㅣ 曰子ㅣ 慟矣샤소이다

顔淵이죽거늘子ㅣ哭ᄒᆞ심을慟ᄒᆞ신대從ᄒᆞᆫ者ㅣ골오ᄃᆡ子ㅣ慟ᄒᆞ샤소이다

●慟、哀過也、

曰有慟乎아

골ᄋᆞ샤ᄃᆡ慟홈이이인ᄂᆞ냐

●哀傷之至、不自知也、

非夫人之爲慟이오而誰爲리오

夫人을爲ᄒᆞ야慟티아니코누를爲ᄒᆞ야ᄒᆞ리오

●夫人、謂顔淵、言其死可惜、哭之宜慟、非他人之比也、○胡氏曰、痛惜之至、施當其可、皆情性之正也、

○顔淵이死커늘門人이欲厚葬之ᄒᆞᆫ대子ㅣ曰不可ᄒᆞ니라

顔淵이죽거늘門人이厚히葬코져ᄒᆞᆫ대子ㅣ골ᄋᆞ샤ᄃᆡ可티아니ᄒᆞ니라

●喪具、稱家之有無、貧而厚葬、不循理也、故夫子止之、

門人이厚葬之ᄒᆞᆫ대

門人이厚히葬ᄒᆞᆫ대

●蓋顔路聽之、

子ㅣ曰回也는 視予猶父也ㅣ어늘 予不得視猶子也호니 非我也ㅣ라 夫二三子也ㅣ니라

子ㅣ 골ᄋᆞ샤ᄃᆡ回ᄂᆞᆫ나를보믈父ᄀᆞᆺ티ᄒᆞ거ᄂᆞᆯ나ᄂᆞᆫ시러곰봄을子ᄀᆞᆺ티못호니내아니라二三子ㅣ니라

●歎不得如葬鯉之得宜、以責門人也、

○季路ㅣ問事鬼神ᄒᆞᆫ대子ㅣ曰未能事人이면焉能事鬼리오 敢問死ᄒᆞ노이다 曰未知生이면焉知死ㅣ리오

季路ㅣ鬼神셤김을묻ᄌᆞ온대子ㅣ골ᄋᆞ샤ᄃᆡ能히사ᄅᆞᆷ을셤기자못ᄒᆞ면엇디能히鬼를셤기리오敢히死를묻ᄌᆞᆸ노이다골ᄋᆞ샤ᄃᆡ生을아디못ᄒᆞ면엇디死를알리오

●問事鬼神、蓋求所以奉祭祀之意、而死者、人之所必有、不可不知、皆切問也、然非誠敬足以事人、則必不能事神、非原始而知所以生、則必不能反終、而知所以死、蓋幽明始終、初無二理、但學之有序、不可躐等、故夫子告之如此、○程子曰、晝夜者、死生之道也、知生之道、則知死之道、盡事人之道、則盡事鬼之道、死生人鬼、一而二二而一者也、或言夫子、不告子路不知、此乃所以深告之也、

○**閔子**는**侍側**애**誾誾如也**ᄒᆞ고**子路**는**行行如也**ᄒᆞ고**冉有子貢**은**侃侃如也**ㅣ어늘**子**ㅣ**樂**ᄒᆞ시다

閔子ᄂᆞᆫ側에뫼셔심애誾誾ᄃᆞᆺᄒᆞ고子路ᄂᆞᆫ行行ᄃᆞᆺᄒᆞ고冉有와子貢은侃侃ᄃᆞᆺᄒᆞ거늘子ㅣ樂ᄒᆞ시다

●誾侃、音義、見前篇、行行、剛强之貌、子樂者、樂得英才而敎育之、

若由也는**不得其死然**이로다

由ᄀᆞᆺᄐᆞ니ᄂᆞᆫ그死를得디못ᄒᆞᆯᄃᆞᆺᄒᆞ도다

●尹氏曰、子路剛强、有不得其死之理、故因以戒之、其後子路卒死於衛孔悝音회之難、洪氏曰、漢書引此句上有曰字、或云上文樂字、卽曰字之誤、

○**魯人**이**爲長府**ㅣ러니

魯人이長府를爲ᄒᆞ더니

●長府、藏名、藏貨財曰府、爲、蓋改作之、

閔子騫이曰仍舊貫如之何오何必改作이리오

閔子騫이ᄀᆞᆯ오ᄃᆡ네일을인홈이엇더ᄒᆞ뇨엇디반ᄃᆞ시고텨作ᄒᆞ리오

●仍、因也、貫、事也、王氏曰(名安石字介甫臨川人)改作、勞民傷財、仕於得已、則不如仍舊貫之善、

子ㅣ曰夫人이不言이언뎡言必有中이니라

子ㅣᄀᆞᆯᄋᆞ샤ᄃᆡ夫人이言티아닐ᄲᅮᆫ이언뎡言ᄒᆞ면반ᄃᆞ시中홈이인ᄂᆞ니라

●言不妄發、發必當理、惟有德者能之、

○子ㅣ曰由之瑟을奚爲於丘之門고

子ㅣᄀᆞᆯᄋᆞ샤ᄃᆡ由의瑟을엇디丘의門에ᄒᆞᄂᆞ뇨

●程子曰、言其聲之不和、與己不同也、家語云、子路鼓瑟、有北鄙殺伐之聲、蓋其氣質剛勇、而不足於中和、故其發於聲者如此、

門人이不敬子路혼대子曰由也는升堂矣오未入於室也ㅣ니라

門人이子路를敬티아니훈대子ㅣ골ᄋᆞ샤ᄃᆡ由ᄂᆞᆫ堂의오르고室에드디못ᄒᆞ엿ᄂᆞ니라

●門人以夫子之言、遂不敬子路、故夫子釋之、升堂入室、喩入道之次第、言子路之學、已造乎正大高明之域、特未深入精微之奧耳、未可以一事之失、而遽忽之也

○子貢이問師與商也ㅣ孰賢이닝잇고子ㅣ曰師也는過ᄒᆞ고商也는不及이니라

子貢이묻ᄌᆞ오ᄃᆡ師와다뭇商이뉘賢ᄒᆞ닝잇고子ㅣ골ᄋᆞ샤ᄃᆡ師ᄂᆞᆫ넘고商ᄋᆞᆫ밋디못ᄒᆞᄂᆞ니라

●子張、才高意廣、而好爲苟難、故常過中、子夏篤信謹守、而規模狹隘、故常不及、

曰然則師ㅣ愈與잇가

골오ᄃᆡ그러면師ㅣ나으닝잇가

●愈、猶勝也、

聚 모ᄃᆞᆯ츄 會也
斂 거둘렴 收也
附 븟칠부 依也

子ㅣ曰過猶不及이니라

子ㅣᄀᆞᆯᄋᆞ샤ᄃᆡ너몸이밋디못홈과ᄀᆞᆺᄐᆞ니라

● 道、以中庸爲至、賢智之過、雖若勝於愚不肖之不及、然其失中則一也、○尹氏曰、中庸之爲德也、其至矣乎、夫過與不及、均也、差之毫釐、繆以千里、故聖人之敎、抑其過引其不及、歸於中道而已、

○季氏ㅣ富於周公이어늘而求也ㅣ爲之聚斂而附益之ᄒᆞᆫ대

季氏ㅣ周公에셔가옴열거늘求ㅣ爲ᄒᆞ야聚斂ᄒᆞ야附益ᄒᆞᆫ대

● 周公、以王室至親、有大功、位冢宰、其富宜矣、季氏以諸侯之卿、而富過之、非攘奪其君、刻剝其民、何以得此、冉有爲季氏宰、又爲之急賦稅以益其富、

子ㅣ曰非吾徒也ㅣ로소니小子아鳴鼓而攻之可也ㅣ니라

子ㅣᄀᆞᆯᄋᆞ샤ᄃᆡ우리물이아이로소니小子아鼓를鳴ᄒᆞ야攻홈이可ᄒᆞ니라

● 非吾徒、絶之也、小子鳴鼓而攻之、使門人、聲其罪以責之也、聖人之惡(音오)黨惡而害民如此、然師嚴而友親、故已絶之而猶使門人正之、又見其愛人之無已也、○范

辟 편벽될 벽 偏也

氏曰、冉有以政事之才、施於季氏、故爲不善、至於如此、由其心術不明、不能反求諸身、而以仕爲急故也、

○柴也ᄂᆞᆫ 愚ᄒᆞ고

柴ᄂᆞᆫ 愚ᄒᆞ고

●柴、孔子弟子、姓高、字子羔、衛人愚者、知不足而厚有餘、家語、記其足不履影、啓蟄不殺、方長不折、執親之喪、泣血三年、未嘗見音현齒、避難而行、不徑不竇、可以見其爲人矣、

參也ᄂᆞᆫ 魯ᄒᆞ고

參은 魯ᄒᆞ고

●魯、鈍也、程子曰、參也、竟以魯得之、又曰、曾子之學、誠篤而已、聖門學者、聰明才辯、不爲不多、而卒傳其道、乃質魯之人爾、故學以誠實爲貴也、尹氏曰、曾子之才魯、故其學也確、所以能深造乎道也、

師也ᄂᆞᆫ 辟ᄒᆞ고

喭 속될언 俗也 喑同

殖 부를식 生也 蕃也

億 헤아릴 料度

師는 辟ᄒᆞ고

●辟、便辟也、謂習於容止、少誠實也、

由也는 喭이니라

由는 喭ᄒᆞ니라

●喭、粗俗也、傳稱喭者、謂俗論也、○楊氏曰、四者性之偏、語之使知自勵也、吳氏曰、此章之首、脫子曰二字、或疑下章子曰、當在此章之首、而通爲一章、

○子ㅣ 曰回也는 其庶乎오 屢空이니라

子ㅣ 골ᄋᆞ샤ᄃᆡ 回는 그 庶ᄒᆞ고 ᄌᆞ조 空ᄒᆞᄂᆞ니라

●庶、近也、言近道也、屢空、數音삭至空匱也、不以貧窶音구動心、而求富、故屢至於空匱也、言其近道、又能安貧也、

賜는 不受命이오 而貨殖焉이나 億則屢中이니라

賜는 命을 受티 아니ᄒᆞ고 貨를 殖ᄒᆞ나 億ᄒᆞ면 ᄌᆞ조 中ᄒᆞᄂᆞ니라

●命、謂天命、貨殖、貨財生殖也、億、意度也、言、子貢不如顏子之安貧樂道、然其

踐 밟을천 履也

跡 자최적 步處前人所留

才識之明、亦能料事而多中也、程子曰、子貢之財殖、非若後人之豊財、但此心未忘耳、然此亦子貢少時事、至聞性與天道、則不爲此矣、○范氏曰、屢空者、簞食瓢飮屢絶、而不改其樂也、天下之物、豈有可動其中者哉、貧富在天、而子貢以貨殖爲心、則是不能安受天命矣、其言而多中者、億而已、非窮理樂天者也、夫子嘗曰、賜不幸言而中、是使賜多言也、聖人之不貴言也、如是、

○**子張**이**問善人之道**ᄒᆞᆫ대**子**ㅣ**曰不踐跡**이나**亦不入於室**이니라

子張이善人의道를묻ᄌᆞ온대子ㅣᄀᆞᆯᄋᆞ샤ᄃᆡ跡을踐티아니ᄒᆞ나ᄯᅩᄒᆞᆫ室에드디몯ᄒᆞᄂᆞ니라

●善人、質美而未學者也、程子曰、踐迹、如言循途守轍、善人雖不必踐舊迹、而自不爲惡、然亦不能入聖人之室也、○張子曰、善人、欲仁而未志於學者也、欲仁、故雖不踐成法、亦不蹈於惡、有諸己也、由不學、故無自而入聖人之室也、

○**子**ㅣ**曰論篤**을**是與**ㅣ면**君子者乎**아**色莊者乎**아

子ㅣᄀᆞᆯᄋᆞ샤ᄃᆡ論이篤ᄒᆞ니를이예與ᄒᆞ면君子ㄴ者가色이莊ᄒᆞᆫ者가

●言、但以其言論篤實而與之、則未知其爲君子者乎、爲色莊者乎、言不可以言貌、取人也、

○子路ㅣ問聞斯行諸잇가子ㅣ曰有父兄이在ᄒᆞ니如之其聞斯行之리오冉有ㅣ問聞斯行諸잇가子ㅣ曰聞斯行之니라公西華ㅣ曰由也ㅣ問聞斯行諸어ᄂᆞᆯ子ㅣ曰有父兄在라ᄒᆞ시고求也ㅣ問聞斯行諸어ᄂᆞᆯ子ㅣ曰聞斯行之라ᄒᆞ시니赤也ㅣ惑ᄒᆞ야敢問ᄒᆞ노이다子ㅣ曰求也ᄂᆞᆫ退故로進之ᄒᆞ고由也ᄂᆞᆫ兼人故로退之호라

子路ㅣ묻ᄌᆞ오ᄃᆡ듯고이예行ᄒᆞ리잇가子ㅣᄀᆞᆯᄋᆞ샤ᄃᆡ父兄이이시니엇디듯고이예行ᄒᆞ리오冉有ㅣ묻ᄌᆞ오ᄃᆡ듯고이예行ᄒᆞ리잇가子ㅣᄀᆞᆯᄋᆞ샤ᄃᆡ듯고이예行ᄒᆞᆯ디니라公西華ㅣᄀᆞᆯ오ᄃᆡ由ㅣ듯고이예行ᄒᆞ리잇가묻ᄌᆞ와ᄂᆞᆯ子ㅣᄀᆞᆯᄋᆞ샤ᄃᆡ父兄이인ᄂᆞ니라ᄒᆞ시고求ㅣ듯고이예行ᄒᆞ리잇가묻ᄌᆞ와ᄂᆞᆯ子ㅣᄀᆞᆯᄋᆞ샤ᄃᆡ듯고이예行ᄒᆞᆯ개사라ᄒᆞ시니赤이惑ᄒᆞ야敢히묻ᄌᆞᆸ노이다子ㅣᄀᆞᆯᄋᆞ샤ᄃᆡ求ᄂᆞᆫ退ᄒᆞᄂᆞᆫ故로進ᄒᆞ고由ᄂᆞᆫ人을兼ᄒᆞᄂᆞᆫ故로退호라

●兼人、謂勝人也、張敬夫曰、聞義固當勇爲、然有父兄在、則有不可得而專者、若不稟命而行、則反傷於義矣、子路有聞、未之能行、惟恐有聞、則所當爲、不患其不能爲矣、特患爲之之意、或過而於所當稟命者、有闕耳 若冉求之資稟、失之弱、不患其不稟命也、患其於所當爲者、逡巡畏縮、而爲之不勇耳、聖人、一進之一退之、所以約之於義理之中、而使之無過不及之患也、

○子ㅣ畏於匡ᄒᆞ실서 顏淵이後ㅣ러니 子ㅣ曰吾ㅣ以女爲死矣라호라 曰子ㅣ在ㅣ어시니 回ㅣ何敢死ㅣ리잇고

子ㅣ匡에畏ᄒᆞ실ᄉᆡ顏淵이後ᄒᆞ얏더니子ㅣᄀᆞᆯᄋᆞ샤ᄃᆡ내널로써死ᄒᆞ니라호라ᄀᆞᆯ오ᄃᆡ子ㅣ겨시거니回ㅣ엇디구틔여死ᄒᆞ리잇고

●後、謂相失在後、何敢死、謂不赴鬭而必死也、胡氏曰、先王之制、民生於三、事之如一、惟其所在、則致死焉、況顏淵之於孔子、恩義兼盡、又非他人之爲師弟子者而已、卽夫子不幸而遇難、回必捐生以赴之矣、捐生以赴之、幸而不死、則必上告天子、下告方伯、請討以復讎、不但已也、夫子而在、則回何爲、而不愛其死、以犯

匡人之鋒乎、

○季子然이問仲由冉求ᄂᆞᆫ可謂大臣與잇가

季子然이묻ᄌᆞ오ᄃᆡ仲由와冉求ᄂᆞᆫ可히大臣이라니ᄅᆞ리잇가

●子然、季氏子弟、自多其家得臣二子、故問之、

子ㅣ曰吾ㅣ以子爲異之問이라니曾由與求之問이로다

子ㅣᄀᆞᆯᄋᆞ샤ᄃᆡ내子로ᄡᅥ異ᄅᆞᆯ무ᄅᆞ리라ᄒᆞ다니由와다뭇求ᄅᆞᆯ뭇놋다

●異、非常也、曾、猶乃也、輕二子、以抑季然也、

所謂大臣者ᄂᆞᆫ以道事君ᄒᆞ다가不可則止ᄒᆞᄂᆞ니

닐온밧大臣은道로ᄡᅥ님금을셤기다가可티아니커든그치ᄂᆞ니

●以道事君者、不從君之欲、不可則止者、必行己之志、

今由與求也ᄂᆞᆫ可謂具臣矣니라

이제由와다뭇求ᄂᆞᆫ可히具臣이라닐엄즉ᄒᆞ니라

●具臣、謂備臣數而已、

曰然則從之者與잇가

ᄀᆞᆯ오ᄃᆡ 그러면從ᄒᆞᄂᆞᆫ者ㅣ니잇가

●意二子、旣非大臣、則從季氏之所爲而已、

子ㅣ曰弑父與君은亦不從也ㅣ리라

子ㅣᄀᆞᆯᄋᆞ샤ᄃᆡ父와다못君을弑ᄒᆞᆷ은ᄯᅩᄒᆞᆫ좃디아니ᄒᆞ리라

●言二子、雖不足於大臣之道、然君臣之義、則聞之熟矣、弑逆大故、不必從之、蓋深許二子、以死難不可奪之節、而又以陰折季氏不臣之心也、○尹氏曰、季氏專權僭竊、二子仕其家、而不能正也、知其不可而不能止也、可謂具臣矣、是時、季氏已有無君之心、故自多其得人、意其可使從已也、故曰弑父與君亦不從也、其庶乎二子可免矣、

○子路ㅣ使子羔로爲費宰ᄒᆞᆫ대

子路ㅣ子羔로ᄒᆡ여곰費宰를삼은대

●子路爲季氏宰而擧之也、

賊 해칠적 傷害
社 사직사 ㅣ稷
稷 피직 黍屬

子ㅣ曰賊夫人之子ㅣ로다

子ㅣ ᄀᆞᆯᄋᆞ샤ᄃᆡ 人의 子ᄅᆞᆯ 賊홈이로라

●賊、害也、言子羔質美、而未學、遽使治民、適以害之、

子路ㅣ曰有民人焉ᄒᆞ며 有社稷焉ᄒᆞ니 何必讀書然後에 爲學이리잇고

子路ㅣ ᄀᆞᆯ오ᄃᆡ 民人이 이시며 社稷이 이시니 엇디 반ᄃᆞ시 書ᄅᆞᆯ 讀ᄒᆞᆫ 然後에 學을 ᄒᆞ리잇고

●言治民事神、皆所以爲學、

子ㅣ曰是故로 惡오音夫佞者ᄒᆞ노라

子ㅣ ᄀᆞᆯᄋᆞ샤ᄃᆡ 이런 故로 佞ᄒᆞᆫ 者ᄅᆞᆯ 惡ᄒᆞ노라

●治民事神、固學者事、然必學之已成、然後可仕以行其學、若初未嘗學、而使之卽仕以爲學、其不至於慢神、而虐民者幾希矣、子路之言非其本意、但理屈詞窮、而取辦於口以禦人耳、故夫子不斥其非、而特惡其佞也、○范氏曰、古者學而後入政、未聞以政學者也、蓋道之本在於脩身、而後及於治人、其說具於方冊、讀而知

晳 븕을셕 明辨

飢 주릴긔 餓也

之、然後能行、何可以不讀書也、子路乃欲使子羔以政爲學、失先後本末之序矣、
不知其過、而以口給禦人、故夫子惡其佞也、

○子路曾晳冉有公西華ㅣ侍坐ㅣ러니

子路와曾晳과冉有와公西華ㅣ뫼셔안잣더니

子ㅣ曰以吾ㅣ一日長乎爾나毋吾以也ᄒᆞ라

子ㅣ ᄀᆞᆯᄋᆞ샤ᄃᆡ날로써ᄒᆞᆫ날이네게長ᄒᆞ다ᄒᆞ나날로써말다

●晳、曾參父、名點、

●言我雖年少長於女、然女勿以我長而難言、蓋誘之盡言以觀其志、而聖人和氣
謙德、於此亦可見矣、

居則曰不吾知也ㅣ라ᄒᆞᄂᆞ니如或知爾면則何以哉오

居ᄒᆞ야셔ᄂᆞᆫ ᄀᆞᆯ오ᄃᆡ나ᄅᆞᆯ아디못ᄒᆞᆫ다ᄒᆞᄂᆞ니만일或너ᄅᆞᆯ알면곳엇디써ᄒᆞ료

●言、女平居、則言人不知我、如或有人知女、則女將何以爲用也、

子路ㅣ率爾而對曰千乘之國이攝乎大國之間ᄒᆞ야加之以師

饉 주릴근 三穀菜不登　哂 웃을신 含笑微笑也

旅오ㅣ因之以飢饉이어든 由也ㅣ爲之면 比及三年호야 可使有勇이오 且知方也케호리이다 夫子ㅣ哂之호시다

子路ㅣ率爾히對호야ᄀᆞᆯ오ᄃᆡ千乘人나라히大國ᄉᆞ이예攝호야師旅로써加호고飢饉으로써因호얏거든由ㅣ호면三年에밋츰애다ᄃᆞ라可히히여곰勇이잇고또方을알게호리이다夫子ㅣ哂호시다

●率爾、輕遽之貌、攝、管束也、二千五百人爲師、五百人爲旅、因、仍也、穀不熟曰饑、菜不熟曰饉、方、向也、謂向義也、民向義則能親其上、死其長矣、哂、微笑也、

求아爾는何如오 對曰方六七十과 如五六十애 求也ㅣ爲之면 比及三年호야 可使足民이어니와 如其禮樂앤 以俟君子호리이다

求아너는엇디료對호야ᄀᆞᆯ오ᄃᆡ方이六七十과혹五六十애求ㅣ호면三年에밋츰애다ᄃᆞ라可히히여곰民을足게호려니와만일그禮와樂애는써君子를俟호리이다

●求爾何如、孔子問也、下放此、方六七十里、小國也、如、猶或也、五六十里、則又小矣、足、富足也、俟君子、言非己所能、冉有謙退、又以子路見哂、故其詞益遜、

甫 클보 大也

點 뎜뎜 黑點也 小

鏗 금셕소리깅 金石聲ㅣ鏘

撰 갓촐션 具也

沂 물긔 魯南水名

雩 긔우제우 祈雨祭名

赤아 爾는 何如오 對曰非曰能之라 願學焉ᄒᆞ노이다 宗廟之事와 如會同애 端章甫로 願爲小相焉ᄒᆞ노이다

赤아 너는 엇디 료 對ᄒᆞ야 ᄀᆞᆯ오ᄃᆡ 能ᄒᆞ노라 닐ᄋᆞ는 줄이 아니라 學홈을 願ᄒᆞ노이다 宗廟엣일와 혹 會同에 端과 章甫로 小相이 되욤을 願ᄒᆞ노라

●公西華、志於禮樂之事、嫌以君子自居、故將言己志而先爲遜詞、言未能而願學也、宗廟之事、謂祭祀、諸侯時見曰會、衆頫曰同、端、玄端服、章甫、禮冠、相、賛君之禮者、言小、亦謙辭、

點아 爾는 何如오 鼓瑟希러니 鏗爾舍瑟而作ᄒᆞ야 對曰異乎三子者之撰호이다 子ㅣ 曰何傷乎ㅣ리오 亦各言其志也ㅣ니라 曰莫(音모)春者애 春服이 旣成이어든 冠者五六人과 童子六七人으로 浴乎沂ᄒᆞ야 風乎舞雩ᄒᆞ야 詠而歸호리이다 夫子ㅣ 喟然歎曰吾與點也ᄒᆞ노라

點아 너는 엇디 료 瑟鼓홈이 希ᄒᆞ얏더니 鏗히 瑟을 舍ᄒᆞ고 닐어 對ᄒᆞ야 ᄀᆞᆯ오ᄃᆡ 三子者의 撰에서 달오이다 子ㅣ ᄀᆞᆯᄋᆞ샤ᄃᆡ 므서시 傷ᄒᆞ리오 ᄯᅩ ᄒᆞᆫ 각각 그 ᄠᅳᆮ을 닐올디니라 ᄀᆞᆯ

오딕莫春애봄오시이믜일거든冠흔者五六人과童子六七人으로沂예浴흐야舞雩에風흐야詠흐고歸호리이다夫子ㅣ喟然히歎흐야골으샤딕내點을與흐노라

●四子侍坐、以齒爲序、則點當次對、以方鼓瑟、故夫子先問求赤、而後及點也、希、間歇也、作、起也、撰、具也、莫春、和煦之時、春服、單袷之衣、浴、盥濯也、今上巳祓(音불)除、是也、沂、水名、在魯城南、地志以爲有温泉焉、理或然也、風、乘涼也、舞雩、祭天禱雨之處、有壇墠(音션)樹木也、詠、歌也、曾點之學、蓋有以見夫人欲盡處、天理流行、隨處充滿、無少欠闕、故其動靜之際、從容如此、而其言志、則又不過卽其所居之位、樂(音락)其日用之常、初無舍己爲人之意、而其胸次悠然、直與天地萬物、上下同流、各得其所之妙、隱然自見(音현)於言外、視三子之規規於事爲之末者、其氣象不侔矣、故夫子歎息而深許之、而門人記其本末、獨加詳焉、蓋亦有以識此矣、

三子者ㅣ出커늘曾晳이後ㅣ러니曾晳이曰夫三子者之言이何如흐니잇고

子ㅣ曰亦各言其志也已(音이)矣니라曰夫子ㅣ何哂由也ㅣ시니잇고

三子ㅣ出커늘曾晳이後ᄒᆞ얏더니曾晳이ᄀᆞᆯ오ᄃᆡ三子의말이엇더ᄒᆞ니잇고子ㅣᄀᆞᆯᄋᆞ샤ᄃᆡ또ᄒᆞᆫ각각그ᄯᅳᆺ을니ᄅᆞᆯᄯᆞᄅᆞᆷ이니라ᄀᆞᆯ오ᄃᆡ夫子ㅣ엇디由를哂ᄒᆞ시니잇고

●點、以子路之志、乃所優爲、而夫子哂之、故請其說、

曰爲國以禮어늘其言이不讓이라是故로哂之호라

ᄀᆞᆯᄋᆞ샤ᄃᆡ나라ᄒᆞᆷ을ᄒᆞᆷ이禮로써ᄒᆞ거늘그말이ᄉᆞ양티아닌디라이런故로哂호라

●夫子蓋許其能、特哂其不遜、

唯求則非邦也與잇가安見方六七十과如五六十而非邦也者ㅣ리오

오직求ᄂᆞᆫ나라히아니니잇가어ᄃᆡ方이六七十과五六十이오나라히아닌者를보리오

●曾點、以冉求亦欲爲國而不見哂、故微問之而夫子之答、無貶詞、蓋亦許之、

唯赤則非邦也與잇가宗廟會同이非諸侯而何오赤也ㅣ爲之小면孰能爲之大리오

오직赤은나라히아니니잇가宗廟와會同이諸侯ㅣ아니오므셧고赤이小ㅣ되면뉘能히大ㅣ되리오

此亦、曾晳問而夫子答也、孰能爲之大、言無能出其右者、亦許之之詞、○程子曰、古之學者、優柔厭飫有先後之序、如子路冉有公西赤、言志如此、夫子許之亦以此、自是實事、後之學者好高、如人游心千里之外、然自身却只在此、又曰、孔子與點、蓋與聖人之志同、便是堯舜氣象也、誠異三子者之撰、特行有不掩焉耳、此所謂狂也、子路等所見者小、子路、只爲不達爲國以禮道理、是以哂之、若達、却便是這氣象也、又曰、三子皆欲得國而治之、故夫子不取、曾點狂者也、未必能爲聖人之事、而能知夫子之志、故曰浴乎沂、風乎舞雩、詠而歸、言樂락音而得其所也、孔子之志、在於老者安之、朋友信之、少者懷之、使萬物、莫不遂其性、曾點知之 故夫子喟然歎曰、吾與點也、又曰、曾點漆雕開、已見大意、

懸吐釋字具解

集註論語卷之十一終

克 극 이길 勝也

懸吐釋字具解 集註論語卷之十二

顏淵第十二

凡二十四章

顏淵이問仁ᄒᆞᆫ대子ㅣ曰克己復(音복)禮爲仁이니一日克己復禮면天下ㅣ歸仁焉ᄒᆞᄂᆞ니爲仁이由己니而由人乎哉아

顏淵이仁을묻ᄌᆞ온대子ㅣᄀᆞᆯᄋᆞ샤ᄃᆡ己를克ᄒᆞ야禮예復홈이仁을ᄒᆞᆷ이니一日에己를克ᄒᆞ야禮예復ᄒᆞ면天下ㅣ仁을歸ᄒᆞᄂᆞ니仁을ᄒᆞᆷ이己를말믜암ᄂᆞ니人을말믜암ᄂᆞ냐

●仁者、本心之全德、克、勝也、己、謂身之私欲也、復、反也、禮者、天理之節文也、爲仁者、所以全其心之德也、蓋心之全德莫非天理、而亦不能不壞於人欲、故爲仁者必有以勝私欲、而復於禮、則事皆天理、而本心之德、復全於我矣、歸、猶與也、又言一日克己復禮、則天下之人、皆與其仁、極言其效之甚速而至大也、又言爲仁由己、而非他人所能預、又見其機之在我而無難也、日日克之、不以爲難、則私欲淨盡、天理流行、而仁不可勝用矣、程子曰、非禮處、便是私意、既是私意、如何得

仁、須是克盡己私、皆歸於禮、方始是仁、又曰、克己復禮、則事事皆仁、故曰天下歸仁、謝氏曰、克己、須從性偏難克處、克將去、

顏淵이 **曰請問其目**호노이다 **子**ㅣ **曰非禮勿視**호며 **非禮勿聽**호며 **非禮勿言**호며 **非禮勿動**이니라 **顏淵**이 **曰回雖不敏**이나 **請事斯語矣**로리이다

顏淵이골오듸請컨댄그目을묻잡노이다子ㅣ골으샤듸禮아니어든視티말며禮아니어든聽티말며禮아니어든言티말며禮아니어든動티말올띠니라顏淵이골오듸回ㅣ비록敏티못ᄒᆞ나請컨댄이말ᄉᆞᆷ을事호리이다

●目、條件也、顏淵聞夫子之言、則於天理人欲之際、已判然矣、故不復有所疑問、而直請其條目也、非禮者、己之私也、勿者、禁止之辭、是人心之所以爲主、而勝私復禮之機也、私勝、則動容周旋、無不中禮、而日用之間、莫非天理之流行矣、事、如事事之事、請事斯語、顏子默識其理、又自知其力有以勝之、故直以爲己任而不疑也、○程子曰、顏子問克己復禮之目、子曰、非禮勿視、非禮勿聽、非禮勿言、非禮勿動、四者身之用也、由乎中而應乎外、制於外、所以養其中也、顏淵事斯語、所以

進於聖人、後之學聖人者、宜服膺而勿失也、因箴以自警、其視箴曰、心兮本虛、應物無迹、操之有要、視爲之則、蔽交於前、其中則遷、制之於外、以安其內、克己復禮、久而誠矣、其聽箴曰、人有秉彝、本乎天性、知誘物化、遂亡其正、卓彼先覺、知止有定、閑邪存誠、非禮勿聽、其言箴曰、人心之動、因言以宣、發禁躁妄、內斯靜專、矧是樞機、興戎出好、吉凶榮辱、惟其所召、傷易(音이)則誕、傷煩則支、己肆物忤、出悖來違、非法不道、欽哉訓辭、其動箴曰、哲人知幾、誠之於思、志士勵行、守之於爲、順理則裕、從欲惟危、造次克念、戰兢自持、習與性成、聖賢同歸、愚按、此章問答、乃傳授心法切要之言、非至明、不能察其幾、非至健、不能致其決、故惟顔子得聞之、而凡學者、亦不可以不勉也、程子之箴、發明親切、學者尤宜深玩

○仲弓이問仁ᄒᆞᆫ대子ㅣ曰出門如見大賓ᄒᆞ며使民如承大祭ᄒᆞ고己所不欲을勿施於人이니在邦無怨ᄒᆞ며在家無怨이니라仲弓이曰雍雖不敏이나請事斯語矣로리이다

仲弓이仁을묻ᄌᆞ온대子ㅣᄀᆞᆯᄋᆞ샤ᄃᆡ門애出홈애大賓을見홈ᄀᆞᆺ티ᄒᆞ며民을使호ᄃᆡ

大祭를承홈ᄀᆞ티ᄒᆞ고己의欲디아니ᄒᆞᄂᆞᆫ바를人의게베프디마를디니邦의이셔怨이업스며家의이셔怨이업ᄂᆞ니라仲弓이ᄀᆞᆯ오ᄃᆡ雍이비록敏티못ᄒᆞ나請컨댄이말ᄉᆞᆷ을事호리이다

●敬以持己、恕以及物、則私意無所容、而心德全矣、內外無怨、亦以其效言之、使以自考也、○程子曰、孔子言仁、只說出門如見大賓、使民如承大祭、看其氣象、便須心廣體胖、動容周旋中禮、唯謹獨、便是守之之法、或問出門使民之時、如此可也、未出門使民之時、如之何、曰、此儼若思時也、有諸中而後見(音현)於外、觀其出門使民之時、其敬如此、則前乎此者、敬可知矣、非因出門使民、然後有此敬也、愚按、克己復禮、乾道也、主敬行恕、坤道也、顏冉之學、其高下淺深、於此可見、然學者、誠能從事於敬恕之間、而有得焉、亦將無己之可克矣、

○司馬牛ㅣ問仁ᄒᆞᆫ대

司馬牛ㅣ仁을묻ᄌᆞ온대

●司馬牛、孔子弟子、名犂、向(音샹)魋(音퇴)之弟、

訒 어눌할 인 言不易發

子ㅣ曰仁者는 其言也ㅣ訒이니라

子ㅣ ᄀᆞᆯᄋᆞ샤ᄃᆡ 仁ᄒᆞᆫ者는 그言야 訒ᄒᆞ니라

●訒、忍也、難也、仁者、心存而不放、故其言若有所忍、而不易音이發、蓋其德之一端也、夫子、以牛多言而躁、故告之以此、使其於此而謹之、則所以爲仁之方、不外是矣、

曰其言也ㅣ訒이면 斯謂之仁矣乎잇가 子ㅣ曰爲之難ᄒᆞ니 言之得無訒乎아

ᄀᆞᆯᄋᆞᄃᆡ 그言이 訒ᄒᆞ면 이 仁이라 닐으리잇가 子ㅣ ᄀᆞᆯᄋᆞ샤ᄃᆡ 爲홈이 어려우니 言홈이 시러곰 訒티아니랴

●牛意、仁道至大、不但如夫子之所言、故夫子又告之以此、蓋心常存、故事不苟、事不苟、故其言、自有不得而易者、非强閉之而不出也、楊氏曰、觀此及下章再問之語、牛之易其言、可知、○程子曰、雖爲司馬牛多言、故及此、然聖人之言、亦止此爲是、愚謂、牛之爲人如此、若不告之以其病之所切、而泛以爲仁之大槩、語之

疚 오랜병 구 久病

則以彼之躁、必不能深思以去其病、而終無自以入德矣、故其告之如此、蓋聖人之言、雖有高下大小之不同、然其切於學者之身、而皆爲入德之要、則又初不異也、讀者其致思焉、

○司馬牛ㅣ問君子ᄒᆞᆫ대子ㅣ曰君子ᄂᆞᆫ不憂不懼ㅣ니라

司馬牛ㅣ君子를묻ᄌᆞ온대子ㅣᄀᆞᆯᄋᆞ샤ᄃᆡ君子ᄂᆞᆫ憂티아니ᄒᆞ며懼티아니ᄒᆞᄂᆞ니라

●向魋作亂、牛常憂懼、故夫子告之以此、

曰不憂不懼ㅣ면斯謂之君子矣乎잇가子ㅣ曰內省不疚ㅣ어니夫何憂何懼ㅣ리오

ᄀᆞᆯ오ᄃᆡ憂티아니ᄒᆞ며懼티아니ᄒᆞ면이君子ㅣ라닐으리잇가子ㅣᄀᆞᆯᄋᆞ샤ᄃᆡ內로省ᄒᆞ야疚티아니ᄒᆞ거니므ᄉᆞᆷ憂ᄒᆞ며므ᄉᆞᆷ懼ᄒᆞ리오

●牛之再問、猶前章之意、故復告之以此、疚、病也、言由其平日所爲、無愧於心、故能內省不疚而自無憂懼、未可遽以爲易音이而忽之也、○晁氏曰不憂不懼、由乎德全、而無疵、故無入而不自得、非實有憂懼、而强排遣之也、

○司馬牛ㅣ憂曰人皆有兄弟어늘我獨亡音무ㅣ로다

司馬牛ㅣ憂ᄒᆞ야ᄀᆞᆯ오ᄃᆡ사ᄅᆞᆷ이다兄弟를두거늘내홀로업도다

●牛有兄弟、而云然者、憂其爲亂、而將死也、

子夏ㅣ曰商은聞之矣로니

子夏ㅣᄀᆞᆯ오ᄃᆡ商은드런노니

●蓋聞之夫子、

死生이有命이오富貴ㅣ在天이라호라

死와生이命이잇고富와貴ㅣ天에잇다호라

●命稟於有生之初、非今所能移、天莫之爲而爲、非我所能必、但當順受而已、

君子ㅣ敬而無失ᄒᆞ며與人恭而有禮면四海之內ㅣ皆兄弟也니

君子ㅣ何患乎無兄弟也ㅣ리오

君子ㅣ敬ᄒᆞ고失홈이업스며사ᄅᆞᆷ으로더브러恭호ᄃᆡ禮ㅣ이시면四海人안히다兄弟니君子ㅣ잇디兄弟업슴을患ᄒᆞ리오

浸 잠길침 沈也漬也 潤 젖질윤 漸漬也 譖 참소즘 讒也不信 膚 살부 革外薄皮 愬 알일소 告也

●既安於命、又當脩其在己者、故又言苟能持己以敬而不間斷、接人以恭而有節文、則天下之人、皆愛敬之、如兄弟矣、蓋子夏欲以寬牛之憂、故爲是不得已之辭、讀者不以辭害意、可也、○胡氏曰、子夏、四海皆兄弟之言、特以廣司馬牛之意、意圓而語滯者也、唯聖人則無此病矣、且子夏知此、而以哭子喪明、則以蔽於愛、而昧於理、是以不能踐其言爾、

○子張이問明ᄒᆞᆫ대子ㅣ曰浸潤之譖과膚受之愬ㅣ不行焉이면可謂明也已音이矣니라浸潤之譖과膚受之愬ㅣ不行焉이면可謂遠也已矣니라

子張이明을묻ᄌᆞ온대子ㅣᄀᆞᆯᄋᆞ샤대浸潤ᄒᆞᄂᆞᆫ譖과膚의受ᄒᆞᆫ愬ㅣ行티못ᄒᆞ면可히明이라닐으리니라浸潤ᄒᆞᄂᆞᆫ譖과膚의受ᄒᆞᆫ愬ㅣ行티못ᄒᆞ면可히遠이라닐으리니라

●浸潤、如水之浸灌滋潤、漸漬而不驟也、譖、毁人之行也、膚受、謂肌膚所受、利害切身、如易所謂剝牀以膚切近災者也、愬、愬己之寃也、毁人者、漸漬而不驟、則聽

者不覺其入、而信之深矣、愬寃者、急迫而切身、則聽者不及致詳、而發之暴矣、二者難察、而能察之、則可見其心之明、而不蔽於近矣、此亦必因子張之失、而告之故其辭繁而不殺(音쇄)、以致丁寧之意云、○楊氏曰、驟而語之、與利害不切於身者、不行焉、有不待明者能之也、故浸潤之譖、膚受之愬、不行、然後謂之明、而又謂之遠、遠則明之至也、書曰、視遠惟明、

○子貢이問政한대子ㅣ曰足食足兵이면民이信之矣리라

子貢이政을묻ᄌᆞ온대子ㅣᄀᆞᆯᄋᆞ샤대食을足게ᄒᆞ며兵을足게ᄒᆞ면民이信ᄒᆞ리라

●言、倉廩實而武備脩、然後敎化行、而民信於我、不離叛也、

子貢이曰必不得已(音이)而去ㅣㄴ댄於斯三者에何先이리잇고曰去兵이니라

子貢이ᄀᆞᆯ오ᄃᆡ반ᄃᆞ시시러곰마디몯ᄒᆞ야去ᄒᆞᆯ션댄이三者애어늬를몬져ᄒᆞ리잇고ᄀᆞᆯᄋᆞ샤ᄃᆡ兵을去ᄒᆞᆯ띠니라

●言、食足而信孚、則無兵而守固矣、

子貢이曰必不得已而去ㅣㄴ댄於斯二者에何先이리잇고曰去食이니自

棘 가시극 小棗多刺
駟 ᄉᆞ마ᄉᆞ 一乘四馬

古皆有死ㅣ어니와**民無信不立**이니라

子貢이ᄀᆞᆯ오ᄃᆡ반ᄃᆞ시시러곰마디못ᄒᆞ야去ᄒᆞᆯ띤댄이二者에어ᄂᆡ를몬져ᄒᆞ리잇고 ᄀᆞᆯᄋᆞ샤ᄃᆡ食을去ᄒᆞᆯ띠니녜로브터다死홈이잇거니와民이信이업스면立디못ᄒᆞᄂᆞ니라

●民無食必死、然死者、人之所必不免、無信則雖生、而無以自立、不若死之爲安、故寧死、而不失信於民、使民亦寧死、而不失信於我也、○程子曰、孔門弟子、善問直窮、到底如此章者、非子貢不能問、非聖人不能答也、愚謂、以人情而言、則兵食足而後、吾之信、可以孚於民、以民德而言、則信本人之所固有、非兵食所得而先也、是以、爲政者、當身率其民、而以死守之、不以危急、而可棄也、

○**棘子成**이**曰君子**는**質而已矣**니**何以文爲**리오

棘子成이ᄀᆞᆯ오ᄃᆡ君子ᄂᆞᆫ質일ᄯᆞ름이니엇디써文을ᄒᆞ리오

●棘子成、衛大夫疾、時人文勝、故爲此言、

子貢이**曰惜乎**ㅣ라**夫子之說**이**君子也**ㅣ나**駟不及舌**이로다

鞟 털벗긴가죽곽 皮去毛

饑 주릴긔 穀不熟 又餓也

子貢이골오딕惜홉다夫子의말숨이君子ㅣ나駟도舌에밋디몯ᄒᆞ리로다

●言、子成之言、乃君子之意、然、言出於舌、則駟馬不能追之、又惜其失言也、

文猶質也ㅣ며**質猶文也**ㅣ니**虎豹之鞟**이**猶犬羊之鞟**이니라

文이質ᄀᆞᄐᆞ며質이文ᄀᆞᄐᆞ니虎豹의鞟이犬羊의鞟ᄀᆞᄐᆞ니라

●鞟、皮去毛者也、言文質等耳、不可相無、若必盡去其文、而獨存其質、則君子小人、無以辨矣、夫棘子成、矯當時之弊、固失之過、而子貢矯子成之弊、又無本末輕重之差、胥失之矣、

○**哀公**이**問於有若曰年饑用不足**ᄒᆞ니**如之何**오

哀公이有若의게무러골오딕年이饑ᄒᆞ야用이足디몯ᄒᆞ니엇디ᄒᆞ료

●稱有若者、君臣之辭、用、謂國用、公意、蓋欲加賦以足用也、

有若이**對曰盍徹乎**ㅣ시니잇고

有若이對ᄒᆞ야골오딕엇디徹티아니ᄒᆞ시ᄂᆞ니잇고

●徹、通也、均也、周制一夫、受田百畝、而與同溝共井之人、通力合作、計畝均收、

大率民得其九、公取其一、故謂之徹、魯自宣公、稅畝、又逐畝什取其一、則爲什而取二矣、故有若請但專行徹法、欲公節用以厚民也、

曰二도吾猶不足이어니如之何其徹也리오

골오되二도내오히려足디못ᄒᆞ거니엇디그徹을ᄒᆞ리오

●二、卽所謂什二也、公以有若不喩其旨、故言此以示加賦之意、

對曰百姓이足이면君孰與不足이며百姓이不足이면君孰與足이리잇고

對ᄒᆞ야골오되百姓이足ᄒᆞ면君이눌로더브러足디못ᄒᆞ시며百姓이足디못ᄒᆞ면君이눌로더브러足ᄒᆞ시리잇고

●民富、則君不至獨貧、民貧、則君不能獨富、有若、深言君民一體之意、以止公之厚斂、爲人上者、所宜深念也、○楊氏曰、仁政、必自經界始、經界正而後、井地均、穀祿平、而軍國之需、皆量是以爲出焉、故一徹而百度擧矣、上下寧憂不足乎、以二猶不足、而敎之徹、疑若迂矣、然什一、天下之中正、多則桀、寡則貉、不可改也、後世、不究其本、而唯末之圖、故征斂無藝、費出無經、而上下困矣、又惡知盡徹之

崇 존숭할 숭 尊也

辨 분변할 변 判也

當務、而不爲迂乎、

○子張이問崇德辨惑ᄒᆫ대子ㅣ曰主忠信ᄒ며徙義ㅣ崇德也ㅣ니라

子張이德을崇ᄒ며惑을辨홈을묻ᄌᆞ온대子ㅣᄀᆯᄋᆞ샤ᄃᆡ忠信을主ᄒ며義예徙홈이德을崇홈이니라

●主忠信則本立、徙義則日新、

愛之란欲其生ᄒ고惡(音오)之란欲其死ᄒᄂ니 旣欲其生이오又欲其死ㅣ是ㅣ惑也ㅣ니라

愛ᄒᄂᆫ이란그살과뎌ᄒ고惡ᄒᄂᆫ이란그죽과뎌ᄒᄂ니이믜그살과뎌ᄒ고ᄯᅩ그죽과뎌홈이이惑이니라

●愛惡、人之常情也、然人之生死有命、非可得而欲也、以愛惡而欲其生死、則惑矣、旣欲其生、又欲其死、則惑之甚也、

誠不以富ㅣ오亦祇以異로다 十六篇吐 誠不以富ㅣ라亦祇以異라ᄒ니

진실로써富케못ᄒ고ᄯᅩᄒᆫ마치써異홈이로다 十六篇釋 진실로富로써ᄒᄂᆫ줄

이아니라또ᄒᆞᆫ다ᄅᆞᆫ異로써라ᄒᆞ니

●此詩、小雅我行其野之詞也、舊說、夫子引之、以明欲其生死者、不能使之生死、如此詩所言、不足以致富、而適足以取異也、程子曰、此錯簡、當在第十六篇、齊景公有馬千駟之上、因此下文、亦有齊景公字而誤也、○楊氏曰、堂堂乎張也、難與並爲仁矣、則非誠善補過、不蔽於私者、故告之如此、

○齊景公이問政於孔子ᄒᆞᆫ대

齊景公이政을孔子ᄭᅴ묻ᄌᆞ온대

●齊景公、名杵臼、魯昭公末年、孔子適齊、

孔子ㅣ對曰君君臣臣父父子子ㅣ니이다

孔子ㅣ對ᄒᆞ야ᄀᆞᆯᄋᆞ샤ᄃᆡ君이君ᄒᆞ며臣이臣ᄒᆞ며父ㅣ父ᄒᆞ며子ㅣ子홈이니이다

●此人道之大經、政事之根本也、是時、景公失政、而大夫陳氏、厚施於國、景公又多內嬖、而不立太子、其君臣父子之間、皆失其道、故夫子、告之以此、

公이曰善哉라信如君不君ᄒᆞ며臣不臣ᄒᆞ며父不父ᄒᆞ며子不子ㅣ면雖

折 석글절 斷也 獄 옥옥 繫囚 諾 허락낙 許也

有粟이나吾得而食諸아

公이골오ᄃᆡ善ᄒᆞ다진실로만일君이君티못ᄒᆞ며臣이臣티못ᄒᆞ며父ㅣ父티못ᄒᆞ며子ㅣ子타못ᄒᆞ면비록粟이이시나내시러곰食ᄒᆞ랴

●景公、善孔子之言、而不能用、其後、果以繼嗣不定、啓陳氏弑君簒國之禍、○楊氏曰、君之所以君、臣之所以臣、父之所以父、子之所以子、是必有道矣、景公、知善夫子之言、而不知反求其所以然、蓋悅而不繹者、齊之所以卒於亂也、

○子ㅣ曰片言애可以折獄者는其由也與ㄴ뎌

子ㅣ골ᄋᆞ샤ᄃᆡ片言애可히써獄을折ᄒᆞᆯ者는그由ㄴ뎌

●片言、半言、折、斷也、子路、忠信明決、故言出而人信服之、不待其辭之畢也、

子路는無宿諾이러라

子路는諾을宿홈이업더라

●宿、留也、猶宿怨之宿、急於踐言、不留其諾也、記者、因夫子之言、而記此、以見子路之所以取信於人者、由其養之有素也、○尹氏曰、小邾射역晉大夫名以句繹地名奔

魯、曰、使季路要我、吾無盟矣、千乘之國、不信其盟、而信子路之一言、其見信於人、可知矣、一言而折獄者、信在言前、人自信之故也、不留諾、所以全其信也、

○子ㅣ曰聽訟이吾猶人也ㅣ나必也使無訟乎ㄴ뎌

子ㅣ골ᄋᆞ샤ᄃᆡ訟을聽홈이내사ᄅᆞᆷ과ᄀᆞᄐᆞ나반ᄃᆞ시ᄒᆡ여곰訟을업게ᄒᆞ린뎌

●范氏曰、聽訟者、治其末、塞其流也、正其本淸其源、則無訟矣、○楊氏曰、子路片言、可以折獄、而不知以禮遜爲國、則未能使民無訟者也、故又記孔子之言、以見(音현)聖人、不以聽訟爲難、而以使民無訟爲貴、

○子張이問政대ᄒᆞᆫ子ㅣ曰居之無倦ᄒᆞ며行之以忠이니라

子張이政을묻ᄌᆞ온대子ㅣ골ᄋᆞ샤ᄃᆡ居ᄒᆞ옴을倦홈이업스며行호ᄃᆡ忠으로써홀띠니라

●居、謂存諸心、無倦、則始終如一、行、謂發於事、以忠、則表裏如一、○程子曰、子張少仁、無誠心愛民、則必倦而不盡心、故告之以此、

○子ㅣ曰博學於文이오約之以禮면亦可以弗畔矣夫ㄴ뎌

●重出、(己見雍也篇但彼有君子二字)

○子ㅣ曰君子는成人之美ᄒᆞ고不成人之惡ᄒᆞᄂᆞ니小人은反是니라

子ㅣ ᄀᆞᆯᄋᆞ샤ᄃᆡ君子ᄂᆞᆫ사ᄅᆞᆷ의美ᄅᆞᆯ일우고사ᄅᆞᆷ의惡을일우디아니ᄒᆞᄂᆞ니小人은이예反ᄒᆞᄂᆞ니라

●成者、誘掖獎勸、以成其事也、君子小人、所存、旣有厚薄之殊、而其所好、又有善惡之異、故其用心不同、如此、

○季康子ㅣ問政於孔子ᄒᆞᆫ대孔子ㅣ對曰政者는正也니子ㅣ帥(音솔)以正이면孰敢不正이리오

季康子ㅣ政을孔子ᄭᅴ묻ᄌᆞ온대孔子ㅣ對ᄒᆞ야ᄀᆞᆯᄋᆞ샤ᄃᆡ政은正ᄒᆞᆷ이니子ㅣ帥호ᄃᆡ正으로ᄡᅥᄒᆞ면뉘敢히正티아니ᄒᆞ리오

●范氏曰、未有己不正、而能正人者、○胡氏曰、魯自中葉、政由大夫、家臣效尤、據邑背叛、不正甚矣、故孔子以是告之、欲康子以正自克、而改三家之故、惜乎康子之溺於利欲、而不能也、

帥(率同)

○季康子ㅣ患盜ᄒᆞ야問於孔子ᄒᆞᆫ대孔子ㅣ對曰苟子之不欲이면雖賞之라도不竊ᄒᆞ리라

季康子ㅣ盜를患ᄒᆞ야孔子ᄭᅴ묻ᄌᆞ온대孔子ㅣ對ᄒᆞ야ᄀᆞᆯᄋᆞ샤ᄃᆡ진실로子ㅣ欲디아니ᄒᆞ면비록賞ᄒᆞ야도竊티아니ᄒᆞ리라

●言子不貪欲、則雖賞民、使之爲盜、民亦知恥而不竊、○胡氏曰季氏竊柄、康子奪嫡、民之爲盜、固其所也、盍亦反其本耶、孔子、以不欲啓之、其旨深矣、奪嫡、事見(音현)春秋傳、

○季康子ㅣ問政於孔子曰如殺無道ᄒᆞ야以就有道ᄒᆞᆫ댄何如ᄒᆞ니잇고孔子ㅣ對曰子ㅣ爲政애焉用殺이리오子ㅣ欲善이면而民이善矣리니君子之德은風이오小人之德은草ㅣ라草上之風이면必偃ᄒᆞᄂᆞ니라

季康子ㅣ政을孔子ᄭᅴ묻ᄌᆞ와ᄀᆞᆯ오ᄃᆡ만일道업슨이를殺ᄒᆞ야써道인ᄂᆞᆫᄃᆡ就ᄒᆞ게ᄒᆞᆫ댄엇더ᄒᆞ니잇고孔子ㅣ對ᄒᆞ야ᄀᆞᆯᄋᆞ샤ᄃᆡ子ㅣ政을ᄒᆞᆷ애엇디殺을ᄡᅳ리오子ㅣ어딜고져ᄒᆞ면民이어딜리니君子의德은ᄇᆞᄅᆞᆷ이오小人의德은풀이라풀에ᄇᆞᄅᆞᆷ이

더으면반ᄃᆞ시偃ᄒᆞᄂᆞ니라

●爲政者、民所視效、何以殺爲、欲善則民善矣、上、一作尙、加也、偃、仆也、○尹氏曰、殺之爲言、豈爲人上之語哉、以身敎者、從、以言敎者、訟、而況於殺乎、

○子張이問士ㅣ何如ㅣ라아斯可謂之達矣니잇고

子張이묻ᄌᆞ오대士ㅣ엇더ᄒᆞ야야이예可히達이라니ᄅᆞ리잇고

●達者、德孚於人、而行無不得之謂、

子ㅣ曰何哉오爾所謂達者ㅣ여

子ㅣ갈ᄋᆞ샤ᄃᆡ엇디오네닐온밧達이여

●子張務外、夫子、蓋已知其發問之意、故反詰之、將以發其病而藥之也、

子張이對曰在邦必聞ᄒᆞ며在家必聞이니이다

子張이對ᄒᆞ야갈오ᄃᆡ나라히이셔도반ᄃᆞ시聞ᄒᆞ며집이이셔도반ᄃᆞ시聞홈이니이다

●言、名譽著聞也、

子ㅣ曰是는聞也ㅣ라非達也ㅣ니라

子ㅣᄀᆞᆯᄋᆞ샤ᄃᆡ이ᄂᆞᆫ聞이라達이아니니라

●聞與達、相似而不同、乃誠僞之所以分、學者、不可不審也、故夫子既明辨之、下文又詳言之、

夫達也者는質直而好義ᄒᆞ며察言而觀色ᄒᆞ야慮以下人ᄒᆞᄂᆞ니在邦必達ᄒᆞ며在家必達이니라

達이란거ᄉᆞᆫ質ᄒᆞ며直ᄒᆞ고義ᄅᆞᆯ됴히더기며말ᄉᆞᆷ을ᄉᆞᆯ피며ᄂᆞᆺ비ᄎᆞᆯ보와慮ᄒᆞ야ᄡᅥ사ᄅᆞᆷ의게下ᄒᆞᄂᆞ니邦애이셔도반ᄃᆞ시達ᄒᆞ며家애이셔도반ᄃᆞ시達ᄒᆞᄂᆞ니라

●内主忠信、而所行合宜、審於接物、而卑以自牧、皆自修於己、不求人知之事、然德修於己、而人信之、則所行、自無窒凝矣、

夫聞也者는色取仁而行違오居之不疑ᄒᆞᄂᆞ니在邦必聞ᄒᆞ며在家必聞이니라

聞이란거ᄉᆞᆫ色으로仁을取호ᄃᆡ行이違ᄒᆞ고居ᄒᆞ야疑티아니ᄒᆞᄂᆞ니邦에이셔도반

慝 간특 특
隱惡也

드시聞ᄒᆞ며家에이셔도반드시聞ᄒᆞᄂᆞ니라

●善其顏色、以取於仁、而行實背(音 패)之、又自以爲是、而無所忌憚、此不務實、而專務求名者、故虛譽雖隆、而實德則病矣、○程子曰、學者、須是務實・不要近名、有意近名、大本已失、更學何事、爲名而學、則是僞也、今之學者、大抵爲名、爲名與爲利、雖淸濁不同、然其利心則一也、尹氏曰、子張之學、病在乎不務實、故孔子告之、皆篤實之事、充乎內而發乎外者也、當時門人、親受聖人之敎、而差失有如此者、况後世乎、

○樊遲ㅣ從遊於舞雩之下ㅣ러니 **曰敢問崇德修慝辨惑**ᄒᆞ노이다

樊遲ㅣ舞雩아래從遊ᄒᆞ더니ᄀᆞᆯ오ᄃᆡ敢히德을崇ᄒᆞ며慝을修ᄒᆞ며惑을辨ᄒᆞᆷ을묻ᄌᆞᆸ노이다

●胡氏曰、慝之字、從心從匿、蓋惡之匿於心者、修者、治而去之、

子ㅣ曰善哉라 **問**이여

子ㅣᄀᆞᆯᄋᆞ샤ᄃᆡ善타물옴이여

忿 분할분 怒也

●善其切於爲已、

先事後得이 非崇德與아 攻其惡이오 無攻人之惡이 非修慝與아 一朝之忿으로 忘其身ᄒᆞ야 以及其親이 非惑與아

일을몬져ᄒᆞ고得을後애홈이德을崇홈이아니가그惡을攻ᄒᆞ고人의惡을攻티아니홈이慝을修홈이아니가一朝엣忿으로그몸을니저써그어버의게밋게홈이惑이아니가

●先事後得、猶言先難後獲也、爲所當爲、而不計其功、則德日積、而不自知矣、專於治己、而不責人、則己之惡、無所匿矣、知一朝之忿爲甚微、而禍及其親爲甚大、則有以辨惑、而懲其忿矣、樊遲麤鄙近利、故告之以此、三者、皆所以救其失也、○范氏曰、先事後得、上義而下利也、人惟有利欲之心、故德不崇、惟不自省已過、而知人之過、故慝不脩、惑物而易이音動者、莫知忿、忘其身以及其親、惑之甚者也、惑之甚者、必起於細微、能辨之於早、則不至於大惑矣、故懲忿、所以辨惑也、

○樊遲ㅣ問仁ᄒᆞᆫ대子ㅣ曰愛人이니라問知ᄒᆞᆫ대子ㅣ曰知人이니라

樊遲ㅣ仁을묻ᄌᆞ온대子ㅣ갈ᄋᆞ샤대사ᄅᆞᆷ을ᄉᆞ랑홈이니라知를묻ᄌᆞ온대子ㅣ갈ᄋᆞ
샤ᄃᆡ사ᄅᆞᆷ을알옴이니라

●愛人、仁之施、知人、知之務、

樊遲ㅣ未達이어늘

樊遲ㅣ達티못ᄒᆞ거늘

●曾氏曰、(曾氏名幾字吉甫河南人)遲之意、蓋以愛欲其周、而知有所擇、故疑二者之相悖爾、

子ㅣ曰舉直錯(音조)諸(音저)枉이면能使枉者直이니라

子ㅣ갈ᄋᆞ샤ᄃᆡ直ᄒᆞᆫ이를舉ᄒᆞ고모ᄃᆞᆫ枉ᄒᆞᆫ이를錯ᄒᆞ면能히枉ᄒᆞᆫ이로ᄒᆞ여곰直게ᄒᆞ
ᄂᆞ니라

●舉直錯枉者、知也、使枉者、直則仁矣、如此、則二者、不惟不相悖、而反相爲用
矣、

樊遲ㅣ退ᄒᆞ야見子夏曰鄕也애吾ㅣ見(音현)於夫子而問知호니子ㅣ曰
舉直錯諸枉이면能使枉者直이라ᄒᆞ시니何謂也오

選 가릴선 擇也
皐 언덕고 岸也
陶 즐길요 和樂

樊遲ㅣ물러子夏를보와골오ᄃᆡ아래내夫子ㅅ씌뵈ᄋᆞ와知를뭇ᄌᆞ오니子ㅣ골ᄋᆞ샤ᄃᆡ直ᄒᆞᆫ이를擧ᄒᆞ고모든枉ᄒᆞᆫ이를錯ᄒᆞ면能히枉ᄒᆞᆫ이로ᄒᆞ여곰直게ᄒᆞᆫ다ᄒᆞ시니엇디니ᄅᆞ심고

子夏ㅣ曰富哉라言乎여

●遲以夫子之言、專爲知者之事、又未達所以能使枉者直之理、

子夏ㅣ골오ᄃᆡ富타말ᄉᆞᆷ이여

●歎其所包者、廣不止言知、

舜有天下애選於衆ᄒᆞ샤擧皐陶音요**ᄒᆞ시니不仁者ㅣ遠矣오湯有天下애選於衆ᄒᆞ샤擧伊尹ᄒᆞ시니不仁者ㅣ遠矣니라**

舜이天下를두심애衆에選ᄒᆞ샤皐陶를擧ᄒᆞ시니仁티아니ᄒᆞᆫ者ㅣ遠ᄒᆞ고湯이天下를두심애衆에選ᄒᆞ샤伊尹을擧ᄒᆞ시니仁티아니ᄒᆞᆫ者遠ᄒᆞ니라

●伊尹、湯之相也、不仁者遠、言人皆化而爲仁、不見有不仁者、若其遠去爾、所謂使枉者直也、子夏、蓋有以知夫子之兼仁知而言矣、○程子曰、聖人之語、因人而

輔 도을보 助也

變化、雖若有淺近者、而其包含、無所不盡、觀於此章、可見矣、非若他人之言、語近則遺遠、語遠則不知近也、尹氏曰、學者之問也、不獨欲聞其說、又必欲知其方、不獨欲知其方、又必欲爲其事、如樊遲之問仁知也、夫子告之盡矣、樊遲未達、故又問焉、而猶未知其何以爲之也、及退而問諸子夏、然後有以知之、使其未喩、則必將復問矣、旣問於師、又辨諸友、當時學者之務實也、如是、

○子貢이問友ᄒᆞᆫ대子ㅣ曰忠告音곡而善道之호ᄃᆡ不可則止ᄒᆞ야無自辱焉이니라

子貢이友를묻ᄌᆞ온대子ㅣᄀᆞᆯᄋᆞ샤ᄃᆡ忠히告ᄒᆞ고善히道호ᄃᆡ可티아니커든止ᄒᆞ야스ᄉᆞ로辱디마롤ᄯᅵ니라

●友、所以輔仁、故盡其心以告之、善其說以道之、然以義合者也、故不可則止、若以數音삭而見疏、則自辱矣、

○曾子ㅣ曰君子ᄂᆞᆫ以文會友ᄒᆞ고以友輔仁이니라

曾子ㅣᄀᆞᆯᄋᆞ샤ᄃᆡ君子ᄂᆞᆫ文으로써友를會ᄒᆞ고友로써仁을輔ᄒᆞᄂᆞ니라

●講學以會友、則道益明、取善以輔仁、則德日進、

懸吐釋字具解

集註論語卷之十二終

懸吐釋字具解 集註論語卷之十三

子路第十三 凡三十章

子路ㅣ問政ᄒᆞᆫ대子ㅣ曰先之勞之니라

子路ㅣ政을묻ᄌᆞ온대子ㅣᄀᆞᆯᄋᆞ샤ᄃᆡ先ᄒᆞ며勞ᄒᆞᆯ지니라

●蘇氏曰、凡民之行、以身先之、則不令而行、凡民之事、以身勞之、則雖勤不怨、

請益ᄒᆞᆫ대曰無倦이니라

더ᄒᆞᆷ을請ᄒᆞᆫ대ᄀᆞᆯᄋᆞ샤ᄃᆡ倦티말롤지니라

●吳氏曰、勇者、喜於有爲、而不能持久、故以此告之、○程子曰、子路問政、孔子旣告之矣、及請益、則曰無倦而已、未嘗復有所告、姑使之深思也、

○仲弓이爲季氏宰라問政ᄒᆞᆫ대子ㅣ曰先有司ㅣ오赦小過ᄒᆞ며擧賢才니라

仲弓이季氏의宰되얏ᄂᆞᆫ지라政을묻ᄌᆞ온대子ㅣᄀᆞᆯᄋᆞ샤ᄃᆡ有司의게몬져ᄒᆞ고젹은허물을赦ᄒᆞ며賢과才롤擧ᄒᆞᆯ띠니라

赦 노을사 釋也

●有司、衆職也、宰兼衆職、然事必先之於彼、而後考其成功、則己不勞、而事畢舉矣、過、失誤也、大者於事、或有所害、不得不懲、小者、赦之則、刑不濫、而人心悅矣、賢、有德者、才、有能者、舉而用之、則有司、皆得其人、而政益修矣、

曰焉知賢才而舉之리잇고 曰舉爾所知면 爾所不知를 人其舍諸아

골오ᄃᆡ엇지賢과才를아라舉ᄒᆞ리잇고골ᄋᆞ샤ᄃᆡ네아ᄂᆞᆫ바ᄅᆞᆯ舉ᄒᆞ면네아디못ᄒᆞᄂᆞᆫ바ᄅᆞᆯ사ᄅᆞᆷ이그舍ᄒᆞ랴

●仲弓、慮無以盡知一時之賢才、故孔子告之以此、程子曰、人各親其親、然後不獨親其親、仲弓曰、焉知賢才而舉之、子曰舉爾所知、爾所不知、人其舍諸、便見仲弓與聖人用心之大小、推此義、則一心可以興邦、一心可以喪邦、只在公私之間爾、○范氏曰、不先有司、則君行臣職矣、不赦小過、則下無全人矣、不舉賢才、則百職廢矣、失此三者、不可以爲季氏宰、況天下乎、

○子路ㅣ曰衛君이待子而爲政ᄒᆞ시ᄂᆞ니子將奚先이시리잇고

迂 오활할 오 遠也 濶也

子路ᄀᆞᆯᄋᆞᄃᆡ衛君이子를기다려政을ᄒᆞ려ᄒᆞ시ᄂᆞ니子ㅣ장ᄎᆞᆺ무엇을몬져ᄒᆞ시리잇고

●衛君、謂出公輒也、是時、魯哀公之十年、孔子自楚反乎衛、

子ㅣ曰必也正名乎ㄴ뎌

子ㅣᄀᆞᆯᄋᆞ샤ᄃᆡ반ᄃᆞ시名을正홀진뎌

●是時、出公不父其父、而禰(音녜) 其祖、名實紊(音문) 矣、故孔子以正名爲先、謝氏曰、正名、雖爲衛君而言、然爲政之道、皆當以此爲先、

子路ㅣ曰有是哉라 子之迂也ㅣ여 奚其正이시리잇고

子路ㅣᄀᆞᆯᄋᆞᄃᆡ이러홈이잇다子의迂ᄒᆞ심이여엇지그正ᄒᆞ시리잇고

●迂、謂遠於事情、言非今日之急務也、

子ㅣ曰野哉라 由也ㅣ여 君子ㅣ於其所不知에 蓋闕如也ㅣ니라

子ᄀᆞᆯᄋᆞ샤ᄃᆡ野ᄒᆞ다由ㅣ여君子ㅣ그아디못ᄒᆞᄂᆞᆫ바에闕ᄒᆞᄂᆞ니라

●野、謂鄙俗、責其不能闕疑、而率爾忘對也、

名不正則言不順ᄒᆞ고言不順則事不成ᄒᆞ고

名이正티아니ᄒᆞᆫ則言이順티아니ᄒᆞ고言이順티아니ᄒᆞᆫ則事ㅣ成티못ᄒᆞ고

●楊氏曰、名不當其實、則言不順、言不順、則無以考實、而事不成、

事不成則禮樂이不興ᄒᆞ고禮樂이不興則刑罰이不中ᄒᆞ고刑罰이不中則民無所措手足이니라

事ㅣ成티못ᄒᆞᆫ則禮樂이興티못ᄒᆞ고禮樂이興티못ᄒᆞᆫ則刑罰이中티못ᄒᆞ고刑罰이中티못ᄒᆞᆫ則民이手足을措ᄒᆞᆯ빼업ᄂᆞ니라

●范氏曰、事得其序之謂禮、物得其和之謂樂、事不成、則無序而不和、故禮樂不興、禮樂不興、則施之政事、皆失其道、故刑罰不中、

故로君子ㅣ名之댄必可言也ㅣ며言之댄必可行也ㅣ니君子ㅣ於其言애無所苟而已矣니라

故로君子ㅣ名ᄒᆞᆯ진댄반ᄃᆞ시可히言ᄒᆞᆯ개시며言ᄒᆞᆯ진댄반ᄃᆞ시可히行ᄒᆞᆯ개시니君子ㅣ그言에苟ᄒᆞᆫ배업슴ᄯᆞ름이니라

稼 심을가 種穀也

圃 나물밧 種蔬菜場

●程子曰、名實相須、一事苟、則其餘皆苟矣、○胡氏曰、衛世子蒯音괴聵音외恥其母南子之淫亂、欲殺之、不果而出奔、靈公欲立公子郢、音영 靈公次子郢辭、公卒、夫人立之、又辭、乃立蒯聵之子輒、以拒蒯聵、夫蒯聵、欲殺母、得罪於父、而輒、據國以拒父、皆無父之人也、其不可有國也明矣、夫子爲政、而以正名爲先、必將具其事之本末、告諸天王、請于方伯、命公子郢而立之、則人倫正、天理得、名正言順、而事成矣、夫子告之之詳如此、而子路、終不喩也、故事輒不去、卒死其難、徒知食焉、不避其難之爲義、而不知食輒之食、爲非義也、

○樊遲ㅣ請學稼ᄒᆞᆫ대 子ㅣ曰吾不如老農호라 請學爲圃ᄒᆞᆫ대 曰吾不如老圃호라

樊遲ㅣ稼ᄅᆞᆯ學ᄒᆞ야지라請ᄒᆞᆫ대子ㅣᄀᆞᆯᄋᆞ샤ᄃᆡ내老農만ᄀᆞᆺ디몯호라圃ᄒᆞ욤을學ᄒᆞ야지라請ᄒᆞᆫ대ᄀᆞᆯᄋᆞ샤ᄃᆡ내老圃만ᄀᆞᆺ디몯호라

●種五穀曰稼、種蔬菜曰圃、

樊遲ㅣ出커늘 子ㅣ曰小人哉라 樊須也ㅣ여

襁 포대기 강 負兒衣ㅣ褓

樊遲ㅣ出커늘子ㅣ ᄀᆞᆯᄋᆞ샤ᄃᆡ小人이라樊須ㅣ여

● 小人、謂細民、孟子所謂小人之事者也、

上이好禮則民莫敢不敬ᄒᆞ고上이好義則民莫敢不服ᄒᆞ고上이好信則民莫敢不用情이니 夫如是則四方之民이襁負其子而至矣리니焉用稼ㅣ리오

上이禮를됴히녁이면民이敢히敬티아니ᄒᆞᆯ이업고上이義를됴히녁이면民이敢히服디아니ᄒᆞᆯ니업고上이信을됴히녁이면民이敢히情을ᄡᅳ디아니ᄒᆞᆯ이업ᄉᆞ리니이러ᄐᆞᆺᄒᆞ면四方의民이그子를襁으로負ᄒᆞ야니르리니엇디稼를ᄡᅳ리오

● 禮義信、大人之事也、好義、則事合宜、情、誠實也、敬服用情、蓋各以其類而應也、襁、織縷爲之、以約小兒於背者、○楊氏曰、樊須、遊聖人之門、而問稼圃、志則陋矣、辭而闢之可也、待其出而後言其非、何也、蓋於其問也、自謂農圃之不如、則拒之者至矣、須之學、疑不及此、而不能問、不能以三隅反矣、故不復、音부 及其旣出、則懼其終不喩也、求老農老圃、而學焉、則其失愈遠矣、故復言之、使知前所言

者、意有在也、

○子ㅣ曰誦詩三百호ᄃᆡ授之以政애不達ᄒᆞ며使於四方애不能專對ᄒᆞ면雖多ㅣ나亦奚以爲리오

子ㅣᄀᆞᆯᄋᆞ샤ᄃᆡ詩三百을誦호ᄃᆡ政으로써授홈애達티몯ᄒᆞ며四方에使홈애能히專對티몯ᄒᆞ면비록多ᄒᆞ나ᄯᅩ무서싀쓰리오

●專、獨也、詩、本人情、該物理、可以驗風俗之盛衰、見政治之得失、其言、溫厚和平、長於風諭、故誦之者、必達於政而能言也、○程子曰、窮經、將以致用也、世之誦詩者、果能從政、而專對乎、然則其所學者、章句之末耳、此學之大患也、

○子ㅣ曰其身이正이면不令而行ᄒᆞ고其身이不正이면雖令不從이니라

子ㅣᄀᆞᆯᄋᆞ샤ᄃᆡ그몸이正ᄒᆞ면令티아니ᄒᆞ야도行ᄒᆞ고그몸이正티아니ᄒᆞ면비록令ᄒᆞ나좃디아니ᄒᆞᄂᆞ니라

○子ㅣ曰魯衛之政이兄弟也ㅣ로다

子ㅣᄀᆞᆯᄋᆞ샤ᄃᆡ魯와衛ㅅ政이兄弟로다

荆 가시형 楚也

●魯、周公之後、衛、康叔之後、本兄弟之國、而是時衰亂、政亦相似、故孔子嘆之、

○子ㅣ謂衛公子荆ᄒᆞ샤딕 善居室이로다 始有에 曰苟合矣라ᄒᆞ고 少有에 曰苟完矣라ᄒᆞ고 富有에 曰苟美矣라ᄒᆞ니라

子ㅣ衛人公子ㅣㄴ荆을닐ᄋᆞ샤딕室에居홈을善히ᄒᆞ놋다비로소둠애ᄀᆞᆯ오딕잠깐合ᄒᆞ다ᄒᆞ고져이둠애ᄀᆞᆯ오딕잠깐完ᄒᆞ다ᄒᆞ고富히둠애ᄀᆞᆯ오딕잠깐美ᄒᆞ다ᄒᆞ니라

●公子荆、衛大夫、苟、聊且粗音조略之意、合、聚也、完、備也、言其循序而有節、不以欲速盡美、累其心、○楊氏曰、務爲全美、則累物而驕吝之心生、公子荆、皆曰苟而已、則不以外物爲心、其欲易音이足故也、

○子ㅣ適衛ᄒᆞ실셔 冉有ㅣ僕이러니

子ㅣ衛에適ᄒᆞ실식冉有ㅣ僕ᄒᆞ얏더니

●僕、御車也、

子ㅣ曰庶矣哉라

子ㅣᄀᆞᆯᄋᆞ샤딕庶ᄒᆞ다

朞 돌긔 復其時周年

●庶、衆也、

冉有ㅣ曰既庶矣어든又何加焉이리잇고曰富之니라

冉有ㅣ골오듸이믜庶커든또므스거슬加ᄒᆞ리잇고골ᄋᆞ샤듸富케ᄒᆞᆯ씨니라

●庶而不富、則民生不遂、故制田里、薄賦歛以富之、

曰既富矣어든又何加焉이리잇고曰教之니라

골오듸임의富커든또므스거슬加ᄒᆞ리잇고골ᄋᆞ샤듸敎ᄒᆞᆯ디니라

●富而不教、則近於禽獸、故必立學校 明禮義以教之、○胡氏曰、天生斯民、立之司牧、而寄以三事、然自三代之後、能舉此職者、百無一二、漢之文明、唐之太宗、亦云庶且富矣、西京之教、無聞焉、明帝、尊師重傅、臨雍拜老、宗戚子弟莫不受學、唐太宗、大召名儒、增廣生員、教亦至矣、然而未知所以教也、三代之教、天子公卿、躬行於上、言行去聲政事、皆可師法、彼二君者其能然乎、

○子ㅣ曰苟有用我者ㅣ면朞月而已라도可也니ㅣ三年이면有成이리라

子ㅣ골ᄋᆞ샤듸진실노나ᄅᆞᆯ쓰리잇시면朞月ᄯᆞᄅᆞᆷ이라도可ᄒᆞ리니三年이면成홈이

이시리라

●朞月、謂周一歲之月也、可者、僅辭、言紀綱布也、有成、治功成也、○尹氏曰、孔子歎當時莫能用己也、故云然、愚按、史記、此蓋爲衞靈公、不能用而發、

○子ㅣ曰善人이爲邦百年이면亦可以勝殘去殺矣라ᄒᆞ니誠哉라是言也ㅣ여

子ㅣ ᄀᆞᆯᄋᆞ샤ᄃᆡ善人이邦을ᄒᆞᆷ이百年이면ᄯᅩᄒᆞᆫ可히ᄡᅥ殘을勝ᄒᆞ며殺을去ᄒᆞ리라ᄒᆞ니誠ᄒᆞ다이말이여

●爲邦百年、言相繼而久也、勝殘、化殘暴之人、使不爲惡也、去殺、謂民化於善、可以不用刑殺也、蓋古有是言、而夫子稱之、程子曰、漢自高惠、至于文景、黎民醇厚、幾致刑措、庶乎其近之矣、○尹氏曰、勝殘去殺、不爲惡而已、善人之功如是、若夫聖人則不待百年、其化亦不止此、

○子ㅣ曰如有王者ㅣ라도必世而後仁이니라

子ㅣ ᄀᆞᆯᄋᆞ샤ᄃᆡ만일애王者ㅣ이실ᄯᅵ라도반ᄃᆞ시世ㄴ後에仁ᄒᆞᄂᆞ니라

晏 느즐안 晩也

●王者、謂聖人受命而興也、三十年爲一世、仁、謂敎化浹也、程子曰、周自文武、至于成王而後、禮樂興、卽其效也、○或問三年必世、遲速不同、何也、程子曰、三年有成、謂法度紀綱、有成而化行也、漸民以仁、摩民以義、使之浹於肌膚、淪於骨髓、而禮樂可興、所謂仁也、此非積久、何以能致、

○子ㅣ曰苟正其身矣면於從政乎애何有ㅣ며不能正其身이면如正人애何오

子ㅣ ᄀᆞᆯᄋᆞ샤ᄃᆡ진실로그身을正ᄒᆞ면政을從홈애므스것시이시며能히그身을正티못ᄒᆞ면人을正홈애엇디ᄒᆞ리오

○冉子ㅣ退朝ㅣ어늘子ㅣ曰何晏也오對曰有政이러이다子ㅣ曰其事也ㅣ로다如有政인댄雖不吾以나吾其與聞之니라

冉子ㅣ朝로셔退ᄒᆞ야늘子ㅣ ᄀᆞᆯᄋᆞ샤ᄃᆡ엇디晏ᄒᆞ뇨對ᄒᆞ야ᄀᆞᆯ오ᄃᆡ政이잇더이다子ㅣ ᄀᆞᆯᄋᆞ샤ᄃᆡ그事ㅣ로다만일에政이이실딘댄비록나ᄅᆞᆯ쓰디아니ᄒᆞ나내그與ᄒᆞ야聞ᄒᆞᆯ이니라

●冉有、時爲季氏宰、朝、季氏之私朝也、晏、晩也、政、國政、事、家事、以、用也、禮、大夫、雖不治事、猶得與聞國政、是時、季氏專魯、其於國政、蓋有不與同列、議於公朝、而獨與家臣、謀於私室者、故夫子、爲不知者而言、此必季氏之家事耳、若是國政、我嘗爲大夫、雖不見用、猶當與聞、今旣不聞、則是非國政也、語意、與魏徵、獻陵之對略相似、其所以正名分抑季氏、而敎冉有之意深矣、

○定公이問一言而可以興邦이라ᄒᆞᄂᆞ니有諸잇가孔子ㅣ對曰言不可以若是其幾也ㅣ어니와

定公이묻ᄌᆞ오ᄃᆡ一言에可히써邦을興ᄒᆞ리라ᄒᆞᄂᆞ니인ᄂᆞ니잇가孔子ㅣ對ᄒᆞ야ᄀᆞᆯᄋᆞ샤ᄃᆡ言을可히써이러ᄐᆞᆺ시그幾티못ᄒᆞᆯ개시어니와

●幾、期也、詩曰如幾如式、見小雅楚茨篇言一言之間、未可以如此、而必期其效、

人之言曰爲君難ᄒᆞ며爲臣不易音이라ᄒᆞᄂᆞ니

人의言에ᄀᆞᆯ오ᄃᆡ君되옴이어려오며臣되옴이쉽디아니타ᄒᆞᄂᆞ니

●當時、有此言也、

如知爲君之難也ㄴ댄 不幾乎一言而興邦乎잇가

만일에君되옴이어려온쥴을알진댄 一言에邦을興홈을幾티아니ᄒᆞ리잇가

●因此言而知爲君之難、則必戰戰兢兢、臨深履薄、而無一事之敢忽、然則此言也、豈不可以必期於興邦乎、爲定公言、故不及臣也、

曰一言而喪邦이라ᄒᆞᄂᆞ니 有諸잇가 孔子ㅣ對曰言不可以若是其幾也ㅣ어니와 人之言曰予無樂乎爲君이오 唯其言而莫予違也ㅣ라ᄒᆞᄂᆞ니

골ᄋᆞ샤ᄃᆡ 一言에邦을喪ᄒᆞ리라ᄒᆞᄂᆞ니인ᄂᆞ니잇가孔子ㅣ對ᄒᆞ야골ᄋᆞ샤ᄃᆡ言을可히써이러ᄐᆞ시그幾티못홀꺼시어니와人의言애골오ᄃᆡ내君되옴을樂홈이업고오직그言홈애나를違티말라ᄒᆞᄂᆞ니

●言他無所樂、惟樂此耳、

如其善而莫之違也ㄴ댄 不亦善乎잇가 如不善而莫之違也ㄴ댄 不幾乎一言而喪邦乎잇가

만일에그善커든違티아니홀띤댄또ᄒᆞᆫ善티아니ᄒᆞ리잇가만일에善티아니커든違

莒 나라일흠거國名

타아니홀진댄一言에邦을喪홈을幾티아니ᄒᆞ리잇가

●范氏曰、如不善而莫之違、則忠言不至於耳、君日驕而臣日諂(音첨)、未有不喪邦者也、○謝氏曰、知爲君之難、則必敬謹以持之、唯其言而莫予違、則讒諂面諛之人至矣、邦未必遽興喪也、而興喪之源、分於此、然此非識微之君子、何足以知之、

○葉(音섭)公이問政ᄒᆞᆫ대

葉公이政을묻ᄌᆞ온대

●音義、幷見(音현)第七篇、

子ㅣ曰近者ㅣ說(音열)ᄒᆞ며遠者ㅣ來니라

子ㅣ골ᄋᆞ샤ᄃᆡ갓가온者ㅣ깃버ᄒᆞ며먼者ㅣ오미니라

●被其澤、則說、聞其風、則來、然必近者說而後、遠者來也、

○子夏ㅣ爲莒父(音보)宰라問政ᄒᆞᆫ대子ㅣ曰無欲速ᄒᆞ며無見小利니欲速則不達ᄒᆞ고見小利則大事ㅣ不成아니라

子夏ㅣ莒父宰ㅣ되연ᄂᆞᆫ디라政을묻ᄌᆞ온대子ㅣ골ᄋᆞ샤ᄃᆡ速코져티말며小利를보

攘 ᄲᅦ아ᄉᆞᆯ 양 竊也

證 증거ᄒᆞᆯ 증 質也 驗也

디마를ᄯᅵ니速코져ᄒᆞ면達티못ᄒᆞ고小利를보면大事ㅣ이디못ᄒᆞᄂᆞ니라

●莒父、魯邑名、欲事之速成、則急遽無序、而反不達、見小者之爲利、則所就者小、而所失者大矣、○程子曰、子張問政、子曰、居之無倦、行之以忠、子夏問政、子曰、無欲速、無見小利、子張、常過高而未仁、子夏之病、常在近小故、各以切己之事告之、

○葉公이語孔子曰吾黨애有直躬者ᄒᆞ니其父ㅣ攘羊이어ᄂᆞᆯ而子ㅣ證之ᄒᆞ니이다

葉公이孔子ᄭᅴ語ᄒᆞ야ᄀᆞᆯ오ᄃᆡ우리黨에躬을直히ᄒᆞᆫ者ㅣ인ᄂᆞ니그父ㅣ羊을攘ᄒᆞ야ᄂᆞᆯ子ㅣ證ᄒᆞᄂᆞ니이다

●直躬、直身而行者、有因而盜曰攘、

孔子ㅣ曰吾黨之直者ᄂᆞᆫ異於是ᄒᆞ니父爲子隱ᄒᆞ며子爲父隱ᄒᆞᄂᆞ니直在其中矣니라

孔子ㅣᄀᆞᆯᄋᆞ샤ᄃᆡ우리黨直에ᄒᆞᆫ者ᄂᆞᆫ이에다ᄅᆞ니父ㅣ子를爲ᄒᆞ야隱ᄒᆞ며子ㅣ父를

狄 오랑캐덕 北方曰ㅣ

爲ᄒᆞ야隱ᄒᆞᄂᆞ니直이그中에인ᄂᆞ니라

●父子相隱、天理人情之至也、故不求爲直、而直在其中、○謝氏曰、順理爲直、父不爲子隱、子不爲父隱、於理順邪(俗作耶) 瞽瞍殺人、舜竊負而逃、遵海濱而處、當是時、愛親之心勝、其於直不直、何暇計哉、

○樊遲ㅣ問仁ᄒᆞᆫ대子ㅣ曰居處恭ᄒᆞ며執事敬ᄒᆞ며與人忠을雖之夷狄이라도不可棄也ㅣ니라

樊遲ㅣ仁을묻ᄌᆞ온대子ㅣ골ᄋᆞ샤ᄃᆡ居處에恭ᄒᆞ며事를執홈이敬ᄒᆞ며人을與홈이忠홈을비록夷狄에갈ᄯᅵ라도可히棄티몯홀개시니라

●恭主、容、敬、主事、恭見(音현)於外、敬主乎中、之夷狄、不可棄、勉其固守、而勿失也、○程子曰、此是徹上徹下語、聖人初無二語也、充之則睟(音수)面盎背、推而達之則篤恭、而天下平矣、胡氏曰、樊遲問仁者三、此最先、先難次之、愛人其最後乎、

○子貢이問曰何如ㅣ라斯可謂之士矣잇고子ㅣ曰行己有恥ᄒᆞ며使於四方ᄒᆞ야不辱君命이면可謂士矣니라

族 일가족 同姓家

硜 단단ᄒᆞᆫ 경 小人

子貢이뭇ᄌᆞ와ᄀᆞᆯ오ᄃᆡ엇더ᄒᆞ야아이에可히士ㅣ라니ᄋᆞ리잇고子ㅣᄀᆞᆯᄋᆞ샤ᄃᆡ己를行홈이恥이사며四方에使ᄒᆞ야君命을辱디아니ᄒᆞ면可히士ㅣ라닐ᄋᆞᆯ띠니라

●此其志、有所不爲、而其材、足以有爲者也、子貢、能言故以使事、告之、蓋爲使之難、不獨貴於能言而已、

曰敢問其次ᄒᆞ노이다曰宗族이稱孝焉ᄒᆞ며鄕黨아稱弟焉이니라

ᄀᆞᆯ오ᄃᆡ敢히 그次를뭇ᄌᆞᆸ노아다ᄀᆞᆯᄋᆞ샤ᄃᆡ 宗族이孝ㅣ라稱ᄒᆞ며鄕黨이弟ㅣ라稱홈이니라

●此本立、而材不足者、故爲其次、

曰敢問其次ᄒᆞ노이다曰言必信ᄒᆞ며行必果ㅣ硜硜然小人哉나抑亦可以爲次矣니라

ᄀᆞᆯ오ᄃᆡ敢히 그次를뭇ᄌᆞᆸ노이다ᄀᆞᆯᄋᆞ샤ᄃᆡ言을반ᄃᆞ시信ᄒᆞ며行을반ᄃᆞ시果홈이硜硜ᄒᆞᆫ小人이나ᄯᅩᄒᆞᆫ可히ᄡᅥ次ㅣ될이니라

●果、必行也、硜、小石之堅確、音학者、小人、言其識量之淺狹也、此其本末、皆無足

筲 말두되 도리대 그릇ᄒᆞᆫ 竹器容斗二升

狷 고집ᄉᆞ러을견 才不足而守有餘

觀、然亦不害其爲自守也、故聖人、猶有取焉、下此則市井之人、不復부音可爲士矣、

曰今之從政者ᄂᆞᆫ何如ᄒᆞ니잇고子ㅣ曰噫라斗筲之人을何足筭也ㅣ리오

ᄀᆞᆯ오ᄃᆡ이제政을從ᄒᆞᄂᆞᆫ者ᄂᆞᆫ엇더ᄒᆞ니잇고子ㅣᄀᆞᆯᄋᆞ샤ᄃᆡ噫라斗筲ㅅ人을엇디足히算ᄒᆞ리오

●今之從政者、蓋如魯三家之屬、噫、心不平聲、斗、量名、容十升、筲、竹器、容斗二升、斗筲之人、言鄙細也、算、數也、子貢之問、每下、故夫子以是警之、○程子曰、子貢之意、蓋欲爲皎皎之行、聞於人者、夫子告之、皆篤實自得之事、

○子ㅣ曰不得中行而與之ㅣ댄必也狂狷乎ㄴ뎌狂者ᄂᆞᆫ進取오狷者ᄂᆞᆫ有所不爲也ㅣ니라

子ㅣᄀᆞᆯᄋᆞ샤ᄃᆡ中行을得ᄒᆞ야與티몯ᄒᆞᆯ띤댄반ᄃᆞ시狂과狷인뎌狂ᄒᆞᆫ이ᄂᆞᆫ進ᄒᆞ야取ᄒᆞ고狷ᄒᆞᆫ이ᄂᆞᆫᄒᆞ디아닐배인ᄂᆞ니라

●行、道也、狂者、志極高而行不掩、狷者、知未及而守有餘、蓋聖人、本欲得中

道之人、而敎之、然旣不可得、而徒得謹厚之人、則未必能自振拔而有爲也、故不若得此狂狷之人、猶可因其志節、而激厲裁抑之、以進於道、非與其終於此而已也、○孟子曰、孔子豈不欲中道哉、不可必得、故思其次也、如琴張、曾晳、牧皮者、孔子之所謂狂也、其志嘐嘐然曰、古之人古之人、夷考其行、而不掩焉者也、狂者、又不可得、欲得不屑不潔之士、而與之、是狷也、是又其次也、

○子ㅣ曰南人이有言曰人而無恒이면不可以作巫醫라ᄒᆞ니善夫ㅣ라

子ㅣᄀᆞᆯᄋᆞ샤ᄃᆡ南人이言을두어ᄀᆞᆯ오ᄃᆡ人이오恒이업스면可히ᄡᅥ巫와醫도되디몯ᄒᆞ리라ᄒᆞ니善ᄒᆞ다

●南人、南國之人、恒、常久也、巫、所以交鬼神、醫、所以寄死生、故雖賤役、而尤不可以無常、孔子稱其言而善之

不恒其德이면或承之羞ㅣ라ᄒᆞ니

그德을恒티아니ᄒᆞ면或이羞ᄅᆞᆯ承ᄒᆞ리라ᄒᆞ니

●此、易恆卦、九三爻辭、承、進也、

子ㅣ曰不占而已矣니라

子ㅣᄀᆞᆯᄋᆞ샤ᄃᆡ占티아니ᄒᆞᆯᄯᆞᄅᆞᆷ이니라

●復音부加子曰、以別易文也、其義未詳、楊氏曰、君子於易、苟玩其占、則知無常之取羞矣、其爲無常也、蓋亦不占而已矣、意亦略通、

○子ㅣ曰君子는和而不同ᄒᆞ고小人은同而不和ㅣ니라

子ㅣᄀᆞᆯᄋᆞ샤ᄃᆡ君子ᄂᆞᆫ和ᄒᆞ고同티아니ᄒᆞ고小人은同ᄒᆞ고和티아니ᄒᆞᄂᆞ니라

●和者、無乖戾之心、同者、有阿比之意、○尹氏曰、君子尙義、故有不同、小人尙利、安得而和、

○子貢이問曰鄕人이皆好之면何如ㅣ니잇고子ㅣ曰未可也ㅣ니라鄕人이皆惡音오之면何如ㅣ니잇고子ㅣ曰未可也ㅣ니라不如鄕人之善者ㅣ好之오其不善者ㅣ惡之니라

子貢이묻ᄌᆞ와ᄀᆞᆯ오ᄃᆡ鄕人이다됴히뎌기면엇더ᄒᆞ니잇고子ㅣᄀᆞᆯᄋᆞ샤ᄃᆡ可티아니

備 ᄀᆞᆺ출비 具也

ᄒᆞ니라鄉人이다아쳐ᄒᆞ면엇더ᄒᆞ니잇고子ㅣ골ᄋᆞ샤ᄃᆡ可티아니ᄒᆞ니라鄉人의善혼者ㅣ됴히녀이고그善티아니혼者ㅣ아쳐홈만ᄀᆞᆺ디못ᄒᆞ니라

●一鄉之人、宜有公論矣、然其間、亦各以類、自爲好惡也、故善者好之、而惡(音악)者不惡、則必其有苟合之行、惡(音악)者惡之、而善者不好、則必其無可好之實、

○子ㅣ曰君子는易(音이)事而難說(音열)也ㅣ니說之不以道ㅣ면不說也ㅣ오及其使人也ᄒᆞ얀器之니라小人은難事而易說也ㅣ니說之雖不以道ㅣ라도說也ㅣ오及其使人也ᄒᆞ얀求備焉이니라

子ㅣ골ᄋᆞ샤ᄃᆡ君子ᄂᆞᆫ事홈이쉽고說케홈이어려우니說케홈을道로써아니ᄒᆞ면說티아니ᄒᆞ고그人을事홈애밋쳐ᄂᆞᆫ器로ᄒᆞᄂᆞ니라小人은事홈이어렵고說케홈이쉬우니說케홈을비록道로써아니ᄒᆞ야도說ᄒᆞ고그人을使홈애미쳐ᄂᆞᆫ備홈을求ᄒᆞᄂᆞ니라

●器之、謂隨其材器而使之也、君子之心、公而恕、小人之心、私而刻、天理人欲之間、每相反而已矣、

偲 힘쓸싀 詳勉ㅣ

○子ㅣ曰君子는泰而不驕ᄒᆞ고小人은驕而不泰니라

子ㅣ골ᄋᆞ샤ᄃᆡ君子ᄂᆞᆫ泰ᄒᆞ고驕티아니ᄒᆞ고小人은驕ᄒᆞ고泰티아니ᄒᆞᄂᆞ니라

●君子循理、故安舒而不矜肆、小人逞欲、故反是、

○子ㅣ曰剛毅木訥이近仁이니라

子ㅣ골ᄋᆞ샤ᄃᆡ剛과毅와木과訥이仁에갓가오니라

●程子曰、木者、質樸、訥者、遲鈍、四者、質之近乎仁者也、楊氏曰、剛毅則不屈於物欲、木訥則不至於外馳、故近仁、

○子路ㅣ問曰何如ㅣ라아斯可謂之士矣니잇고子ㅣ曰切切偲偲ᄒᆞ며怡怡如也ㅣ면可謂士矣니朋友엔切切偲偲오兄弟엔怡怡니라

子路ㅣ묻ᄌᆞ와골오ᄃᆡ엇더ᄒᆞ야아이에可히士ㅣ라닐ᄋᆞ리잇고子ㅣ골ᄋᆞ샤ᄃᆡ切切ᄒᆞ며偲偲ᄒᆞ며怡怡ᄃᆞᆺᄒᆞ면可히士ㅣ라닐ᄋᆞᆯ띠니朋友에ᄂᆞᆫ切切ᄒᆞ며偲偲ᄒᆞ고兄弟에ᄂᆞᆫ怡怡ᄒᆞᆯ띠니라

●胡氏曰、切切、懇到也、偲偲、詳勉也、怡怡、和悅也、皆子路所不足、故告之、又

恐其混於所施、則兄弟有賊恩之禍、朋友有善柔之損、故又別而言之、

○子ㅣ曰善人이教民七年이면亦可以卽戎矣니라

子ㅣ골ᄋᆞ샤ᄃᆡ善人이民가ᄅᆞ침이七年이면ᄯᅩᄒᆞᆫ可히써戎에卽ᄒᆞ리니라

●教民者、教之以孝弟忠信之行、務農講武之法、卽、就也、戎、兵也、民知親其上、死其長、故可以卽戎、○程子曰、七年云者、聖人度(音탁)其時可矣、如云朞月三年、百年一世、大國五年、小國七年之類、皆當思其作爲、如何乃有益、

○子ㅣ曰以不教民戰이면是謂棄之니라

子ㅣ골ᄋᆞ샤ᄃᆡ ᄀᆞᄅᆞ치디아니ᄒᆞᆫ民으로써戰ᄒᆞ면이닐온ᄇᆞ림이니라

●以、用也、言用不教之民以戰、必有敗亡之禍、是棄其民也、

懸吐釋字具解

集註論語卷之十三 終

懸吐釋字具解

集註論語卷之十四

憲問第十四

胡氏曰此篇、疑原憲所記、凡四十七章

憲이問恥혼대子ㅣ曰邦有道애穀ᄒᆞ며邦無道애穀이恥也ㅣ니라

憲이恥를뭇ᄌᆞ온대子ㅣᄀᆞᆯᄋᆞ샤ᄃᆡ邦이道이숌애穀만ᄒᆞ며邦이道ㅣ업슴애穀만홈이恥ㅣ니라

●憲、原思名、穀、祿也、邦有道、不能有爲、邦無道、不能獨善、而但知食祿、皆可恥也、憲之狷介、其於邦無道、穀之可恥、固知之矣、至於邦有道、穀之可恥、則未必知也、故夫子因其問、而幷言之、以廣其志、使知所以自勉、而進於有爲也、

○克伐怨欲을不行焉이면可以爲仁矣잇가

克과伐과怨과欲을行티못게ᄒᆞ면可히써仁이라ᄒᆞ리잇가

●此亦原憲、以其所能而問也、克、好勝、伐、自矜、怨、忿恨、欲、貪欲、

子ㅣ曰可以爲難矣어니와仁則吾不知也케라

子ㅣᄀᆞᆯᄋᆞ샤ᄃᆡ可히써어렵다ᄒᆞ려니와仁은내아디못게라

晏ᄂᆞᆫ 안也

●有是四者、而能制之、使不得行、可謂難矣、仁則天理渾然、自無四者之累、不行不足以言之也、○程子曰、人而無克伐怨欲、惟仁者能之、有之而能制其情、使不行斯、亦難能也、謂之仁、則未也、此聖人開示之深、惜乎憲之不能再問也、或曰、四者不行、固不得爲仁矣、然亦豈非所謂克己之事 求仁之方乎、曰克去己私、以復乎禮、則私欲不留、而天理之本然者、得矣、若但制而不行、則是未有拔去病根之意、而容其潛藏隱伏於胷中也、豈克己求仁之謂哉、學者、察於二者之間、則其所以求仁之功、益親切、而無滲音삼漏矣、

○子ㅣ曰士而懷居면不足以爲士矣니라

子ㅣ ᄀᆞᆯᄋᆞ샤ᄃᆡ 士ㅣ오 居를 懷ᄒᆞ면 足히 써 士ㅣ라 ᄒᆞ디 몯ᄒᆞᆯ 꺼시니라

●居、謂意所便安處也、

○子ㅣ曰邦有道앤危言危行ᄒᆞ고邦無道앤危行言孫이니라

子ㅣ ᄀᆞᆯᄋᆞ샤ᄃᆡ 邦이 道이 이슴앤 言을 危히 ᄒᆞ며 行을 危히 ᄒᆞ고 邦이 道ㅣ 업슴앤 行을 危히 ᄒᆞ고 言은 孫히 ᄒᆞᆯ 띠니라

●危、高峻也、孫、卑順也、尹氏曰、君子之持身、不可變也、至於言、則有時、而不

适 일홈괄 人名又疾也
羿 일홈예 古射師名
奡 일홈오 人名又慢也
盪 진탕홀 탕動也 震也

敢盡以避禍也、然則爲國者、使士言遜、豈不殆哉、

○子ㅣ曰有德者는 必有言이어니와 有言者는 不必有德이니라 仁者는 必有勇이어니와 勇者는 不必有仁이니라

子ㅣᄀᆞᆯᄋᆞ샤ᄃᆡ德을두ᄂᆞᆫ者ᄂᆞᆫ반ᄃᆞ시言을두거니와言을두ᄂᆞᆫ者ᄂᆞᆫ반ᄃᆞ시德을두디몯ᄒᆞᄂᆞ니라仁ᄒᆞᆫ者ᄂᆞᆫ반ᄃᆞ시勇을두거니와勇ᄒᆞᆫ者ᄂᆞᆫ반ᄃᆞ시仁을두디몯ᄒᆞᄂᆞ니라

●有德者、和順積中、英華發外、能言者、或便佞口給、而仁者、心無私累、見義必爲、勇者、或血氣之强而已、○尹氏曰、有德者、必有言、徒能言者、未必有德也、仁者、志必勇、徒能勇者、未必有仁也、

○南宮适이 問於孔子曰羿는 善射ᄒᆞ고 奡는 盪舟호ᄃᆡ 俱不得其死ㅣ어늘 然禹稷은 躬稼而有天下ᄒᆞ시니이다 夫子ㅣ 不答이어시늘 南宮适이 出커늘 子ㅣ曰君子哉라 若人이여 尙德哉라 若人이여

南宮适이孔子ᄭᅴ묻ᄌᆞ와ᄀᆞᆯ오ᄃᆡ羿ᄂᆞᆫ射를善ᄒᆞ고奡ᄂᆞᆫ舟를盪호ᄃᆡ다그死를得디몯ᄒᆞ야늘그러나禹와稷은몸소稼호ᄃᆡ天下를두시니이다夫子ㅣ答디아니ᄒᆞ더시니南宮适이出커늘子ㅣᄀᆞᆯᄋᆞ샤ᄃᆡ君子ㅣ라이러ᄐᆞᆺᄒᆞᆫᄉᆞᄅᆞᆷ이여德을尙ᄒᆞᄂᆞ다이러ᄐᆞᆺ

ᄒᆞᆫᄉᆞᄅᆞᆷ이여

●南宮适、卽南容也、羿、有窮之君、善射、滅夏后相、而簒其位、其臣寒浞(착音)、又殺羿而代之、奡、春秋傳、作澆(요音)、浞之子也、力能陸地行舟、後爲夏后少康所誅、禹平水土、暨稷、播種、身親稼穡之事、禹受舜禪而有天下、稷之後、至周武王、亦有天下、适之意、蓋以羿奡、比當世之有權力者、而以禹稷、比孔子也、故孔子不答、然适之言如此、可謂君子之人、而有尙德之心矣、不可以不與、故俟其出而贊美之、

○子ㅣ曰君子而不仁者는有矣夫ㅣ어니와未有小人而仁者也ㅣ니라

子ㅣ갈ᄋᆞ샤ᄃᆡ君子ㅣ오仁티못ᄒᆞᆫ者ᄂᆞᆫ잇거니와小人이오仁ᄒᆞᆫ者ᄂᆞᆫ잇디아니ᄒᆞ니라

●謝氏曰、君子志於仁矣、然毫忽之間、心不在焉、則未免爲不仁也、

○子ㅣ曰愛之란能勿勞乎아忠焉이란能勿誨乎아

子ㅣ갈ᄋᆞ샤ᄃᆡ愛ᄒᆞ야란能히勞케말랴忠ᄒᆞ야란能히誨티말랴

裨 도울비 補也

諶 밋을침 信也

創 창설홀창 始也

討 차질토 尋也

●蘇氏曰、愛而勿勞、禽犢之愛也、忠而勿誨、婦寺시音之忠也、愛而知勞之、則其爲愛也深矣、忠而知誨之、則其爲忠也大矣、

○子ㅣ曰爲命애裨諶이草創之ᄒᆞ고世叔이討論之ᄒᆞ고行人子羽ㅣ修飾之ᄒᆞ고東里子產이潤色之ᄒᆞ니라

子ㅣᄀᆞᆯᄋᆞ샤ᄃᆡ命을홈애裨諶이草創ᄒᆞ고世叔이討論ᄒᆞ고行人인子羽ㅣ修飾ᄒᆞ고東里ㅅ子產이潤色ᄒᆞ니라

●裨諶、以下四人、皆鄭大夫、草、略也、創、造也、謂造爲草藁也、世叔、游吉也、春秋傳、作子大叔、討、尋究也、論、講議也、行人、掌使之官、子羽公孫揮也、修飾、謂增損之、東里、地名、子產所居也、潤色、謂加以文采也、鄭國之爲辭命、必更此四賢之手而成、詳審精密、各盡所長、是以、應對諸侯、鮮有敗事、孔子言此、蓋善之也、

○或이問子產대ᄒᆞᆫ子ㅣ曰惠人也ㅣ니라

或이子產을뭇ᄌᆞ온대子ㅣᄀᆞᆯᄋᆞ샤ᄃᆡ惠ᄒᆞᆫ人이니라

●子產之政、不專於寬、然其心、則一、以愛人爲主、故孔子以爲惠人、蓋舉其重而

騈 고을일흠병 齊邑名

言也、

問子西흔대曰彼哉彼哉여

子西를뭇ᄌᆞ온대ᄀᆞᆯᄋᆞ샤ᄃᆡ뎨여뎨여

●子西、楚公子申能、遜楚國、立昭王、而改紀其政、亦賢大夫也、然不能革其僭王之號、昭王、欲用孔子、又沮止之、其後、卒召白公、以致禍亂、則其爲人可知矣、彼哉者、外之之詞、

問管仲흔대曰人也ㅣ奪伯氏騈邑三百ᄒᆞ야ᄂᆞᆯ飯疏食沒齒호ᄃᆡ無怨言ᄒᆞ니라

管仲을뭇ᄌᆞ온대ᄀᆞᆯᄋᆞ샤ᄃᆡ人이伯氏의騈邑三百을아사ᄂᆞᆯ疏食을飯ᄒᆞ야齒ㅣ沒호ᄃᆡ怨ᄒᆞᄂᆞᆫ말이업ᄉᆞ니라

●人也、猶言此人也、伯氏、齊大夫、騈邑、地名、齒、年也、蓋桓公、奪伯氏之邑、以與管仲、伯氏、自知己罪、而心服管仲之功、故窮約以終身、而無怨言、荀卿所謂、與之書社三百、而富人莫之敢拒者、卽此事也、○或問、管仲子産孰優、曰管仲之德、不勝其才、子産之才、不勝其德、然於聖人之學、則槩乎其未有聞也、

綽 너너홀 작 緩也 寬也

滕 나라 등 魯附庸國名

薛 나라 설 國名

○子ㅣ曰貧而無怨은難ᄒᆞ고富而無驕ᄂᆞᆫ易音이ᄒᆞ니라

子ㅣ ᄀᆞᆯᄋᆞ샤ᄃᆡ 貧ᄒᆞ고 怨홈이 업솜은 어렵고 富ᄒᆞ고 驕홈이 업솜은 쉬오니라

●處貧難、處富易、人之常情、然人當勉其難、而不可忽其易也、

○子ㅣ曰孟公綽이爲趙魏老則優ㅣ어니와不可以爲滕薛大夫ㅣ니라

子ㅣ ᄀᆞᆯᄋᆞ샤ᄃᆡ 孟公綽이 趙魏人老ㅣ 되면 優ᄒᆞ려니와 可히 ᄡᅥ 滕薛人大夫ᄂᆞᆫ 되디 몯ᄒᆞ리니라

●公綽、魯大夫、趙魏、晉卿之家、老、家臣之長、大家勢重、而無諸侯之事、家老望尊、而無官守之責、優、有餘也、滕薛、二國名、大夫、任國政者、滕薛、國小政繁、大夫、位高責重、然則公綽、蓋廉靜寡欲、而短於才者也、○楊氏曰、知之不豫、枉其才而用之、則爲棄人矣、此君子所以患不知人也、言此則、孔子之用人、可知矣、

○子路ㅣ問成人ᄒᆞᆫ대子ㅣ曰若臧武仲之知와公綽之不欲과卞莊子之勇과冉求之藝에文之以禮樂이면亦可以爲成人矣니라

子路ㅣ 成人을 묻ᄌᆞ온대 子ㅣ ᄀᆞᆯᄋᆞ샤ᄃᆡ 臧武仲의 知와 公綽의 欲디 아니홈과 卞莊子

의勇과冉求의藝에文ᄒᆞᄃᆡ禮樂으로써ᄒᆞ면ᄯᅩᄒᆞᆫ可히써成人이될이니라

●成人、猶言全人、武仲、魯大夫、名紇(音흘) 莊子、魯卞邑大夫、言兼此四者之長、則知足以窮理、廉足以養心、勇足以力行、藝足以泛應、而又節之以禮、和之以樂、使德成於內、而文見(音현)於外、則材全德備、渾然不見一善成名之迹、中正和樂(音락)粹然無復(音부)偏倚駁雜之蔽、而其爲人也、亦成矣、然亦之爲言、非其至者、蓋就子路之所可及而語之也、若論其至、則非聖人之盡人道、不足以語此、

曰今之成人者는 **何必然**이리오 **見利思義**ᄒᆞ며 **見危授命**ᄒᆞ며 **久要**애 **不忘平生之言**이면 **亦可以爲成人矣**니라

ᄀᆞᆯ으샤ᄃᆡ이제成人은엇디반ᄃᆞ시그러리오利를보고義를思ᄒᆞ며危를보고命을授ᄒᆞ며久要애平生말을닛디아니ᄒᆞ면ᄯᅩᄒᆞᆫ可히써成人이될이니라

●復加曰字者、既荅而復言也、授命、言不愛其生、持以與人也、久要、舊約也、平生、平日也、有是忠信之實、則雖其才知禮樂、有所未備、亦可以爲成人之次也、○程子曰、知之明、信之篤、行之果、天下之達德也、若孔子、所謂成人、亦不出此三者、武仲、知也、公綽、仁也、卞莊子、勇也、冉求、藝也、須是合此四人之能、文之以

禮樂、亦可以爲成人矣、然而論其大成、則不止於此、若今之成人、有忠信而不及於禮樂、則又其次者也、又曰臧武仲之知、非正也、若文之以禮樂、則無不正矣、又曰語成人之名、非聖人孰能之、孟子曰、唯聖人然後、可以踐形、如此、方可以稱成人之名、胡氏曰、今之成人以下、乃子路之言、蓋不復聞斯行之之勇、而有終身誦之之固矣、未詳是否、

○子ㅣ 問公叔文子於公明賈曰信乎夫子ㅣ 不言不笑不取乎아

子ㅣ公叔文子를公明賈의게무러ᄀᆞᆯᄋᆞ샤ᄃᆡ진실로夫子ㅣ言티아니ᄒᆞ며笑티아니ᄒᆞ며取티아니ᄒᆞᄂᆞ냐

●公叔文子、衛大夫公孫枝也、公明、姓、賈、名、亦衛人、文子爲人、其詳、不可知、然必廉靜之士、故當時、以三者稱之、

公明賈ㅣ 對曰以告者ㅣ 過也ㅣ로소이다 夫子ㅣ 時然後言이라 人不厭其言ᄒᆞ며 樂音락 然後笑ㅣ라 人不厭其笑ᄒᆞ며 義然後取ㅣ라 人不厭其取ᄒᆞᄂᆞ니이다 子ㅣ 曰其然가 豈其然乎ㅣ리오

公明賈ㅣ對ᄒᆞ야ᄀᆞᆯ오ᄃᆡ써告ᄒᆞᆫ者ㅣ過ᄒᆞ도소이다夫子ㅣ時ㄴ然後에言ᄒᆞᄂᆞᆫ디라人이그言을厭티아니ᄒᆞ며樂ᄒᆞᆫ然後에笑ᄒᆞᄂᆞᆫ디라人이그笑를厭티아니ᄒᆞ며義ㄴ然後에取ᄒᆞᄂᆞᆫ디라人이그取홈을厭티아니ᄒᆞᄂᆞ니이다子ㅣᄀᆞᆯᄋᆞ샤ᄃᆡ그그러ᄒᆞᆫ가엇디그러ᄒᆞ리오

●厭者、苦其多而惡音오之之辭、事適其可、則人不厭、而不覺其有是矣、是以稱之、或過而以爲不言不笑不取也、然此言也、非禮義充溢於中、得時措之宜者、不能、文子雖賢、疑未及此、但君子、與人爲善、不欲正言其非也、故曰其然、豈其然乎、蓋疑之也、

○子ㅣ曰臧武仲이以防으로求爲後於魯ᄒᆞ나雖曰不要君이나吾不信也ᄒᆞ노라

子ㅣᄀᆞᆯᄋᆞ샤ᄃᆡ臧武仲이防으로써後삼음을魯애求ᄒᆞ니비록ᄀᆞᆯ오ᄃᆡ君을要티아니라ᄒᆞ나내밋디아니ᄒᆞ노라

●防、地名、武仲、所封邑也、要、有挾而求也、武仲、得罪奔邾、自邾如防、使請立後、而避邑以示、若不得請、則將據邑以叛、是要君也、○范氏曰、要君者、無上、罪

譎 괴ᄒᆞᆯ휼 詭也 詐也

糾 얽을규 繩三合

之大者也、武仲之邑、受之於君、得罪出奔、則立後在君、非己所得專也、而據邑以請、由其好知而不好學也、楊氏曰、武仲、卑辭請後、其跡非要君者、而意實要之、夫子之言、亦春秋誅意之法也、

○子ㅣ曰晉文公은譎而不正ᄒᆞ고齊桓公은正而不譎ᄒᆞ니라

子ㅣᄀᆞᆯᄋᆞ샤ᄃᆡ晉文公은譎ᄒᆞ고正티아니ᄒᆞ고齊桓公은正ᄒᆞ고譎티아니ᄒᆞ니라

●晉文公、名重耳、齊桓公、名小白、譎、詭也、二公、皆諸侯盟主、攘夷狄以尊周室者也、雖其以力假仁、心皆不正、然桓公伐楚、仗義執言、不由詭道、猶爲彼善於此、文公、則伐衛以致楚、而陰謀以取勝、其譎甚矣、二君他事、亦多類此、故夫子言此、以發其隱、

○子路ㅣ曰桓公이殺公子糾ᄒᆞ야늘召忽은死之ᄒᆞ고管仲은不死ᄒᆞ니曰未仁乎ㄴ뎌

子路ㅣᄀᆞᆯ오ᄃᆡ桓公이公子糾를殺ᄒᆞ야ᄂᆞᆯ召忽은死ᄒᆞ고管仲은死티아니ᄒᆞ니ᄀᆞᆯ오ᄃᆡ仁티못ᄒᆞᆫ뎌

●按春秋傳、齊襄公無道、鮑叔牙、奉公子小白、奔莒(거音)及無知弑襄公、管夷吾、召

忽、奉公子糾奔魯、魯人納之未克、而小白入、是爲桓公、使魯殺子糾而請管、召召忽死之、管仲請囚、鮑叔牙、言於桓公以爲相、子路疑管仲、忘君事讐、忍心害理、不得爲仁也、

子ㅣ曰桓公이九合諸侯호ᄃᆡ不以兵車ᄂᆞᆫ管仲之力也ㅣ니如其仁如其仁이리오

子ㅣᄀᆞᆯᄋᆞ샤ᄃᆡ桓公이諸侯를九合호ᄃᆡ兵車로써아니홈은管仲의力이니뉘그仁ᄀᆞᆺᄐᆞ리오뉘그仁ᄀᆞᆺᄐᆞ리오

●九、春秋傳、作糾、督也、古字通用、不以兵車、言不假威力也、如其仁、言誰如其仁者、又再言以深許之、蓋管仲、雖未得爲仁人、而其利澤及人、則有仁之功矣、

○子貢이曰管仲은非仁者與ㄴ뎌桓公이殺公子糾ㅣ어늘不能死ㅣ오又相之온여

子貢이ᄀᆞᆯ오ᄃᆡ管仲은仁ᄒᆞᆫ者ㅣ아닌뎌桓公이公子糾를殺ᄒᆞ야ᄂᆞᆯ能히死티못ᄒᆞ고ᄯᅩ相ᄒᆞ관여

●子貢、意不死、猶可、相之、則已甚矣、

霸 옷듬패 把待諸侯之權

被 닙을피 覆也

衽 옷깃임 衣衿

諒 밋을량 信也

瀆 개천독 溝也

子ㅣ曰管仲이相桓公霸諸侯ᄒᆞ야一匡天下ᄒᆞ니民到于今히受其賜ᄒᆞᄂᆞ니微管仲이면吾其被髮左衽矣러니라

子ㅣᄀᆞᆯᄋᆞ샤ᄃᆡ管仲이桓公을相ᄒᆞ야諸侯에霸ᄒᆞ야天下를一匡ᄒᆞ니民이이제니르히그賜를受ᄒᆞᄂᆞ니管仲이업스면우리그髮을被ᄒᆞ며衽을左ᄒᆞ리러니라

●霸、與伯同、長也、匡、正也、尊周室、攘夷狄、皆所以正天下也、微、無也、衽、衣衿也、被髮左衽、夷狄之俗也、

豈若匹夫匹婦之爲諒也ㅣ라自經於溝瀆而莫之知也ㅣ리오

엇디匹夫匹婦의諒홈이라스스로溝瀆에經ᄒᆞ야사ᄅᆞᆷ이아디몯홈ᄀᆞᆺᄐᆞ리오

●諒、小信也、經、縊也、莫之知、人不知也、後漢書、引此文、莫字上、有人字、○程子曰、桓公、兄也、子糾、弟也、仲、私於所事、輔之以爭國、非義也、桓公、殺之雖過、而糾之死實當、仲、始與之同謀、遂與之同死、可也、知輔之爭爲不義、將自免以圖後功、亦可也、故聖人不責其死、而稱其功、若使桓弟、而糾兄、管仲所輔者、正、桓奪其國而殺之、則管仲之於桓、不可同世之讐也、若計其後功、而與其事桓、聖人之言、無乃害義之甚、啓萬世反覆不忠之亂乎、如唐之王珪、魏徵、不死建

僎 갓출션 具也

成之難、而從太宗、可謂害於義矣、後雖有功、何足贖哉、愚謂、管仲、有功而無罪、故聖人獨稱其功、王魏、先有罪而後有功、則不以相掩、可也、

○公叔文子之臣大夫僎이與文子로同升諸公이러니

公叔文子의臣大夫僎이文子로더브러ᄒᆞᆫ가지로公에升ᄒᆞ얏더니

●臣、家臣、公、公朝、謂薦之、與己同進爲公朝之臣也、

子ㅣ聞之ᄒᆞ시고曰可以爲文矣로다

子ㅣ드ᄅᆞ시고ᄀᆞᆯᄋᆞ샤ᄃᆡ可히써文이라ᄒᆞ리로다

●文者、順理而成章之謂、謚法、亦有所謂、錫民爵位曰文者、○洪氏曰、家臣之賤、而引之使與己、并有三善焉、知人一也、忘己二也、事君三也、

○子ㅣ言衛靈公之無道也ㅣ러시니康子ㅣ曰夫如是로ᄃᆡ奚而不喪이니잇고

子ㅣ衛靈公의道업슴을닐ᄋᆞ더시니康子ㅣᄀᆞᆯ오ᄃᆡ이러ᄐᆞᆺᄒᆞᄃᆡ엇디喪티아니ᄒᆞᄂᆞ니잇고

●喪、失位也、

圉 곤홀어 困未舒ㅣㅣ

作 붓그러울작 慚也顏色變

孔子ㅣ曰仲叔圉는治賓客ᄒᆞ고祝鮀는治宗廟ᄒᆞ고王孫賈는治軍旅ᄒᆞ니夫如是ㅣ니奚其喪이리오

孔子ㅣ골ᄋᆞ샤ᄃᆡ仲叔圉ᄂᆞᆫ賓客을다ᄉᆞ리고祝鮀ᄂᆞᆫ宗廟를다ᄉᆞ리고王孫賈ᄂᆞᆫ軍旅를다ᄉᆞ리니이러ᄐᆞᆺᄒᆞ니엇디그喪ᄒᆞ리오

●仲叔圉、卽孔文子也、三人 皆衛臣、雖未必賢、而其才可用、靈公用之、又各當其才、○尹氏曰、靈衛公之無道、宜喪也、而能用此三人、猶足以保其國、而況有道之君、能用天下之賢才者乎、詩曰無競維人、四方其訓之、

○子ㅣ曰其言之不怍이면則爲之也ㅣ難ᄒᆞ니라

子ㅣ골ᄋᆞ샤ᄃᆡ그言홈이怍디아니ᄒᆞ면곳홈이어려우니라

●大言不慙、則無必爲之志、而自不度音탁 其能否矣、欲踐其言、豈不難哉、

○陳成子ㅣ弑簡公이어늘

◉陳成子ㅣ簡公을弑ᄒᆞ야늘

●成子、齊大夫名恒、簡公、齊君、名壬、事在春秋、哀公十四年、

孔子ㅣ沐浴而朝ᄒᆞ샤告於哀公曰陳恒이弑其君ᄒᆞ니請討之ᄒᆞ쇼셔

孔子ㅣ沐浴ᄒᆞ시고朝ᄒᆞ샤哀公씌告ᄒᆞ야ᄀᆞᆯᄋᆞ샤ᄃᆡ陳恒이그君을弑ᄒᆞ니請컨댄討ᄒᆞ쇼셔

●是時、孔子致仕居魯、沐浴、齊音재戒以告君、重其事而不敢忽也、臣弑其君、人倫之大變、天理所不容、人人得而誅之、況隣國乎、故夫子、雖已告老、而猶請哀公討之、

公曰告夫三子ᄒᆞ라

公이ᄀᆞᆯᄋᆞ샤ᄃᆡ三子의게告ᄒᆞ라

●三子、三家也、時、政在三家、哀公不得自專、故使孔子告之、

孔子ㅣ**曰以吾從大夫之後**ㅣ다**不敢不告也**호니**君曰告夫三子者**ㅣ온여

孔子ㅣᄀᆞᆯᄋᆞ샤ᄃᆡ내大夫의後에從홈으로써라敢히告티아니티못호니君이ᄀᆞᆯᄋᆞ샤ᄃᆡ三子의게告ᄒᆞ라ᄒᆞ시곤여

●孔子、出而自言如此、意謂弑君之賊、法所必討、大夫謀國、義所當告、君乃不自命三子、而使我告之邪、

之三子ᄒᆞ야告ᄒᆞ신대不可ㅣ라ᄒᆞ야ᄂᆞᆯ 孔子ㅣ曰以吾從大夫之後ㅣ라 不敢不告也ㅣ니라

三子의게가告ᄒᆞ신대可티아니ᄐᆞ ᄒᆞ야ᄂᆞᆯ孔子ㅣᄀᆞᆯᄋᆞ샤ᄃᆡ내大夫의後에從홈으로써라敢히告티아니티못ᄒᆞ예니라

●以君命往告、而三子、魯之强臣、素有無君之心、實與陳氏、聲勢相倚、故沮其謀、而夫子、復以此應之、其所以警之者、深矣、○程子曰、左氏、記孔子之言曰、陳恒、弑其君、民之不與者半、以魯之衆、加齊之半、可克也、此非孔子之言、誠若此言、是、以力不以義也、若孔子之志、必將正名其罪、上告天子、下告方伯、而率與國以討之、至於所以勝齊者、孔子之餘事也、豈計魯人之衆寡哉、當是時、天下之亂極矣、因是足以正之、周室其復興乎、魯之君臣、終不從之、可勝惜哉、胡氏曰、春秋之法、弑君之賊、人得而討之、仲尼此擧、先發後聞可也、

○子路ㅣ問事君ᄒᆞᆫ대子ㅣ曰勿欺也ㅣ오而犯之ㅣ니라

子路ㅣ君事홈을묻ᄌᆞ온대子ㅣᄀᆞᆯᄋᆞ샤ᄃᆡ欺티말오犯홀ᄯᅵ니라

●犯、謂犯顏諫爭、○范氏曰、犯、非子路之所難也、而以不欺爲難、故夫子、告以

先勿欺、而後犯也、

○子ㅣ曰君子ᄂᆞᆫ上達ᄒᆞ고小人은下達이니라

子ㅣ ᄀᆞᆯᄋᆞ샤ᄃᆡ君子ᄂᆞᆫ우흐로達ᄒᆞ고小人은아래로達ᄒᆞᄂᆞ니라

●君子、循天理、故日進乎高明、小人、循人欲、故日究乎汙音오下、

○子ㅣ曰古之學者ᄂᆞᆫ爲己러니今之學者ᄂᆞᆫ爲人이로다

子ㅣ ᄀᆞᆯᄋᆞ샤ᄃᆡ녯學ᄒᆞᄂᆞᆫ者ᄂᆞᆫ己ᄅᆞᆯ爲ᄒᆞ더니이제學ᄒᆞᄂᆞᆫ者ᄂᆞᆫ人을爲ᄒᆞᄂᆞ다

●程子曰、爲己、欲得之於己也、爲人、欲見知於人也、○程子曰、古之學者、爲己、其終至於成物、今之學者、爲人、其終至於喪己、愚按、聖賢論學者、用心得失之際、其說多矣、然未有如此言之切而要者、於此、明辯而日省之、則庶乎其不昧於所從矣、

○蘧伯玉이使人於孔子ㅣ어ᄂᆞᆯ

蘧伯玉이사ᄅᆞᆷ을孔子ᄭᅴ블여ᄂᆞᆯ

●蘧伯玉、衛大夫、名瑗、音원 孔子居衛、嘗主於其家、旣而反魯、故伯玉、使人來也、

孔子ㅣ與之坐而問焉曰夫子ᄂᆞᆫ何爲오對曰夫子ㅣ欲寡其

過而未能也ㅣ니이다 使者ㅣ 出커ᄂᆞᆯ 子ㅣ 曰使乎使乎여ㅣ

孔子ㅣ 더블어 坐ᄒᆞ야 무러 ᄀᆞᆯ으샤ᄃᆡ 夫子ᄂᆞᆫ 므스 일ᄒᆞᄂᆞ뇨 對ᄒᆞ야 ᄀᆞᆯ오ᄃᆡ 夫子ㅣ 그 過ᄅᆞᆯ 寡코져 ᄒᆞᄃᆡ 能티 몯ᄒᆞᄂᆞ니이다 使者ㅣ 出커ᄂᆞᆯ 子ㅣ ᄀᆞᆯ으샤ᄃᆡ 使ㅣ여 使ㅣ여

●與之坐、敬其主以及其使也、夫子、指伯玉也、言其但欲寡過而猶未能、則其省身克己、常若不及之意、可見矣、使者之言、愈自卑約、而其主之賢益彰、亦可謂深知君子之心、而善於詞令者矣、故夫子再言使乎、以重美之、按、莊周稱伯玉、行年五十、而知四十九年之非、又曰伯玉行年六十而六十化、蓋其進德之功、老而不倦、是以踐履篤實、光輝宣著、不惟使者知之、而夫子亦信之也、

○子ㅣ 曰不在其位ᄒᆞ얀 不謀其政이니라

●重出 己見泰伯篇

○曾子ㅣ 曰君子ᄂᆞᆫ 思不出其位니라

曾子ㅣ ᄀᆞᆯ으샤ᄃᆡ 君子ᄂᆞᆫ 思ㅣ 그 位에 出티 아니ᄒᆞᄂᆞ니라

●此、艮卦之象辭也、曾子蓋嘗稱之、記者因上章之語、而類記之也、○范氏曰、物各止其所、而天下之理得矣、故君子所思、不出其位、而君臣上下大小、皆得其職

暇 겨를가 休日

也、

○子 曰君子는恥其言而過其行이니라

子ㅣᄀᆞᆯᄋᆞ샤ᄃᆡ君子ᄂᆞᆫ그言을恥ᄒᆞ고그行을過ᄒᆞᄂᆞ니라

●恥者不敢盡之意、過者、欲有餘之辭、

○子ㅣ曰君子道者ㅣ三애我無能焉호니仁者는不憂ᄒᆞ고知者는不惑ᄒᆞ고勇者는不懼ㅣ니라

子ㅣᄀᆞᆯᄋᆞ샤ᄃᆡ君子의道ㅣ三애내能홈이업소니仁ᄒᆞᆫ者ᄂᆞᆫ憂티아니ᄒᆞ고知ᄒᆞᆫ者ᄂᆞᆫ惑티아니ᄒᆞ고勇ᄒᆞᆫ者ᄂᆞᆫ懼티아니ᄒᆞᄂᆞ니라

●自責以勉人也、

子貢이曰夫子ㅣ自道也ㅣ샷다

子貢이ᄀᆞᆯ오ᄃᆡ夫子ㅣ스스로닐옴이샷다

●道、言也、自道、猶云謙辭、○尹氏曰、成德、以仁爲先、進學、以知爲先、故夫子之言、其序有不同者、以此、

○子貢이方人ᄒᆞ더니子ㅣ曰賜也는賢乎哉아夫我則不暇로라

子貢이人을方ᄒᆞ더니子ㅣᄀᆞᆯᄋᆞ샤ᄃᆡ賜ᄂᆞᆫ賢ᄒᆞ냐나ᄂᆞᆫ暇티몯ᄒᆞ노라

●方、比也、乎哉、疑辭、比方人物、而較其短長、雖亦窮理之事、然專務爲此、則心馳於外、而所以自治者、踈矣、故褒之而疑其辭、復自貶以深抑之、○謝氏曰、聖人責人、辭不迫切、而意已獨至如此、

○子ㅣ曰不患人之不己知오患其不能也ㅣ니라

子ㅣᄀᆞᆯᄋᆞ샤ᄃᆡ人의己ᄅᆞᆯ아디몯홈을患티말고그能티몯홈을患홀디니라

●凡章指同、而文不異者、一言而重出也、文小異者、屢言而各出也、此章、凡四見、音현而文皆有異、則聖人於此一事、蓋屢言之、其丁寧之意、亦可見矣、

○子ㅣ曰不逆詐ᄒᆞ며不億不信이나抑亦先覺者ㅣ是賢乎ㅣ뎌

子ㅣᄀᆞᆯᄋᆞ샤ᄃᆡ詐ᄅᆞᆯ逆디아니ᄒᆞ며不信을億디아니홀개시나ᄯᅩᄒᆞᆫ몬져覺ᄒᆞᄂᆞᆫ者ㅣ이賢인뎌

●逆、未至而迎之也、億、未見而意之也、詐、謂人欺己、不信、謂人疑己、抑、反語辭、言雖不逆不億、而於人之情僞、自然先覺、乃爲賢也、○楊氏曰、君子、一於誠而已、然未有誠而不明者、故雖不逆詐、不億不信、而常先覺也、若夫不逆不億、而

畝 밧이랑모 田壟 六尺爲步 步百爲ㅣ

栖 새깃드릴셔 鳥宿不安 ㅣㅣ

驥 긔마긔 名馬日行千里

卒爲小人所罔焉、斯亦不足觀也已、

○**微生畝ㅣ謂孔子曰丘ᄂᆞᆫ何爲是栖栖者與오無乃爲佞乎아**

微生畝ㅣ孔子ㅅ긔닐어ᄀᆞᆯ오ᄃᆡ丘ᄂᆞᆫ엇디이栖栖ᄒᆞᆷ을ᄒᆞᄂᆞ뇨아니佞을ᄒᆞᄂᆞ냐

◉微生、姓、畝、名也、畝、名呼夫子而辭甚倨、蓋有齒德而隱者、栖栖、依依也、爲佞、言其務爲口給、以悅人也、

孔子ㅣ曰非敢爲佞也ㅣ라疾固也ㅣ니라

孔子ㅣᄀᆞᆯᄋᆞ샤ᄃᆡ敢히佞을ᄒᆞᄂᆞᆫ줄이아니라固를疾홈이니라

●疾、惡(오音)也、固、執一而不通也、聖人之於達尊、禮恭而言直、如此、其警之、亦深矣、

○**子ㅣ曰驥ᄂᆞᆫ不稱其力이라稱其德也ㅣ니라**

子ㅣᄀᆞᆯᄋᆞ샤ᄃᆡ驥ᄂᆞᆫ그力을稱ᄒᆞᆫ거시아니라그德을稱홈이니라

●驥、善馬之名、德、謂調良也、○尹氏曰、驥雖有力、其稱在德、人有才而無德、則亦奚足尙哉、

○或이曰以德報怨이何如ᄒᆞ니잇고

或이골오ᄃᆡ德으로써怨을報홈이엇더ᄒᆞ니잇고

●或、人所稱、今見音현老子書、德、謂恩惠也、

子ㅣ曰何以報德고

子ㅣ골ᄋᆞ샤ᄃᆡ므서스로써德을報ᄒᆞᆯ료

●言於其所怨、既以德報之矣、則人之有德於我者、又將何以報之乎、

以直報怨이오以德報德이니라

直으로써怨을報ᄒᆞ고德으로써德을報ᄒᆞᆯ띠니라

●於其所怨者、愛憎取舍同捨 一以至公、而無私、所謂直也、於其所德者、則必以德報之、不可忘也、○或人之言、可謂厚矣、然以聖人之言觀之、則見其出於有意之私、而怨德之報、皆不得其平也、必如夫子之言、然後二者之報、各得其所然、怨有不讐、而德無不報、則又未嘗不厚也、此章之言、明白簡約、而其指意、曲折反覆音복、如造化之簡易音이易知、而微妙無窮、學者、所宜詳玩也、

○子ㅣ曰莫我知也夫ᆫ뎌

寮 동관료 同官僚
同
肆 베풀ᄉᆞ 陳也

子ㅣᄀᆞᆯᄋᆞ샤ᄃᆡ나를알리업ᄉᆞᆫ뎌

●夫子、自歎以發、子貢之問也、

子貢이曰何爲其莫知子也잇고子ㅣ曰不怨天ᄒᆞ며不尤人이오下學而上達ᄒᆞ노니知我者ᄂᆞᆫ其天乎ㄴ뎌

子貢이ᄀᆞᆯ오ᄃᆡ엇디그子를알리업ᄉᆞ니잇고子ㅣᄀᆞᆯᄋᆞ샤ᄃᆡ天을怨티아니ᄒᆞ며人을尤티아니ᄒᆞ고下로學ᄒᆞ야上으로達ᄒᆞ노니나를아ᄂᆞᆫ者ᄂᆞᆫ그天인뎌

●不得於天、而不怨天、不合於人、而不尤人、但知下學、而自然上達、此但自言其反己自脩、循序漸進耳、無以甚異於人、而致其知也、然深味其語意、則見其中、自有人不及知、而天獨知之之妙、蓋在孔門、唯子貢之智、幾足以及此、故特語以發之、惜乎、其猶有所未達也、○程子曰、不怨天不尤人、在理當如此、又曰下學上達、意在言表、又曰學者、須守下學上達之語、乃學之要、蓋凡下學人事、便是上達天理、然習而不察、則亦不能以上達矣、

○公伯寮ㅣ愬子路於季孫이어ᄂᆞᆯ子服景伯이以告曰夫子ㅣ固有惑志於公伯寮ᄒᆞ니吾力이猶能肆諸市朝ㅣ니이다

公伯寮ㅣ子路를季孫의게愬ᄒᆞ야ᄂᆞᆯ子服景伯이써告ᄒᆞ야ᄀᆞᆯ오ᄃᆡ夫子ㅣ진실로公伯寮의게惑志를두ᄂᆞ니내힘이오히려能히市朝애肆ᄒᆞᆯ이이다

●公伯寮、魯人、子服、氏、景、謚、伯、字、魯大夫子服何也、夫子指季孫、言其有疑於寮之言也、肆、陳尸也、言欲誅寮、

子ㅣ曰道之將行也與도**命也**ㅣ며**道之將廢也與**도**命也**ㅣ니**公伯寮ㅣ其如命**에**何**ㅣ리오

子ㅣᄀᆞᆯᄋᆞ샤ᄃᆡ道의장ᄎᆞᆺ行홈도命이며道의장ᄎᆞᆺ廢홈도命이니公伯寮ㅣ그命에엇디리오

●謝氏曰、雖寮之愬行、亦命也、其實、寮無如之何、愚謂、言此、以曉景伯、安子路、而警伯寮耳、聖人於利害之際、則不待決於命、而後泰然也、

○**子ㅣ曰賢者**는**辟世**ᄒᆞ고

子ㅣᄀᆞᆯᄋᆞ샤ᄃᆡ賢ᄒᆞᆫ者ᄂᆞᆫ世를辟ᄒᆞ고

●天下無道而隱、若伯夷、太公、是也、

其次는**辟地**ᄒᆞ고

그次는地를辟ᄒᆞ고

●去亂國、適治邦、

其次는辟色ᄒᆞ고

그次는色을辟ᄒᆞ고

●禮貌衰而去、

其次는辟言이니라

그次는言을辟ᄒᆞᄂᆞ니라

●有違言而後去也、○程子曰、四者、雖以大小次第言之、然非有優劣也、所遇不同耳、

○子ㅣ曰作者ㅣ七人矣로다

子ㅣ골ᄋᆞ샤ᄃᆡ作ᄒᆞᆫ者ㅣ七人이로다

●李氏曰、作、起也、言起而隱去者、今七人矣、不可知其誰何、必求其人以實之、則鑿矣、

○子路ㅣ宿於石門이러니晨門이曰奚自오子路ㅣ曰自孔氏로다曰

磬 경쇠경 樂器玉 荷 멜하 擔也 蕢 삼태이 궤 草器 鄙 더러울 비 陋也 揭 들게 高擧

是ㅣ知其不可而爲之者與아

子路ㅣ石門에宿ᄒᆞ더니晨門이ᄀᆞᆯ오ᄃᆡ어ᄃᆡ로브터오子路ㅣᄀᆞᆯ오ᄃᆡ孔氏로브테로라ᄀᆞᆯ오ᄃᆡ이그可티아닌줄을알오ᄃᆡᄒᆞᄂᆞᆫ者가

●石門、地名、晨門、掌晨啓門、蓋賢人、隱於抱關者也、自、從也、問其何所從來也、胡氏曰、晨門、知世之不可、而不爲故、以是譏孔子、然不知聖人之視天下、無不可爲之時也、

○子ㅣ擊磬於衛러시니 有荷蕢而過孔氏之門者ㅣ 曰有心哉라 擊磬乎ㅣ여

子ㅣ磬을衛에서擊ᄒᆞ더시니蕢ᄅᆞᆯ荷ᄒᆞ고孔氏의門에過ᄒᆞᄂᆞᆫ者ㅣ이셔ᄀᆞᆯ오ᄃᆡ有心ᄒᆞ다磬을擊홈이어

●磬、樂器、荷、擔也、蕢、草器也、此荷蕢者、亦隱士也、聖人之心、未嘗忘天下、此人、聞其磬聲而知之、則亦非常人矣、

旣而曰鄙哉라 硜硜乎여 莫己音긔知也ㅣ어든 斯己音이而已矣니 深則厲오ㅣ淺則揭니라

蕢 주울홍 奄也

이슉고ᄀᆞᆯ오ᄃᆡ鄙ᄒᆞ다硜硜홈이여己를알리업거든아에말ᄯᆞ롬이니深ᄒᆞᆫ則厲ᄒᆞ고淺ᄒᆞᆫ則揭ᄒᆞᆯᄯᅵ니라

●硜硜、石聲、亦專確之意、以衣涉水曰厲、攝衣涉水曰揭、此兩句、衛風、匏有苦葉之詩也、譏孔子人不知己、而不止、不能適淺深之宜、

子ㅣ曰果哉라末之難矣니라

子ㅣᄀᆞᆯᄋᆞ샤ᄃᆡ果ᄒᆞ다難홈이업ᄉᆞ니라

●果哉、歎其果於忘世也、末、無也、聖人、心同天地、視天下、猶一家、中國、猶一人、不能一日忘也、故聞荷蕢之言、而歎其果於忘世、且言人之出處、若但如此、則亦無所難矣、

○子張이曰書云高宗이諒陰三年을不言이라ᄒᆞ니何謂也잇고

子張이ᄀᆞᆯ오ᄃᆡ書에닐오ᄃᆡ高宗이諒陰에三年을言티아니타ᄒᆞ니엇디닐옴이니잇고

●高宗、商王武丁也、諒陰、天子居喪之名、未詳其義、

子ㅣ曰何必高宗이리오古之人이皆然ᄒᆞ니君薨커시든百官이總己ᄒᆞ야以

總 거ᄂᆞ릴총 統也 冢 ᄆᆞᄅᆞ총 大也

聽於冢宰三年ᄒᆞ니라

子ㅣ ᄀᆞᆯᄋᆞ샤ᄃᆡ 엇디 반ᄃᆞ시高宗ᄲᅮᆫ이리오녯사ᄅᆞᆷ이다그러ᄒᆞ니君이薨커시든百官이己를總ᄒᆞ야써冢宰의게聽홈을三年을ᄒᆞ니라

●言、君薨、則諸侯、亦然、總己、謂總攝己職・冢宰、大(音태)宰也、百官聽於冢宰、故君得以三年不言也、○胡氏曰、位有貴賤、而生於父母、無以異者、故三年之喪、自天子達、子張、非疑此也、殆以爲人君三年不言、則臣下、無所稟令、禍亂或由以起也、孔子告以聽於冢宰、則禍亂、非所憂矣、

○子ㅣ曰上아好禮則民易(音이)使也ㅣ니라

子ㅣ ᄀᆞᆯᄋᆞ샤ᄃᆡ上이禮를好ᄒᆞ면民을使홈이易ᄒᆞ니라

●謝氏曰、禮達、而分定、故民易使、

○子路ㅣ問君子ᄒᆞᆫ대子ㅣ曰修己(音긔)以敬이니라 曰如斯而已(音이)乎ㅣ잇가 曰修己以安人이니라 曰如斯而已乎ㅣ잇가 曰修己以安百姓이니 修己以安百姓은堯舜도其猶病諸시니라

子路ㅣ 君子를묻ᄌᆞ온대子ㅣ ᄀᆞᆯᄋᆞ샤ᄃᆡ 己를修호ᄃᆡ敬으로써 홀ᄯᅵ니라ᄀᆞᆯ오샤ᄃᆡ

壤 흙덩이 양 柔土無塊曰 杖ㅣ 집항이 장 持也 凴倚 脛 종아리 경 膝下骨

이러틋ᄒᆞᆯᄯᆞᄅᆞᆷ이니잇가ᄀᆞᆯᄋᆞ샤ᄃᆡ己를修ᄒᆞ야써人을安ᄒᆞᆯᄯᅵ니라ᄀᆞᆯ오ᄃᆡ이러틋ᄒᆞᆯ
ᄯᆞᄅᆞᆷ이니잇가ᄀᆞᆯᄋᆞ샤ᄃᆡ己를修ᄒᆞ야써百姓을安ᄒᆞᆯᄯᅵ니己를修ᄒᆞ야써百姓을安ᄒᆞᆷ은
堯舜도그오히려病ᄒᆞ시니라

●脩己以敬、夫子之言、至矣盡矣、而子路少之、故再以其充積之盛、自然及物者、告之、無他道也、人者對己而言、百姓則盡乎人矣、堯舜猶病、言不可以有加於此、以抑子路、使反求諸近也、蓋聖人之心、無窮、世雖極治、然豈能必知四海之內、果無一物不得其所哉、故堯舜、猶以安百姓爲病、若曰吾治已足、則非所以爲聖人矣、○程子、曰君子、脩己以安百姓、篤恭而天下平、唯上下一於恭敬、則天地自位、萬物自育、氣無不和、而四靈畢至矣、此體信達順之道、聰明睿知、皆由是出、以此事天饗帝、

○原壤이夷俟ㅣ러니子ㅣ曰幼而不孫弟ᄒᆞ며長而無述焉이오老而不死ㅣ是爲賊이라ᄒᆞ시고以杖叩其脛ᄒᆞ시다

原壤이夷ᄒᆞ야俟ᄒᆞ더니子ㅣᄀᆞᆯᄋᆞ샤ᄃᆡ어려서孫弟티아니ᄒᆞ며ᄌᆞ라述ᄒᆞᆷ이업고늙오ᄃᆡ死티아니ᄒᆞᆷ이이賊이라ᄒᆞ시고杖으로써그脛을叩ᄒᆞ시다

●原壤、孔子之故人、母死而歌、蓋老氏之流、自放於禮法之外者、夷、蹲踞也、俟待也、言見孔子來、而蹲踞以待之也、述、猶稱也、賊者、害人之名、以其自幼至老、無一善狀、而久生於世、徒足以敗常亂俗、則是賊而已矣、脛、足骨也、孔子既責之、而因以所曳之杖、微擊其脛、若使勿蹲踞然、

○**闕黨童子ㅣ將命이어늘 或이 問之曰益者與잇가**

闕黨앳童子ㅣ命을將ᄒᆞ거늘或이묻ᄌᆞ와ᄀᆞᆯ오ᄃᆡ益ᄒᆞᄂᆞᆫ者ㅣ니잇가

●闕黨、黨名、童子、未冠者之稱、將命、謂傳賓主之言、或人、疑此童子、學有進益故孔子、使之傳命、以寵異之也、

子ㅣ曰吾ㅣ見其居於位也ᄒᆞ며 見其與先生並行也ᄒᆞ니 非求益者也ㅣ라 欲速成者也ㅣ니라

子ㅣᄀᆞᆯᄋᆞ샤ᄃᆡ내그位에居홈을見ᄒᆞ며그先生으로더부러ᄀᆞᆯ와行홈을見ᄒᆞ니益을求ᄒᆞᄂᆞᆫ者ㅣ아니라ᄲᆞᆯ니이루고져ᄒᆞᄂᆞᆫ者ㅣ니라

●禮、童子、當隅坐、隨行、孔子、言吾見此童子、不循此禮、非能求益、但欲速成爾、故使之給使令之役、觀長少之序、習揖遜之容、蓋所以抑而敎之、非寵而異之

也、

懸吐釋字具解集註論語卷之十四終

俎 제긔조 祭享載牲器

糧 량식량 穀食糗糒資ㅣ

懸吐釋字具解集註論語卷之十五

衛靈公第十五

凡四十一章

衛靈公이 問陳於孔子대ᄒᆞᆫ 孔子ㅣ 對曰俎豆之事는 則嘗聞之矣어니와 軍旅之事는 未之學也ㅣ라ᄒᆞ시고 明日에 遂行ᄒᆞ시다

衛靈公이陳을孔子ᄭᅴ묻ᄌᆞ온대孔子ㅣ對ᄒᆞ야ᄀᆞᆯᄋᆞ샤ᄃᆡ俎豆의事는일즉드럿거니와軍旅의事는學디못ᄒᆞ얀노이다ᄒᆞ시고明日에드듸여行ᄒᆞ시다

●陳、謂軍師行音항伍之列、俎豆、禮器、尹氏曰、衛靈公、無道之君也、復有志於戰伐之事、故荅以未學而去之、

在陳絶糧ᄒᆞ니 從者ㅣ 病ᄒᆞ야 莫能興이러니

陳에계셔糧이絕ᄒᆞ니從者ㅣ病ᄒᆞ야能히興티못ᄒᆞ더니

●孔子、去衛、適陳、興、起也、

子路ㅣ 慍見音현 曰君子ㅣ 亦有窮乎ㅣ잇가 子ㅣ 曰君子ㅣ 固窮이니 小

濫 넘칠람 溢也 氾也

人은 窮斯濫矣니다

子路ㅣ慍ᄒᆞ야見ᄒᆞ야ᄀᆞᆯ오ᄃᆡ君子ㅣᄯᅩᄒᆞᆫ窮ᄒᆞᆷ이인ᄂᆞ니잇가子ㅣᄀᆞᆯᄋᆞ샤ᄃᆡ君子ㅣ진실로窮ᄒᆞᄂᆞ니小人은窮ᄒᆞ면이에濫ᄒᆞᄂᆞ니라

●何氏曰、濫、溢也、言君子、固有窮時、不若小人窮、則放溢爲非、程子曰、固窮者、固守其窮亦通、○愚謂、聖人、當行而行、無所顧慮、處困而亨、無所怨悔、於此可見、學者宜深味之、

○子ㅣ曰賜也아 女ㅣ以予로 爲多學而識音지之者與아

子ㅣᄀᆞᆯᄋᆞ샤ᄃᆡ賜아네나로ᄡᅥ만히學ᄒᆞ야識ᄒᆞᄂᆞᆫ者ㅣ라ᄒᆞᄂᆞ냐

●子貢之學、多而能識矣、夫子、欲其知所本也、故問以發之、

對曰然ᄒᆞ이다 非與잇가

對ᄒᆞ야ᄀᆞᆯ오ᄃᆡ그러ᄒᆞ이다아니니잇가

●方信而忽疑、蓋其積學功至、而亦將有得也、

曰非也ㅣ라 予는 一以貫之니라

ᄀᆞᆯᄋᆞ샤ᄃᆡ아니라나ᄂᆞᆫ一이ᄡᅥ貫ᄒᆞ얏ᄂᆞ니라

●說見(音현) 第四篇、然彼以行言、而此以知言也、●謝氏曰、聖人之道、大矣、人不能遍觀而盡識、宜其以爲多學而識之也、然聖人、豈務博者哉、如天之於衆形、匪物物刻而雕之也、故曰予、一以貫之、德輶如毛、毛猶有倫、上天之載、無聲無臭、至矣、尹氏曰、孔子之於曾子、不待其問、而直告之以此、曾子復深喩之曰唯、若子貢則先發其疑而後、告之、而子貢、終不能如曾子之唯也、二子所學之淺深、於此可見、愚按、夫子之於子貢、屢有以發之、而他人不與焉、則顏曾以下、諸子所學之淺深、又可見矣、

○子ㅣ曰由아 知德者ㅣ鮮矣니라

子ㅣ골ᄋᆞ샤ᄃᆡ由아德을아ᄂᆞᆫ者ㅣ져그니라

●由、呼子路之名、而告之也、德、謂義理之得於己者、己非有之、不能知其意味之實也、○自第一章至此、疑皆一時之言、此章、蓋爲慍見發也、

○子ㅣ曰無爲而治者는 其舜也與신뎌 夫何爲哉시리오 恭己(音긔) 正南面而已(音이)矣시니라

子ㅣ골ᄋᆞ샤ᄃᆡᄒᆞ욤업시治ᄒᆞᆫ者ᄂᆞᆫ그舜이신뎌무슨일을ᄒᆞ시리오己를恭ᄒᆞ고正히

蠻 오랑캐 만 南夷鴂舌人

貊 오랑캐 믹 北狄也

輿 수레바탕 여 車底

南面ᄒᆞ실ᄯᆞᄅᆞᆷ이시니라

●無爲而治者、聖人德盛、而民化、不待其有所作爲也、獨稱舜者、紹堯之後、而又得人以任衆職、故尤不見其有爲之迹也、恭己者、聖人敬德之容、旣無所爲、則人之所見、如此而已、

○**子張**이**問行**ᄒᆞᆫ대

子張이行을묻ᄌᆞ온대

●猶問達之意也、

子ㅣ**曰言忠信**ᄒᆞ며**行篤敬**이면**雖蠻貊之邦**이라도**行矣**어니와**言不忠信**ᄒᆞ며**行不篤敬**이면**雖州里**나**行乎哉**아

子ㅣᄀᆞᆯᄋᆞ샤ᄃᆡ言이忠信ᄒᆞ며行이篤敬ᄒᆞ면비록蠻貊人邦이라도行ᄒᆞ려니와言이忠信티몯ᄒᆞ며行이篤敬티몯ᄒᆞ면비록州里나行ᄒᆞ랴

●子張、意在得行於外、故夫子反於身而言之、猶答干祿問達之意也、篤、厚也、蠻、南蠻、貊、北狄、二千五百家爲州、

立則見其參音참**於前也**오**在輿則見其倚於衡也**니**夫然後行**

倚 의지홀 의 依也
衡 멍에 형 車軛

이니리

立혼則그前에參홈을見ᄒ고輿에이슨즉그衡에倚홈을見홀띠니그런後에行ᄒᄂ니라

●其者、持忠信篤敬而言、參、讀如毋往參焉之參、言與我相參也、衡、軛(音외)也、言其於忠信篤敬、念念不忘、隨其所在常若有見、雖欲頃刻離之、而不可得、然後一言一行、自然不離於忠信篤敬、而蠻貊可行也、

子張이書諸紳ᄒ니라

子張이紳에書ᄒ니라

●紳、大帶之垂者、書之、欲其不忘也、○程子曰、學要鞭辟(音벽)近裏、著己而已、博學而篤志、切問而近思、言忠信、行篤敬、立則見其參於前、在輿則見其倚於衡、卽此是、學質美者、明得盡查滓、便渾化、却與天地同體、其次、惟莊敬以持養之、及其至則一也、

○子ㅣ曰直哉라史魚ㅣ여邦有道에如矢ᄒ며邦無道에如矢로다

子ㅣ ᄀᆞᆯᄋᆞ샤ᄃᆡ直ᄒ다史魚ㅣ여邦이道ㅣ이숌애矢ᄀᆞᆺᄐᆞ며邦이道ㅣ업슴에矢ᄀᆞᆺ도

다

●史、官名、魚、衛大夫名鰌(音추)、如矢、言直也、史魚、自以不能進賢退不肖、既死、猶以尸諫、故夫子稱其直、事見(音현)家語、

君子哉(라)**蘧伯玉**(이여)**邦有道則仕**(ᄒᆞ고)**邦無道則可卷而懷之**(로다)

君子ㅣ라蘧伯玉이여邦이道ㅣ이신則仕ᄒᆞ고邦이道ㅣ업슨則可히卷ᄒᆞ야懷ᄒᆞ리로다

●伯玉出處、合於聖人之道、故曰君子、卷、收也、懷、藏也、如於孫林父(音보)甯殖、放弑之謀、不對而出、亦其事也、○楊氏曰、史魚之直、未盡君子之道、若蘧伯玉、然後可免於亂世、若史魚之如矢、則雖欲卷而懷之、有不可得也、

○子ㅣ曰可與言而不與之言(이면)**失人**(이오)**不可與言而與之言**(이면)**失言**(이니)**知者**(ᄂᆞᆫ)**不失人**(ᄒᆞ며)**亦不失言**(이니라)

子ㅣ ᄀᆞᆯᄋᆞ샤ᄃᆡ可히더브러言ᄒᆞ얌즉호ᄃᆡ더브러言티아니ᄒᆞ면人을失홈이오可히더브러言ᄒᆞ얌즉디아니호ᄃᆡ더브러言ᄒᆞ면言을失홈이니知ᄒᆞᆫ者ᄂᆞᆫ人을失티아니ᄒᆞ며또ᄒᆞᆫ言을失티아니ᄒᆞᄂᆞ니라

○子ㅣ曰志士仁人은無求生而害仁이오有殺身以成仁이니라

子ㅣ골ᄋᆞ샤ᄃᆡ志士와仁人은生을求ᄒᆞ야써仁을害홈이업고身을殺ᄒᆞ야써仁을成홈이인ᄂᆞ니라

●志士、有志之士、仁人、則成德之人也、理當死而求生、則於其心、有不安矣、是害其心之德也、當死而死、則心安而德全矣、○程子曰、實理得之、於心自別、實理者、實見得是、實見得非也、古人、有捐軀隕命者、若不實見得、惡(音오)能如此、須是實見得、生不重於義、生不安於死也、故有殺身以成仁者、只是成就一個是而已、

○子貢이問爲仁ᄒᆞᆫ대子ㅣ曰工欲善其事ᄃᆡᆫ必先利其器ㅣ니居是邦也ᄒᆞ야事其大夫之賢者ᄒᆞ며友其士之仁者ㅣ니라

子貢이仁ᄒᆞ욤을묻ᄌᆞ온대子ㅣ골ᄋᆞ샤ᄃᆡ工이그事를善코쟈홀띤댄반ᄃᆞ시몬져그器를利케ᄒᆞᄂᆞ니이邦에居ᄒᆞ야그大夫의賢ᄒᆞᆫ者를事ᄒᆞ며그士의仁ᄒᆞᆫ者를友홀띠니라

●賢、以事言、仁、以德言、夫子嘗謂子貢、悅不若己者、故以是告之、欲其有所嚴憚、切磋以成其德也、○程子曰、子貢問爲仁、非問仁也、故孔子、告之以爲仁之資

輅 수릭로 車也天子玉ㅣ

而已、

○顔淵이問爲邦ᄒᆞᆫ대

顔淵이邦ᄒᆞ욤을묻ᄌᆞ온대

●顔子、王佐之才、故問治天下之道、曰爲邦者、謙辭、

子ㅣ曰行夏之時ᄒᆞ며

子ㅣᄀᆞᆯᄋᆞ샤ᄃᆡ夏ㅅ時를行ᄒᆞ며

●夏時、謂以斗柄、初昏建寅之月、爲歲首也、天開於子、地闢於丑、人生於寅、故斗柄、建此三辰之月、皆可以爲歲首、而三代迭用之、夏以寅、爲人正、商以丑、爲地正、周以子、爲天正也、然時以作事、則歲月、自當以人爲紀、故孔子嘗曰吾得夏時焉、而說者以爲夏小正之屬、蓋取其時之正、與其令之善、而於此、又以告顔子也、

乘殷之輅ᄒᆞ며

殷ㅅ輅를乘ᄒᆞ며

●商輅、木輅也、輅者、大車之名、古者、以木爲車而已、至商而有輅之名、蓋始異

淫 음란홀 음 過也 亂也 貪也

其制也、周人、飾以金玉、則過侈而易이音敗、不若商輅之朴素渾堅、而等威已辨、爲質而得其中也、

服周之冕ᄒᆞ며

周人冕을服ᄒᆞ며

●周冕、有五、祭服之冠也、冠上有覆부音、前後有旒류音、黃帝以來、蓋已有之、而制度儀等、至周始備、然其爲物小、而加於衆體之上、故雖華而不爲靡、雖費而不及奢、夫子取之、蓋亦以爲文而得其中也、

樂악音**則韶舞**ㅣ오

樂인則韶舞ㅣ오

●取其盡善盡美、

放鄭聲ᄒᆞ며**遠佞人**이니**鄭聲**은**淫**ᄒᆞ고**佞人**은**殆**니라

鄭聲을放ᄒᆞ며佞人을遠홀띠니鄭聲은淫ᄒᆞ고佞人은殆ᄒᆞ니라

●放、謂禁絕之、鄭聲、鄭國之音、佞人、卑諂辨給之人、殆、危也、○程子曰、問政多矣、惟顏淵、告之以此、蓋三代之制、皆因時損益、及其久也、不能無弊、周衰、聖

人不作、故孔子、斟酌先王之禮、立萬世常行之道、發此以爲之兆耳、由是求之、則餘皆可考也、張子曰、禮樂、治之法也、放鄭聲、遠佞人、法外意也、一日不謹、則法壞矣、虞夏君臣、更相戒飭、意蓋如此、又曰、法立而能守、則德可久業可大、鄭聲、佞人、能使人喪其所守、故放遠之、尹氏曰、此所謂百王不易之大法、孔子之作春秋、蓋此意也、孔顔雖不得行之於時、然其爲治之法、可得而見矣、

○子ㅣ曰人無遠慮면必有近憂ㅣ니라

子ㅣ골ᄋᆞ샤ᄃᆡ人이遠慮ㅣ업ᄉᆞ면반ᄃᆞ시近憂ㅣ인ᄂᆞ니라

●蘇氏曰、人之所履者、容足之外、皆爲無用之地、而不可廢也、故慮不在千里之外、則患在几席之下矣、

○子ㅣ曰已矣乎라吾未見好德을如好色者也케라

子ㅣ골ᄋᆞ샤ᄃᆡ말올씨라德好홈을色好홈ᄀᆞᆺ티ᄒᆞᄂᆞᆫ者를見타못게라

●已矣乎、嘆其終不得而見之也、

○子ㅣ曰臧文仲은其竊位者與ㄴ뎌知柳下惠之賢而不與立也ㅣ로다

薄 박ᄒᆞᆯ박 不厚少也

慧 지혜혜 智也

子ㅣ ᄀᆞᆯᄋᆞ샤ᄃᆡ臧文仲은그位를竊ᄒᆞᆫ者ㅣᆫ뎌柳下惠의賢을알오ᄃᆡ더브러立ᄒᆞ디아니ᄒᆞ도다

●竊位、言不稱其位、而有愧於心、如盜得而陰據之也、柳下惠、魯大夫展獲、字禽、食邑柳下、諡曰惠、與立、謂與之幷立於朝、范氏曰、臧文仲、爲政於魯、若不知賢、是不明也、知而不舉、是蔽賢也、不明之罪小、蔽賢之罪大、故孔子以爲不仁、又以爲竊位、

○子ㅣ曰躬自厚而薄責於人이면**則遠怨矣**니라

子ㅣ ᄀᆞᆯᄋᆞ샤ᄃᆡ躬을스ᄉᆞ로厚히ᄒᆞ고人을責홈을薄히ᄒᆞ면곳怨을遠ᄒᆞᄂᆞ니라

●責己厚故、身益脩、責人薄故、人易從、所以人不得而怨之、

○子ㅣ曰不曰如之何如之何者ᄂᆞᆫ**吾末如之何也已矣**니라

子ㅣ ᄀᆞᆯᄋᆞ샤ᄃᆡ엇디리오엇디리오아니ᄒᆞᄂᆞᆫ者ᄂᆞᆫ내엇디려뇨홈이업슬ᄯᆞᄅᆞᆷ이니라

●如之何、如之何者、熟思而審處之辭也、不如是而妄行、雖聖人、亦無如之何矣、

○子ㅣ曰羣居終日에**言不及義**오**好行小慧**면**難矣哉**라

子ㅣ ᄀᆞᆯᄋᆞ샤ᄃᆡ모다居ᄒᆞ야日을終홈애言이義에及디아니ᄒᆞ고小慧ᄅᆞᆯ行홈을好ᄒᆞ

衿 옷깃금 衣領

면어렵다

●小慧、私智也、言不及義、則放辟同僻邪侈之心、滋、好行小慧、則行險僥倖之機、熟、難矣哉者、言其無以入德、而將有患害也、

○子ㅣ曰君子ㅣ義以爲質이오禮以行之ᄒᆞ며孫以出之ᄒᆞ며信以成之ᄒᆞᄂᆞ니君子哉라

子ㅣᄀᆞᆯᄋᆞ샤ᄃᆡ君子ㅣ義로써質을삼고禮로써行ᄒᆞ며孫으로써出ᄒᆞ며信으로써成ᄒᆞᄂᆞ니君子ㅣ라

●義者、制事之本、故以爲質幹、而行之、必有節文、出之、必以退遜、成之、必在誠實、乃君子之道也、○程子曰、義以爲質、如質幹、然禮行此、孫出此、信成此、此四句、只是一事、以義爲本、又曰敬以直內、則義以方外、義以爲質、則禮以行之、孫以出之、信以成之、

○子ㅣ曰君子ᄂᆞᆫ病無能焉이오不病人之不己知也ㅣ니라

子ㅣᄀᆞᆯᄋᆞ샤ᄃᆡ君子ᄂᆞᆫ能업슴을病ᄒᆞ고人의己아디몯홈을病티아니ᄒᆞᄂᆞ니라

○子ㅣ曰君子ᄂᆞᆫ疾沒世而名不稱焉이니라

子ㅣᄀᆞᆯᄋᆞ샤ᄃᆡ君子ᄂᆞᆫ世ㅣ沒토록名이稱티못홈을疾ᄒᆞᄂᆞ니라

●范氏曰、君子、學以爲己、不求人知、然沒世而名不稱焉、則無爲善之實、可知矣、

○子ㅣ曰君子ᄂᆞᆫ求諸己오小人은求諸人이니라

子ㅣᄀᆞᆯᄋᆞ샤ᄃᆡ君子ᄂᆞᆫ己에求ᄒᆞ고小人은人에求ᄒᆞᄂᆞ니라

●謝氏曰、君子、無不反求諸己、小人反是、此君子小人、所以分也、○楊氏曰、君子、雖不病人之不己知、然亦疾沒世而名不稱也、雖疾沒世而名不稱然、所以求者、亦反諸己而已、小人求諸人、故違道干譽、無所不至、三者、文不相蒙而意實相足、亦記言者之意、

○子ㅣ曰君子ᄂᆞᆫ矜而不爭ᄒᆞ며群而不黨이니라

子ㅣᄀᆞᆯᄋᆞ샤ᄃᆡ君子ᄂᆞᆫ矜ᄒᆞ고爭티아니ᄒᆞ며羣ᄒᆞ고黨티아니ᄒᆞᄂᆞ니라

●莊而持己曰矜、然無乖戾之心、故不爭、和以處衆曰羣、然無阿比之意、故不黨、

○子ㅣ曰君子ᄂᆞᆫ不以言擧人ᄒᆞ며不以人廢言이니라

子ㅣᄀᆞᆯᄋᆞ샤ᄃᆡ君子ᄂᆞᆫ言으로써人을擧티아니ᄒᆞ며人으로써言을廢티아니ᄒᆞᄂᆞ니

毁훼방훼 謗也

譽명여여 稱也聲也

라

○子貢이 問曰有一言而可以終身行之者乎ㅣ잇고 子ㅣ曰其恕乎ㄴ뎌己所不欲을勿施於人이니라

子貢이뭇ᄌᆞ와ᄀᆞᆯ오ᄃᆡ 一言이오可히써身이終토록行ᄒᆞ얌즉ᄒᆞᆫ者ㅣ인ᄂᆞ니잇가子ㅣᄀᆞᆯᄋᆞ샤ᄃᆡ그恕ㄴ뎌己의欲디아니ᄒᆞᄂᆞᆫ바를人의게施티말올띠니라

●推己及物、其施不窮、故可以終身行之、○尹氏曰、學貴於知要、子貢之問、可謂知要矣、孔子告以求仁之方也、推而極之、雖聖人之無我、不出乎此、終身行之、不亦宜乎、

○子ㅣ曰吾之於人也애 誰毁誰譽ㅣ리오 如有所譽者ㅣ면 其有所試矣니라

子ㅣᄀᆞᆯᄋᆞ샤ᄃᆡ내人에누를毁ᄒᆞ며누를譽ᄒᆞ리오만일에譽ᄒᆞᄂᆞᆫ배이시면그試ᄒᆞᆫ배인ᄂᆞ니라

●毁者、稱人之惡、而損其眞、譽者、揚人之善、而過其實、夫子、無是也、然或有所譽者、則必嘗有以試之、而知其將然矣、聖人善善之速、而無所苟如此、若其惡惡、

則己緩矣、是以、雖有以前知其惡、而終無所毁也、

斯民也는三代之所以直道而行也ㅣ니라

이民은三代의直道로써行ᄒᆞ던배니라

●斯民者、今此之人也、三代、夏商周也、直道、無私曲也、言吾之所以無所毁譽者、蓋以此民、卽三代之時、所以善其善、惡其惡、而無所私曲之民、故我今亦不得而枉其是非之實也、○尹氏曰、孔子之於人也、豈有意於毁譽之哉、其所以譽之者、蓋試而知其美故也、斯民也、三代所以直道而行、豈得容私於其間哉、

○子ㅣ曰吾猶及史之闕文也와有馬者ㅣ借人乘之ᄒᆞ니今亡矣夫ᆫ뎌

子ㅣ골ᄋᆞ샤ᄃᆡ내오히려史의文을闕ᄒᆞᆷ과馬둔ᄂᆞᆫ者ㅣ人을빌여乘ᄒᆞ옴을及ᄒᆞ니이제업슨뎌

●楊氏曰、史闕文、馬借人、此二事、孔子猶及見之、今亡무音矣、夫悼時之益偸也、愚謂、此必有爲而言、蓋雖細故、而時變之大者、可知矣、○胡氏曰、此章義疑、不可强解、

○子ㅣ曰巧言은亂德이오小不忍則亂大謀ㅣ니라

子ㅣᄀᆞᆯᄋᆞ샤ᄃᆡ巧ᄒᆞᆫ言은德을亂ᄒᆞ고小를忍티못ᄒᆞ면大謀를亂ᄒᆞᄂᆞ니라

●巧言、變亂是非、聽之、使人喪其所守、小不忍、如婦人之仁、匹夫之勇、皆是、

○子ㅣ曰衆惡(音오)之라도必察焉ᄒᆞ며衆好之라도必察焉이니라

子ㅣᄀᆞᆯᄋᆞ샤ᄃᆡ衆이惡ᄒᆞ야도반ᄃᆞ시察ᄒᆞ며衆이好ᄒᆞ야도반ᄃᆞ시察홀ᄯᅵ니라

●楊氏曰、惟仁者、能好惡人、衆好惡之、而不察、則或蔽於私矣、

○子ㅣ曰人能弘道ㅣ오非道ㅣ弘人이니라

子ㅣᄀᆞᆯᄋᆞ샤ᄃᆡ人이能히道를弘ᄒᆞ고道ㅣ人을弘홈이아니니라

●弘、廓(音곽)而大之也、人外無道、道外無人、然人心有覺、而道體無爲、故人能大其道、道不能大其人也、○張氏曰、心能盡性、人能弘道也、性不知檢其心、非道弘人也、

○子ㅣ曰過而不改ㅣ是謂過矣니라

子ㅣᄀᆞᆯᄋᆞ샤ᄃᆡ過ㅣ오改티아니홈이이닐온過ㅣ니라

●過而能改、則復於無過、唯不改、則其過遂成、而將不及改矣、

○子ㅣ曰吾嘗終日不食ᄒᆞ며終夜不寢ᄒᆞ야以思호니無益이라不如學也ㅣ로다

子ㅣᄀᆞᆯᄋᆞ샤ᄃᆡ내일즉日이終토록食디아니ᄒᆞ며夜ㅣ終토록寢티아니ᄒᆞ야써思호니益이업슨디라學홈만ᄀᆞᆺ디못ᄒᆞ도다

●此爲思而不學者言之、蓋勞心以必求、不如遜志而自得也、李氏曰、夫子非思而不學者、特垂語以敎人爾、

○子ㅣ曰君子ᄂᆞᆫ謀道ㅣ오不謀食ᄒᆞᄂᆞ니耕也애餒在其中矣오學也애祿在其中矣니君子ᄂᆞᆫ憂道ㅣ오不憂貧이니라

子ㅣᄀᆞᆯᄋᆞ샤ᄃᆡ君子ᄂᆞᆫ道ᄅᆞᆯ謀ᄒᆞ고食을謀티아니ᄒᆞᄂᆞ니耕홈애餒그中에잇고學홈애祿이그中에잇ᄂᆞ니君子ᄂᆞᆫ道ᄅᆞᆯ憂ᄒᆞ고貧을憂티아니ᄒᆞᄂᆞ니라

●耕、所以謀食、而未必得食、學、所以謀道、而祿在其中、然其學也、憂不得乎道而已、非爲憂貧之故、而欲爲是以得祿也、○尹氏曰、君子治其本、而不卹其末、豈以自外至者爲憂樂音락哉、

○子ㅣ曰知及之오도仁不能守之면雖得之나必失之니라

涖 림ᄒᆞᆯ이 臨也

子ㅣ ᄀᆞᆯᄋᆞ샤ᄃᆡ 知及ᄒᆞ고도 仁이 能히 守티 몯ᄒᆞ면 비록 得ᄒᆞ나 반ᄃᆞ시 失ᄒᆞᄂᆞ니라

●知足以知此理、而私欲間之、則無以有之於身矣、

知及之ᄒᆞ며 仁能守之오도 不莊以涖之則民不敬이니라

知及ᄒᆞ며 仁이 能히 守ᄒᆞ고도 莊으로써 涖티 아니ᄒᆞ면 民이 敬티 아니ᄒᆞᄂᆞ니라

●涖、臨也、謂臨民也、知此理、而無私欲以間之、則所知者、在我而不失矣、然猶有不莊者、蓋氣習之偏、或有厚於內、而不嚴於外者、是以民不見其可畏而慢易이音之、下句放此、

知及之ᄒᆞ며 仁能守之ᄒᆞ며 莊以涖之오도 動之不以禮면 未善也ㅣ니라

知及ᄒᆞ며 仁이 能히 守ᄒᆞ며 莊으로써 涖ᄒᆞ고도 動ᄒᆞᄃᆡ 禮로써 아니ᄒᆞ면 善티 몯ᄒᆞ니라

●動之、動民也、猶曰鼓舞、而作興之云爾、禮、謂義理之節文、○愚謂、學至於仁、則善有諸己、而大本立矣、涖之不莊、動之不以禮、乃其氣稟、學問之小疵、然亦非盡善之道也、故夫子歷言之、使知德愈全、則責愈備、不可以爲小節而忽之也、

○子ㅣ 曰君子ᄂᆞᆫ 不可小知而可大受也오 小人은 不可大受

而可小知也ㅣ니라

子ㅣ 골ᄋᆞ샤ᄃᆡ 君子ᄂᆞᆫ 可히 小에 知티 못ᄒᆞ고 可히 大엔 受ᄒᆞᆯ게시오 小人은 可히 大엔 受티 못ᄒᆞ고 可히 小에 知ᄒᆞᆯ게시니라

●此言觀人之法、知、我知之也、受、彼所受也、蓋君子於細事、未必可觀、而材德足以任重、小人雖器量淺狹、而未必無一長可取、

○子曰民之於仁也에 甚於水火ᄒᆞ니 水火ᄂᆞᆫ 吾見蹈而死者矣어니와 未見蹈仁而死者也케라

子ㅣ 골ᄋᆞ샤ᄃᆡ 民이 仁에 水火보다 甚ᄒᆞ니 水火ᄂᆞᆫ 내 蹈ᄒᆞ야 死ᄒᆞᄂᆞᆫ 者를 보앗거니와 仁을 蹈ᄒᆞ야 死ᄒᆞᄂᆞᆫ 者를 보지 못게라

●民之於水火、所賴而生、不可一日無、其於仁也亦然、但水火外物、而仁在己、無水火、不過害人之身、而不仁則失其心、是仁有甚於水火、而尤不可一日無者也、況水火、或有時而殺人、仁則未嘗殺人、亦何憚而不爲哉、李氏曰、此夫子、勉人爲仁之語、下章放此、

○子ㅣ曰當仁ᄒᆞ야不讓於師ㅣ니라

子ㅣ갈ᄋᆞ샤ᄃᆡ仁을當ᄒᆞ야師에讓티아니홀ᄯᅵ니라

●當仁、以爲己任也、雖師、亦無所遜、言當勇往而必爲也、蓋仁者、人所自有而自爲之、非有爭也、何遜之有、○程子曰、爲仁在己、無所與遜、若善名在外、則不可不遜、

○子ㅣ曰君子ᄂᆞᆫ貞而不諒이니라

子ㅣ갈ᄋᆞ샤ᄃᆡ君子ᄂᆞᆫ貞ᄒᆞ고諒티아니ᄒᆞᄂᆞ니라

●貞、正而固也、諒、則不擇是非、而必於信、

○子ㅣ曰事君호ᄃᆡ敬其事而後其食이니라

子ㅣ갈ᄋᆞ샤ᄃᆡ君을事호ᄃᆡ그事를敬ᄒᆞ고그食을後홀ᄯᅵ니라

●後、與後獲之後同、食、祿也、君子之仕也、有官守者、修其職、有言責者、盡其忠、皆以敬君之事而已、不可先有求祿之心也、

○子ㅣ曰有敎ㅣ면無類ㅣ니라

子ㅣ갈ᄋᆞ샤ᄃᆡ敎를두면類ㅣ업ᄉᆞ리니라

●人性皆善、而其類有善惡之殊者、氣習之染也、故君子有敎、則人皆可以復於善

而不當復論其類之惡矣、

○子曰道不同이면不相爲謀ㅣ니라

子ㅣ골ᄋᆞ샤ᄃᆡ道ㅣ同티아니면서로爲ᄒᆞ야謀티못ᄒᆞᄂᆞ니라

○子ㅣ曰辭ᄂᆞᆫ達而已矣니라

子ㅣ골ᄋᆞ샤ᄃᆡ辭ᄂᆞᆫ達ᄒᆞᆯᄯᆞᄅᆞᆷ이니라

●辭、取達意而止、不以富麗爲工、

○師冕이見音현ᄒᆞᆯ새及階어ᄂᆞᆯ子ㅣ曰階也ㅣ라ᄒᆞ시고及席어ᄂᆞᆯ子ㅣ曰席也ㅣ라ᄒᆞ시고皆坐ㅣ어ᄂᆞᆯ子ㅣ告之曰某在斯某在斯ㅣ라ᄒᆞ시다

師ㅣ언冕이見ᄒᆞᆯ새階에밋처ᄂᆞᆯ子ㅣ골ᄋᆞ샤ᄃᆡ階라ᄒᆞ시고席에밋처ᄂᆞᆯ子ㅣ골ᄋᆞ샤ᄃᆡ席이라ᄒᆞ시고다坐ᄒᆞ야ᄂᆞᆯ子ㅣ告ᄒᆞ야골ᄋᆞ샤ᄃᆡ某ㅣ이에잇고某ㅣ이에잇다ᄒᆞ시다

●師、樂師、瞽者、冕、名、再言某在斯、歷擧在坐之人以語之、

師冕이出커ᄂᆞᆯ子張이問曰與師言之道與잇가

師ㅣ언冕이出커ᄂᆞᆯ子張이묻ᄌᆞ와골오ᄃᆡ師로더브러言ᄒᆞᄂᆞᆫ道ㅣ니잇가

●聖門學者、於夫子之一言一動、無不存心省察如此、

子ㅣ曰然하다固相師之道也ㅣ니라

子ㅣ ᄀᆞᆯᄋᆞ샤ᄃᆡ 그러ᄒᆞ다 본ᄃᆡ 師를 相ᄒᆞᄂᆞᆫ 道ㅣ니라

●相、助也、古者、瞽必有相、其道如此、蓋聖人於此、非作意而爲之、但盡其道而已、○尹氏曰、聖人處己爲人、其心一致、無不盡其誠故也、有志於學者、求聖人之心、於斯亦可見矣、范氏曰、聖人、不侮鰥寡、不虐無告、可見於此、推之天下、無一物不得其所矣、

懸吐釋字具解 集註論語卷之十五 終

顓 무름실 전 蒙也 國名ㅣ 臾

臾 잠간 유 俄頃

懸吐釋字具解 集註論語卷之十六

季氏第十六

洪氏曰、此篇、或以爲齊論、凡十四章、

季氏ㅣ將伐顓臾ㅣ러니

季氏ㅣ장찻顓臾를伐ᄒᆞ려ᄒᆞ더니

●顓臾、國名、魯附庸也、

冉有季路ㅣ見(현音)於孔子曰季氏ㅣ將有事於顓臾ㅣ로소이다

冉有와季路ㅣ孔子씌見ᄒᆞ야ᄀᆞᆯ오ᄃᆡ季氏장찻顓臾에事를두려ᄒᆞ노소이다

●按左傳史記、二子、仕季氏不同時、此云爾者、疑子路、嘗從孔子、自衛反魯、再仕季氏、不久而復(부音)之衛也、

孔子ㅣ曰求아無乃爾是過與아

孔子ㅣᄀᆞᆯᄋᆞ샤ᄃᆡ求아아니네의이過아

●冉求、爲(去聲)季氏聚斂(去聲)、尤用事、故夫子獨責之、

蒙 무릅슬몽 覆也 被也
域 디경역 界也
列 차례렬 位序
持 가질지 執也

夫顓臾는昔者에先王이以爲東蒙主ᄒᆞ시고且在邦域之中矣라是ㅣ社稷之臣也니何以伐爲리오

顓臾는녜先王이써東蒙의主를삼으시고또邦域가온ᄃᆡ인는디라이社稷ㅅ臣이니엇디써伐ᄒᆞ리오

●東蒙、山名、先王、封顓臾於此山之下、使主其祭、在魯地七百里之中、社稷、猶云公家、是時、四分魯國、季氏取其二、孟孫、叔孫、各有其一、獨附庸之國、尙爲公臣、季氏又欲取以自益、故孔子、言顓臾、乃先王封國、則不可伐、在邦域之中、則不必伐、是社稷之臣、則非季氏所當伐也、此事理之至當、不易之定體、而一言、盡其曲折如此、非聖人不能也、

冉有ㅣ曰夫子ㅣ欲之언뎡吾二臣者는皆不欲也ㅣ로이다

冉有ㅣ골오ᄃᆡ夫子ㅣ欲ᄒᆞ건뎡우리二臣은다欲디아니ᄒᆞ노이다

●夫子、指季孫、冉有、實與謀、以夫子非之、故歸咎於季氏、

孔子ㅣ曰求아周任이有言曰陳力就列ᄒᆞ야不能者ㅣ止라ᄒᆞ니 危而不持ᄒᆞ며顚而不扶ㅣ면則將焉用彼相矣리오

扶 붓들부 佐也護也

兕 물소시 獸名似野牛一角

柙 우리합 藏獸檻

櫝 함독 函也匱同

孔子ㅣ ᄀᆞᆯᄋᆞ샤ᄃᆡ 求아 周任이 言을 두어 ᄀᆞᆯ오ᄃᆡ 力을 陳ᄒᆞ야 列에 就ᄒᆞ야 能티 몯ᄒᆞᄂᆞᆫ 者ㅣ 止홀ᄯᅵ라 ᄒᆞ니 危호ᄃᆡ 持티 몯ᄒᆞ며 顚ᄒᆞᄃᆡ 扶티 몯ᄒᆞ면 장ᄎᆞᆺ 어ᄃᆡ 뎌 相을 쓰리오

●周任、古之良史、陳、布也、列、位也、相、瞽者之相也、言二子、不欲則當諫、諫而不聽、則當去也、

且爾言이 過矣로다 虎兕ㅣ 出於柙ᄒᆞ며 龜玉이 毁於櫝中이 是誰之過與오

ᄯᅩ 네 言이 過ᄒᆞ도다 虎와 兕ㅣ 柙에 出ᄒᆞ며 龜와 玉이 櫝中에셔 毁홈이 이 뉘 過오

●兕、野牛也、柙、檻也 櫝 匱也、言在柙而逸、在櫝而毁、典守者、不得辭其過、明二子、居其位而不去、則季氏之惡、己不得不任其責也、

冉有ㅣ 曰今夫顓臾ㅣ 固而近於費ᄒᆞ니 今不取면 後世에 必爲子孫憂ᄒᆞ리이다

冉有ㅣ ᄀᆞᆯ오ᄃᆡ 이제 顓臾ㅣ 固ᄒᆞ고 費에 近ᄒᆞ니 아제 取티 아니ᄒᆞ면 後世에 반ᄃᆞ시 子孫의 憂ㅣ 되리이다

◉固、謂城郭完固、費、季氏之私邑、此則冉有之飾辭、然亦可見其實與季氏之謀

均 고를균 平也調也

傾 기우러질경 側也欹也

矣、

孔子ㅣ曰求아君子는疾夫舍曰欲之오而必爲之辭ㅣ니라

孔子ㅣᄀᆞᆯᄋᆞ샤ᄃᆡ求아君子ᄂᆞᆫ欲ᄒᆞ노라닐ᄋᆞ디아니코반ᄃᆞ시辭ᄒᆞ욤을疾ᄒᆞᄂᆞ니라

●欲之、謂貪其利、

丘也ᄂᆞᆫ聞有國有家者ㅣ不患寡而患不均ᄒᆞ며不患貧而患不安이라ᄒᆞ니蓋均이면無貧이오和ㅣ면無寡ㅣ오安이면無傾이니라

丘ᄂᆞᆫ드오니國을두며家를둔ᄂᆞᆫ者ㅣ寡를患티아니ᄒᆞ고均티아니홈을患ᄒᆞ며貧을患티아니ᄒᆞ고安티아니홈을患ᄒᆞᆫ다ᄒᆞ나均ᄒᆞ면貧홈이업고和ᄒᆞ면寡홈이업고安ᄒᆞ면傾홈이업ᄂᆞ니라

●寡、謂民少、貧、謂財乏、均、謂各得其分、安、謂上下相安、季氏之欲取顓臾、患寡與貧耳、然是時、季氏據國、而魯君無民、則不均矣、君弱臣强、互生嫌隙則不安矣、均則不患於貧而和、和則不患於寡而安、安則不相疑忌、而無傾覆之患、

夫如是故로遠人이不服則脩文德而來之ᄒᆞ고既來之則安之니라

崩 무너질붕 山壞自上墜下
析 난올석 分也
蕭 엄숙소 蒿也
墻 담장 垣也

이러ᄃᆞᆺᄒᆞᆫ故로遠人이服디아니ᄒᆞ면文德을脩ᄒᆞ야써來케ᄒᆞ고이믜來케ᄒᆞ면安케ᄒᆞᄂᆞ니라

●內治脩然後、遠人服、有不服、則脩德以來之、亦不當勤兵於遠、

今由與求也ᄂᆞᆫ **相夫子**호ᄃᆡ **遠人**이 **不服而不能來也**ᄒᆞ며 **邦分崩離析而不能守也**ᄒᆞ고

이제由와다ᄆᆞᆺ求ᄂᆞᆫ夫子ᄅᆞᆯ相호ᄃᆡ遠人이服디아니호ᄃᆡ能히來케못ᄒᆞ며邦이分崩ᄒᆞ며離析호ᄃᆡ能히守티못ᄒᆞ고

●子路、雖不與謀、而素不能輔之以義、亦不得爲無罪、故併責之、遠人、謂顓臾、分崩離析、謂四分公室、家臣屢叛、

而謀動干戈於邦內ᄒᆞ니 **吾ㅣ恐季孫之憂ㅣ不在顓臾而在蕭墻之內也**ᄒᆞ노라

干戈ᄅᆞᆯ邦內에動ᄒᆞᆷ을謀ᄒᆞ니나ᄂᆞᆫ季孫의憂ㅣ顓臾에잇디아니ᄒᆞ고蕭墻人內에이ᄉᆞᆯ가저허노라

●干、楯也、戈、戟也、蕭墻、屛也、言不均不和、內變將作、其後哀公、果欲以越伐

陪 모실비 隨側也 **執** 잡을집 操也持也

魯、而去季氏、○謝氏曰、當是時、三家强、公室弱、冉求又欲伐顓臾、以附益之、夫子、所以深罪之、爲其瘠魯以肥三家也、洪氏曰、二子仕於季氏、凡季氏所欲爲、必以告於夫子、則因夫子之言、而救止者、宜亦多矣、伐顓臾之事、不見(音현)於經傳、其以夫子之言而止也與、

○孔子曰天下ㅣ有道則禮樂征伐이自天子出ᄒᆞ고天下ㅣ無道則禮樂征伐이自諸侯出ᄒᆞᄂᆞ니自諸侯出이면蓋十世에希不失矣오自大夫出이면五世에希不失矣오陪臣이執國命이면三世에希不失矣니라

孔子ㅣᄀᆞᆯᄋᆞ샤ᄃᆡ天下ㅣ道ㅣ이시면禮樂과征伐이天子로브터出ᄒᆞ고天下ㅣ道ㅣ업스면禮樂과征伐이諸侯로브터出ᄒᆞᄂᆞ니諸侯로브터出ᄒᆞ면十世에失티아니리드믈고大夫로브터出ᄒᆞ면五世에失티아니리드믈고陪臣이國命을執ᄒᆞ면三世에失티아니리드므니라

●先王之制、諸侯不得變禮樂專征伐、陪臣、家臣也、逆理愈甚、則其失之愈速、大約世數、不過如此、

天下ㅣ有道則政不在大夫ᄒᆞ고

天下ㅣ道ㅣ이시면政이大夫에잇디아니ᄒᆞ고

●言不得專政、

天下ㅣ有道則庶人이不議ᄒᆞᄂᆞ니라

天下ㅣ道ㅣ이시면庶人이議티아니ᄒᆞᄂᆞ니라

●上無失政、則下無私議、非箝[音겸]其口、使不敢言也、○此章、通論天下之勢、

○孔子ㅣ曰祿之去公室이五世矣오政逮於大夫ㅣ四世矣니故로夫三桓之子孫이微矣니라

孔子ㅣᄀᆞᆯᄋᆞ샤ᄃᆡ祿이公室에去ᄒᆞᆫ디五世오政이大夫에逮ᄒᆞᆫ디四世니故로三桓의子孫이微ᄒᆞ니라

●魯自文公薨、公子、遂殺子赤、立宣公、而君失其政、歷成襄昭定凡五公、逮、及也、自季武子始專國政、歷悼平桓子凡四世、而爲家臣陽虎所執、三桓三家、皆桓公之後、此以前章說、推之而知其當然也、○此章、專論魯事、疑與前章、皆定公時語、蘇氏曰、禮樂征伐、自諸侯出、宜諸侯之强也、而魯以失政、政逮於大夫、宜大

損 감ᄒᆞᆯ 손 減也
辟 편벽될 벽 偏也
柔 부드러울 유 剛之反 順也
佚 편안 일 逸也

夫之强也、而三桓以微、何也、强生於安、安生於上下之分定、今諸侯、大夫、皆陵其上、則無以令其下矣、故皆不久而失之也、

○孔子ㅣ曰益者ㅣ三友ㅣ오損者ㅣ三友ㅣ니友直ᄒᆞ며友諒ᄒᆞ며友多聞이면益矣오友便辟ᄒᆞ며友善柔ᄒᆞ며友便佞이면損矣니라

孔子ㅣᄀᆞᆯᄋᆞ샤ᄃᆡ益ᄒᆞᆫ者ㅣ三友ㅣ오損ᄒᆞᆫ者ㅣ三友ㅣ니直을友ᄒᆞ며諒을友ᄒᆞ며多聞을友ᄒᆞ면益ᄒᆞ고便辟을友ᄒᆞ며善柔를友ᄒᆞ며便佞을友ᄒᆞ면損ᄒᆞᄂᆞ니라

●友直、則聞其過、友諒、則進於誠、友多聞、則進於明、便、習熟也、便辟、謂習於威儀而不直、善柔、謂工於媚悅、而不諒、便佞、謂習於口語、而無聞見之實、三者損益、正相反也、○尹氏曰、自天子以至於庶人、未有不須友以成者、而其損益、有如是者、可不謹哉、

○孔子ㅣ曰益者ㅣ三樂ㅣ오損者ㅣ三樂ㅣ니樂節禮樂音악ᄒᆞ며樂道人之善ᄒᆞ며樂多賢友ㅣ면益矣오樂驕樂音락ᄒᆞ며樂佚遊ᄒᆞ며樂宴樂音락이면損矣니라

孔子ㅣᄀᆞᆯᄋᆞ샤ᄃᆡ益ᄒᆞᆫ者三樂ㅣ오損ᄒᆞᆫ者三樂ㅣ니禮樂節홈을樂ᄒᆞ며人의善道홈

愆 허물건 過也

躁 급ᄒᆞᆯ조 急進疾也

壯 클장 大也

剛 굿셀강 勁也堅也

을樂ᄒᆞ며賢友ㅣ多홈을樂ᄒᆞ면益ᄒᆞ고驕樂을樂ᄒᆞ며佚遊를樂ᄒᆞ며宴樂을樂ᄒᆞ면損ᄒᆞᄂᆞ니라

●節、謂辨其制度聲容之節、驕樂則侈肆、而不知節、佚遊則惰慢、而惡音오聞善、宴樂則淫溺、而狎小人、三者損益、亦相反也、○尹氏曰、君子之於好樂可不謹哉、

○孔子ㅣ曰待於君子애有三愆ᄒᆞ니言未及之而言을謂之躁ㅣ오言及之而不言을謂之隱이오未見顏色而言을謂之瞽ㅣ니라

孔子ㅣ골ᄋᆞ샤ᄃᆡ君子에待홈애三愆이인ᄂᆞ니言이及디아니ᄒᆞ야셔言홈을躁ㅣ라닐ᄋᆞ고言이及호ᄃᆡ言티아니홈을隱이라닐ᄋᆞ고顏色을보디아니ᄒᆞ고言홈을瞽ㅣ라닐ᄋᆞᄂᆞ니라

●君子、有德位之通稱、愆、過也、瞽、無目不能察言觀色、○尹氏曰、時然後言、則無三者之過矣、

○孔子ㅣ曰君子ㅣ有三戒ᄒᆞ니少之時에血氣ㅣ未定이라戒之在色이오及其壯也ᄒᆞ야血氣ㅣ方剛이라戒之在鬪오及其老也ᄒᆞ야血氣ㅣ既衰라戒之在得이니라

孔子ㅣᄀᆞᆯᄋᆞ샤ᄃᆡ君子ㅣ三戒인ᄂᆞ니少ᄒᆞᆫ時에血氣ㅣ定티못ᄒᆞ얏ᄂᆞᆫ디라戒ᄒᆞᆷ이色에잇고그壯에밋쳐血氣ㅣ바야흐로剛ᄒᆞ얏ᄂᆞᆫ디라戒ᄒᆞᆷ이鬪에잇고그老에밋쳐血氣임의衰ᄒᆞ얏ᄂᆞᆫ디라戒ᄒᆞᆷ이得에인ᄂᆞ니라

●血氣、形之所待以生者、血、陰而氣、陽也、得、貪得也、隨時知戒、以理勝之、則不爲血氣所使也、○范氏曰、聖人同於人者、血氣也、異於人者、志氣也、血氣、有時而衰、志氣、則無時而衰也、少未定、壯而剛、老而衰者、血氣也、戒於色、戒於鬪、戒於得者、志氣也、君子養其志氣、故不爲血氣所動、是以年彌高、而德彌卲也、

○孔子ㅣ曰君子ㅣ有三畏ᄒᆞ니畏天命ᄒᆞ며畏大人ᄒᆞ며畏聖人之言이니라

孔子ㅣᄀᆞᆯᄋᆞ샤ᄃᆡ君子ㅣ三畏인ᄂᆞ니天命을畏ᄒᆞ며大人을畏ᄒᆞ며聖人의言을畏ᄒᆞᄂᆞ니라

●畏者、嚴憚之意也、天命者、天所賦之正理也、知其可畏、則其戒謹恐懼、自有不能已者、而付畀之重、可以不失矣、大人、聖言、皆天命當畏、知畏天命、則不得不

狎 갑여히 녀일압 輕也

侮 업수히 녀일모 慢易輕 侵

聽 귀밝을 총耳明 察也

畏之矣、

小人은不知天命而不畏也ㅣ라狎大人ᄒᆞ며侮聖人之言이니라

小人은天命을아디못ᄒᆞ야畏티아니ᄒᆞᄂᆞᆫ디라大人을狎ᄒᆞ며聖人의言을侮ᄒᆞᄂᆞ니라

●侮、戲玩也、不知天命、故不識義理、而無所忌憚如此、○尹氏曰、三畏者、脩己之誠當然也、小人、不務脩身誠己、則何畏之有、

○孔子ㅣ曰生而知之者ᄂᆞᆫ上也오學而知之者ᄂᆞᆫ次也오困而學之ㅣ又其次也ㅣ니困而不學이면民斯爲下矣니라

孔子ㅣᄀᆞᆯᄋᆞ샤ᄃᆡ生ᄒᆞ야知ᄒᆞᄂᆞᆫ者ᄂᆞᆫ上이오學ᄒᆞ야知ᄒᆞᄂᆞᆫ者ᄂᆞᆫ次ㅣ오困ᄒᆞ야學ᄒᆞᆷ이또그次ㅣ니困ᄒᆞᄃᆡ學디아니ᄒᆞ면民이라이에下ㅣ되ᄂᆞ니라

●困、謂有所不通、言人之氣質不同、大約有此四等、○楊氏曰、生知、學知、以至困學、雖其質不同、然及其知之一也、故君子、惟學之爲貴、困而不學然後爲下、

○孔子ㅣ曰君子ㅣ有九思ᄒᆞ니視思明ᄒᆞ며聽思聰ᄒᆞ며色思溫ᄒᆞ며貌思恭ᄒᆞ며言思忠ᄒᆞ며事思敬ᄒᆞ며疑思問ᄒᆞ며忿思難ᄒᆞ며見得思義니라

探 더듬을 탐 嘗試摸取

孔子ㅣ갈ᄋᆞ샤ᄃᆡ君子ㅣ九思ㅣ인ᄂᆞ니視에明을思ᄒᆞ며聽에聰을思ᄒᆞ며色에溫을思ᄒᆞ며貌에恭을思ᄒᆞ며言에忠을思ᄒᆞ며事에敬을思ᄒᆞ며疑에問을思ᄒᆞ며忿에難을思ᄒᆞ며得을見ᄒᆞ고義를思ᄒᆞᄂᆞ니라

●視無所蔽、則明無不見、聽無所壅、則聰無不聞、色、見音현於面者、貌、擧身而言、思問則疑不蓄、思難則忿必懲、思義則得不苟、○程子曰、九思、各專其一、謝氏曰、未至於從容中道、無時而不自省察也、雖有不存焉者、寡矣、此之謂思誠、

○孔子ㅣ曰見善如不及ᄒᆞ며見不善如探湯을吾見其人矣오吾聞其語矣로라

孔子ㅣ갈ᄋᆞ샤ᄃᆡ善을見ᄒᆞ고及디못ᄒᆞᆯ듯ᄒᆞ며不善을見ᄒᆞ고湯을探ᄒᆞᆫ듯홈을내그人을보고내그語를드런노라

●眞知善惡而誠好惡音오之、顔曾冉閔之徒、蓋能之矣、語、蓋古語也、

隱居以求其志ᄒᆞ며行義以達其道를吾聞其語矣오未見其人也ㅣ로라

隱居ᄒᆞ야써그志를求ᄒᆞ며義를行ᄒᆞ야써그道를達홈을내그語를드럿고그人을見

餓 주릴아 甚于飢

亢 놉흘강 高極

더못ᄒᆞ얏노라

●求其志、守其所達之道也、達其道、行其所求之志也、蓋惟伊尹太公之流、可以當之、當時、若顏子亦庶乎此、然隱而未見音현又不幸而蚤死、故夫子云然、

○齊景公이有馬千駟호ᄃᆡ死之日에民無德而稱焉이오伯夷叔齊는餓于首陽之下호ᄃᆡ民到于今稱之ᄒᆞᄂᆞ니라

齊景公이馬千駟를두되死ᄒᆞᆫ날에民이德을稱흠이업고伯夷와叔齊는首陽人下에餓호ᄃᆡ民이이제닐으히稱ᄒᆞᄂᆞ니라

●駟、四馬也、首陽、山名、

其斯之謂與ㄴ뎌

그이를닐옴인뎌

●胡氏曰、程子以爲、第十二篇、錯簡、誠不以富、亦祇以異、當在此章之首、今詳文勢、似當在此句之上、言人之所稱、不在於富、而在於異也、愚謂、此說近是、而章首、當有孔子曰字、蓋闕文耳、大抵此書、後十篇、多闕誤、

○陳亢이問於伯魚曰子亦有異聞乎아

陳亢이伯魚의게무러ᄀᆞᆯ오ᄃᆡ子ㅣᄯᅩᄒᆞᆫ異ᄒᆞᆫ聞이인ᄂᆞ냐

●亢、以私意、窺聖人、疑必陰厚其子、

對曰未也ㅣ로라 嘗獨立이어시늘 鯉ㅣ 趨而過庭이러니 曰學詩乎아 對曰未也ㅣ로이다 不學詩면 無以言이라ᄒᆞ야시늘 鯉ㅣ 退而學詩호라

對ᄒᆞ야ᄀᆞᆯ오ᄃᆡ못ᄒᆞ얏노라일즉ᄒᆞᆫ자셧거시늘鯉ㅣ趨ᄒᆞ야庭에過ᄒᆞ다니ᄀᆞᆯᄋᆞ샤ᄃᆡ詩를學ᄒᆞ얏ᄂᆞᆫ다對ᄒᆞ야ᄀᆞᆯ오ᄃᆡ못ᄒᆞ얏노이다詩를學ᄒᆞ디아니ᄒᆞ면써言티못ᄒᆞ리라ᄒᆞ야시늘鯉ㅣ退ᄒᆞ야詩를學호라

●事理通達、而心氣和平、故能言、

他日에 又獨立이어시늘 鯉ㅣ 趨而過庭이러니 曰學禮乎아 對曰未也ㅣ로이다 不學禮면 無以立이라ᄒᆞ야시늘 鯉ㅣ 退而學禮호라

다른날에ᄯᅩᄒᆞᆫ자셧거시늘鯉ㅣ趨ᄒᆞ야庭에過ᄒᆞ다니ᄀᆞᆯᄋᆞ샤ᄃᆡ禮를學ᄒᆞ얏ᄂᆞᆫ다對ᄒᆞ야ᄀᆞᆯ오ᄃᆡ못ᄒᆞ얏노이다禮를學디아니ᄒᆞ면써立디못ᄒᆞ리라ᄒᆞ야시늘鯉ㅣ退ᄒᆞ야禮를學호라

●品節詳明、而德性堅定、故能立、

聞斯二者ㅣ로라
이二者를들언노라
●當獨立之時、所聞、不過如此、其無異聞可知、
陳亢이退而喜曰問一得三ᄒᆞ니聞詩聞禮ᄒᆞ고又聞君子之遠其子也ᄒᆞ라
陳亢이退ᄒᆞ야喜ᄒᆞ야ᄀᆞᆯ오ᄃᆡ一를問ᄒᆞᆷ애三을得호니詩를聞ᄒᆞ며禮를聞ᄒᆞ고ᄯᅩ君子의그子를遠ᄒᆞᆷ을聞호라
●尹氏曰、孔子之教其子、無異於門人、故陳亢、以爲遠其子、
○邦君之妻를君이稱之曰夫人이오夫人이自稱曰小童이오邦人이稱之曰君夫人이오稱諸異邦曰寡小君이오異邦人이稱之에亦曰君夫人이니라
邦君의妻를君이稱ᄒᆞ야ᄀᆞᆯ오ᄃᆡ夫人이라ᄒᆞ고夫人이스ᄉᆞ로稱ᄒᆞ야ᄀᆞᆯ오ᄃᆡ小童이라ᄒᆞ고邦人이稱ᄒᆞ야ᄀᆞᆯ오ᄃᆡ君夫人이라ᄒᆞ고異邦에稱ᄒᆞ야ᄀᆞᆯ오ᄃᆡ寡小君이라ᄒᆞ고異邦사ᄅᆞᆷ이稱ᄒᆞᆷ애ᄯᅩᄒᆞᆫᄀᆞᆯ오ᄃᆡ君夫人이라ᄒᆞᄂᆞ니라

●寡、募德、謙辭、○吳氏曰、凡語中所載、如此類者、不知何謂、或古有之、或夫子嘗言之、不可考也

懸吐釋字具解

集註論語卷之十六終

貨 재물화 財也

豚 도야지돈 小豕

塗 길도 途通

亟 자주긔 頻數

懸吐釋字具解 集註論語卷之十七

陽貨第十七

凡二十六章

陽貨ㅣ欲見孔子ㅣ어늘 孔子ㅣ不見ᄒᆞ신대 歸孔子豚이어늘 孔子ㅣ時其亡也而往拜之러시니 遇諸塗ᄒᆞ시다

陽貨ㅣ孔子를뵈게코져커ᄂᆞᆯ孔子ㅣ보디아니ᄒᆞ신대孔子ᄭᅴ豚을歸ᄒᆞ야ᄂᆞᆯ孔子ㅣ그업슴을時ᄒᆞ야가拜ᄒᆞ더시니길헤遇ᄒᆞ시다

●陽貨、季氏家臣、名虎、甞囚季桓子、而專國政、欲令孔子來見己、而孔子不往、貨、以禮大夫、有賜於士、不得受於其家、則往拜其門、故瞰音감孔子之亡、而歸之豚、欲令孔子、來拜而見之也、

謂孔子曰來ᄒᆞ라 予ㅣ與爾言호리라 曰懷其寶而迷其邦이 可謂仁乎아 曰不可ᄒᆞ다 好從事而亟失時ㅣ可謂知乎아 曰不可ᄒᆞ다 日月이逝矣라 歲不我與ㅣ니라 孔子ㅣ曰諾다 吾將仕矣로리라

孔子씌닐너골오되來ᄒᆞ라내너로더브러言호리라골오되그寶를懷ᄒᆞ야그邦을迷케홈이可히仁이라닐ᄋᆞ랴골ᄋᆞ샤되可티아니ᄒᆞ다事를從홈을好호되자조時를失홈이可히知라닐ᄋᆞ랴골ᄋᆞ샤되可티아니ᄒᆞ다日月이가ᄂᆞᆫ디라歲ㅣ나를與티아니ᄒᆞᄂᆞ니라孔子ㅣ골ᄋᆞ샤되諾다내장ᄎᆞᆺ仕호리라

●懷寶迷邦、謂懷藏道德、不救國之迷亂、亟、數音삭也、失時、謂不及事幾之會、將者、且然而未必之辭、貨語皆譏孔子、而諷使速仕、孔子、固未嘗如此、而亦非不欲仕也、但不仕於貨耳、故直據理荅之、不復與辯、若不諭其意者、○陽貨之欲見孔子、雖其善意、然不過欲使助己爲亂耳、故孔子不見者義也、其往拜者禮也、必時其亡而往者、欲其稱也、遇諸塗、而不避者、不終絕也、隨問而對者、理之直也、對而不辯者、言之孫而亦無所詘也、楊氏曰、揚雄、謂孔子於陽貨也、敬所不敬、爲詘身以信道、非知孔子者、蓋道外無身、身外無道、身詘矣而可以信道、吾未之信也、

○子ㅣ曰性相近也ㅣ나習相遠也ㅣ니라

子ㅣ골ᄋᆞ샤되性이서로갓가오나習으로서로머ᄂᆞ니라

●此所謂性、兼氣質而言者也、氣質之性、固有美惡之不同矣、然以其初而言、則

弦 줄현 絃通

皆不甚相遠也、但習於善則善、習於惡則惡、於是始相遠耳、○程子曰、此言氣質之性、非言性之本也、若言其本、則性卽是理、理無不善、孟子之言性善是也、何相近之有哉、

○子ㅣ曰唯上知與下愚는不移니라

子ㅣ갈ᄋᆞ샤ᄃᆡ오직上知와다ᄆᆞᆺ下愚는移티아니ᄒᆞᄂᆞ니라

●此承上章、而言人之氣質、相近之中、又有美惡一定、而非習之所能移者、○程子曰、人性本善、有不可移者何也、語其性、則皆善也、語其才、則有下愚之不移、所謂下愚、有二焉、自暴自棄也、人苟以善自治、則無不可移、雖昏愚之至、皆可漸磨而進也、惟自暴者、拒之以不信、自棄者、絕之以不爲、雖聖人與居、不能化而入也、仲尼之所謂下愚也、然其質、非必昏且愚也、往往强戾、而才力有過人者、商辛是也、聖人以其自絕於善、謂之下愚、然考其歸、則誠愚也、或曰此與上章、當合爲一、子曰二字、蓋衍文耳、

○子ㅣ之武城ᄒᆞ샤聞弦歌之聲ᄒᆞ시다

子ㅣ武城에가샤弦歌ㅅ소릐를들으시다

莞 적게우숨완 笑貌ㅣ爾

戱 희롱희 弄也 嬉也

●弦、琴瑟也、時、子游爲武城宰、以禮樂爲敎、故邑人皆弦歌也、

夫子ㅣ莞爾而笑曰割鷄에焉用牛刀ㅣ리오

夫子ㅣ莞爾히笑ᄒᆞ야ᄀᆞᆯᄋᆞ샤ᄃᆡ鷄ᄅᆞᆯ割홈애엇디牛刀ᄅᆞᆯ쓰리오

●莞爾、小笑貌、蓋喜之也、因言其治小邑、何必用此大道也、

子游ㅣ對曰昔者에偃也ㅣ聞諸夫子호니曰君子ㅣ學道則愛人이오小人이學道則易(音이)使也ㅣ라호이다

子游ㅣ對ᄒᆞ야ᄀᆞᆯ오ᄃᆡ녯偃이夫子ᄭᅴ듯ᄌᆞ오니ᄀᆞᆯᄋᆞ샤ᄃᆡ君子ㅣ道ᄅᆞᆯ學ᄒᆞ면사ᄅᆞᆷ을ᄉᆞ랑ᄒᆞ고小人이道ᄅᆞᆯ學ᄒᆞ면브림이쉽다호이다

●君子、小人、以位言之、子游所稱、蓋夫子之常言、言君子小人、皆不可以不學、故武城雖小、亦必敎以禮樂、

子ㅣ曰二三子아偃之言이是也ㅣ니前言은戱之耳니라

子ㅣᄀᆞᆯᄋᆞ샤ᄃᆡ二三子아偃의言이是ᄒᆞ니前言은戱홈이니라

●嘉子游之篤信、又以解門人之惑也、○治有大小、而其治之、必用禮樂、則其爲道一也、但衆人、多不能用、而子游獨行之、故夫子、驟聞而深喜之、因反其言以戱

之、而子游以正對、故復是其言、而自實其戲也、

○公山弗擾ㅣ以費畔ᄒᆞ야 召ㅣ어늘 子ㅣ欲往이러시니

公山拂擾ㅣ費로써畔ᄒᆞ야召ᄒᆞ야ᄂᆞᆯ子ㅣ往코자ᄒᆞ더시니

●弗擾、季氏宰、與陽虎、共執桓子、據邑以叛(畔與同)

子路ㅣ不說(音열)曰末之也已니 何必公山氏之之也ㅣ시리잇고

子路ㅣ說티아니ᄒᆞ야ᄀᆞᆯ오ᄃᆡ갈ᄃᆡ업슬ᄯᆞᄅᆞᆷ이니엇디반ᄃᆞ시公山氏의게가시리잇고

●末、無也、言道既不行、無所往矣、何必公山氏之往也、

子ㅣ曰夫召我者ᄂᆞᆫ 而豈徒哉리오 如有用我者ㅣ댄 吾其爲東周乎ㄴ뎌

子ㅣᄀᆞᆯᄋᆞ샤ᄃᆡ나ᄅᆞᆯ召ᄒᆞᄂᆞᆫ者ᄂᆞᆫ엇디ᄒᆞᆫ갓ᄒᆞ리오만일나ᄅᆞᆯᄡᅳᆯ者ㅣ잇슬션댄내그東周ᄅᆞᆯᄒᆞᆯ션뎌

●豈徒哉、言必用我也、爲東周、言興周道於東方、○程子曰、聖人、以天下無不可有爲之人、亦無不可改過之人、故欲往、然而終不往者、知其必不能改故也、

肸 음힐 大貌

○子張이問仁於孔子ᄒᆞᆫ대孔子ㅣ曰能行五者於天下ㅣ면爲仁矣니라請問之ᄒᆞᆫ대曰恭寬信敏惠니恭則不侮ᄒᆞ고寬則得衆ᄒᆞ고信則人任焉ᄒᆞ고敏則有功ᄒᆞ고惠則足以使人이니라

子張이仁을孔子ᄭᅴ뭇ᄌᆞ온ᄃᆡ孔子ㅣ갈ᄋᆞ샤ᄃᆡ能히五者를天下에行ᄒᆞ면仁을ᄒᆞ욤이니라請컨댄뭇ᄌᆞᆸ노이다ᄒᆞᆫ대갈ᄋᆞ샤ᄃᆡ恭과寬과信과敏과惠니恭ᄒᆞ면侮티아니ᄒᆞ고寬ᄒᆞ면衆을得ᄒᆞ고信ᄒᆞ면人이任ᄒᆞ고敏ᄒᆞ면功이잇고惠ᄒᆞ면足히ᄡᅥ人을使ᄒᆞ리니라

●行是五者、則心存而理得矣、於天下言、無適而不然、猶所謂雖之夷狄不可棄者、五者之目、蓋因子張所不足而言耳、任、倚仗也、又言其効如此、○張敬夫曰、能行此五者於天下、則其心公平、而周遍可知矣、然恭其本與、李氏曰此章、與六言六蔽五美四惡之類、皆與前文體、大不相似、

○佛肸이召ㅣ어늘子ㅣ欲往이려시니

佛肸이召ᄒᆞ야늘子ㅣ往코져ᄒᆞ더시다

●佛肸、晉大夫、趙氏之中牟宰也、

磷 엷은돌 린 薄石　涅 검을날 染黑　匏 박포 匏也

子路ㅣ曰昔者에由也ㅣ聞諸夫子호니曰親於其身에爲不善者ㅣ어든君子ㅣ不入也ㅣ라ᄒᆞ시니佛肸이以中牟畔이어늘子之往也는如之何잇고

子路ㅣ ᄀᆞᆯ오ᄃᆡ 녜 由ㅣ 夫子ᄭᅴ 듯ᄌᆞ오니 ᄀᆞᆯᄋᆞ샤ᄃᆡ 親히 그몸에 不善을ᄒᆞᄂᆞᆫ者ㅣ 어든 君子ㅣ 드디아니ᄒᆞᄂᆞ니라ᄒᆞ시니 佛肸이 中牟로써 畔ᄒᆞ거늘 子의 往ᄒᆞ심은 엇디니잇고

●子路、恐佛肸之浼夫子、故問此、以止夫子之行、親、猶自也、不入、不入其黨也、

子ㅣ曰然ᄒᆞ다有是言也ㅣ니라不曰堅乎아磨而不磷이니라不曰白乎아涅而不緇ㅣ니라

子ㅣ ᄀᆞᆯᄋᆞ샤ᄃᆡ 然ᄒᆞ다 이말이 인ᄂᆞ니라 堅타 닐ᄋᆞ디 아니ᄒᆞᄂᆞ냐 磨ᄒᆞ야도 磷티 아니ᄒᆞᄂᆞ니라 白다 닐ᄋᆞ디 아니ᄒᆞᄂᆞ냐 涅ᄒᆞ야도 緇티 아니ᄒᆞᄂᆞ니라

●磷、薄也、涅、染皂物、言人之不善、不能浼己、楊氏曰、磨不磷涅不緇而後、無可無不可、堅白不足、而欲自試於磨涅、其不磷緇也者幾希、

吾ㅣ豈匏瓜也哉라焉能繫而不食이리오

내엇디匏瓜ㅣ라엇디能히繫ᄒᆞ야食디아니ᄒᆞ리오

●匏、瓠音호也、匏瓜、繫於一處、而不能飮食、人則不如是也、○張敬夫曰、子路昔者之所聞、君子守身之常法、夫子今日之所言、聖人體道之大權也、然夫子、於公山佛肸之召、皆欲往者、以天下無不可變之人、無不可爲之事也、其卒不往者、知其人之終不可變、而事之終不可爲耳、一則生物之仁、一則知人之智也、

○子ㅣ曰由也아女ㅣ聞六言六蔽矣乎아對曰未也ㅣ로이다

子ㅣ갈ᄋᆞ샤ᄃᆡ由아네六言에六蔽를드런ᄂᆞ다對ᄒᆞ야ᄀᆞᆯ오ᄃᆡ못ᄒᆞ얀노이다

●蔽、遮掩也、

居ᄒᆞ라吾ㅣ語女호리라

居ᄒᆞ라내너ᄃᆞ려語호리라

●禮、君子問更端、則起而對、故夫子、諭子路使還坐而告之、

好仁不好學이면其蔽也ㅣ愚ㅣ오好知不好學이면其蔽也ㅣ蕩이오好信不好學이면其蔽也ㅣ賊이오好直不好學이면其蔽也ㅣ絞ㅣ오好勇不好學이면其蔽也ㅣ亂이오好剛不好學이면其蔽也ㅣ狂이니라

仁을好ᄒᆞ고學을好티아니ᄒᆞ면그蔽ㅣ愚ᄒᆞ고知를好ᄒᆞ고學을好티아니ᄒᆞ면그蔽ㅣ蕩ᄒᆞ고信을好ᄒᆞ고學을好티아니ᄒᆞ면그蔽ㅣ賊ᄒᆞ고直을好ᄒᆞ고學을好티아니ᄒᆞ면그蔽ㅣ絞ᄒᆞ고勇을好ᄒᆞ고學을好티아니ᄒᆞ면그蔽ㅣ亂ᄒᆞ고剛을好ᄒᆞ고學을好티아니ᄒᆞ면그蔽ㅣ狂ᄒᆞᄂᆞ니라

●六言、皆美德、然徒好之、而不學以明其理、則各有所蔽、愚、若可陷可罔之類、蕩、謂窮高極廣而無所止、賊、謂傷害於物、勇者、剛之發、剛者、勇之體、狂、躁率也、

○范氏曰、子路勇於爲善、其失之者、未能好學以明之也、故告之以此、曰勇曰剛曰信曰直、又皆所以救其偏也、

○子ㅣ曰小子ᄂᆞᆫ何莫學夫詩오

子ㅣᄀᆞᆯᄋᆞ샤ᄃᆡ小子ᄂᆞᆫ엇디詩를學디아니ᄒᆞᄂᆞ뇨

●小子、弟子也

詩ᄂᆞᆫ可以興이며

詩ᄂᆞᆫ可히써興ᄒᆞ며

●感發志意、

可以觀이며

미히써觀ᄒᆞ며

●考見得失、

可以羣이며

미히써羣ᄒᆞ며

●和而不流、

可以怨이며

可히써怨ᄒᆞ며

●怨而不怒、

邇之事父며ㅣ遠之事君이오

갓가이ᄂᆞᆫ父를事홈이며멀리ᄂᆞᆫ君을事홈이오

●人倫之道、詩無不備、二者、擧重而言、

多識於鳥獸草木之名이니라

鳥獸와草木의일홈을만히알것시니라

牆 墻同

●其緖餘、又足以貲多識、○學詩之法、此章盡之、讀是經者、所宜盡心也、

○子ㅣ謂伯魚曰女ㅣ爲周南召南矣乎아 人而不爲周南召南이면其猶正牆面而立也與ㄴ뎌

子ㅣ伯魚ᄃᆞ려닐어ᄀᆞᆯᄋᆞ샤ᄃᆡ네周南과召南을ᄒᆞ엿ᄂᆞᆫ다사ᄅᆞᆷ이오周南과召南을ᄒᆞ디아니ᄒᆞ면그正히墻을面ᄒᆞ야立홈ᄀᆞᆺᄒᆞᆫ뎌

●爲、猶學也、周南召南、詩首篇名、所言、皆脩身齊家之事、正牆面而立、言卽其至近之地、而一物無所見、一步不可行、

○子ㅣ曰禮云禮云아나 玉帛云乎哉아 樂云樂云이나 鍾鼓云乎哉아

子ㅣᄀᆞᆯᄋᆞ샤ᄃᆡ禮라닐ᄋᆞ며禮라닐ᄋᆞ나玉帛을닐ᄋᆞ랴樂이라닐ᄋᆞ며樂이라닐ᄋᆞ나、鍾鼓를닐ᄋᆞ랴

●敬而將之以玉帛、則爲禮、和而發之以鍾鼓、則爲樂、遺其本而專事其末、則豈禮樂之謂哉、○程子曰、禮、只是一箇序、樂、只是一箇和、只此兩字、含蓄多少義理、天下無一物無禮樂、且如置此兩椅一不正、便是無序、無序、便乖、乖、便不和、又如

荏 부드러울 임 柔也
穿 뚫을 천 鑽也
窬 널문 유 板戶

盜賊、至爲不道、然亦有禮樂、蓋必有總屬、必相聽順、乃能爲盜、不然則、叛亂無統、不能一日相聚而爲盜也、禮樂、無處無之、學者、要須識得、

○子ㅣ 曰色厲而內荏을 譬諸小人컨댄 其猶穿窬之盜也與ㄴ뎌

子ㅣ ᄀᆞᆯᄋᆞ샤ᄃᆡ 色이 厲ᄒᆞ고 內ㅣ 荏홈을 小人의게 譬ᄒᆞ건댄 그 穿窬ᄒᆞᄂᆞᆫ 盜ᄀᆞᄐᆞᆫ뎌

●厲、威嚴也、荏、柔弱也、小人、細民也、穿、穿壁、窬、踰牆、言其無實盜名、而常畏人知也、

○子ㅣ 曰鄕原은 德之賊也ㅣ니라

子ㅣ ᄀᆞᆯᄋᆞ샤ᄃᆡ 鄕의 原ᄒᆞᆫ 이ᄂᆞᆫ 德의 賊이니라

●鄕者、鄙俗之意、原、與愿同、荀子、原愨註、讀作愿是也、鄕原、鄕人之愿者也、蓋其同流合汙、以媚於世、故在鄕人之中、獨以愿稱、夫子、以其似德非德、而反亂乎德、故以爲德之賊、而深惡(音오)之、詳見(音현)孟子末篇、

○子ㅣ 曰道聽而塗說이면 德之棄也ㅣ니라

子ㅣ ᄀᆞᆯᄋᆞ샤ᄃᆡ 道에서 聽ᄒᆞ고 塗에서 說ᄒᆞ면 德을 棄홈이니라

●雖聞善言、不爲己有、是自棄其德也、○王氏曰、君子、多識前言往行、以畜其德、

道聽塗說、則棄之矣、

○子ㅣ曰鄙夫는可與事君也與哉아

子ㅣ ᄀᆞᆯᄋᆞ샤ᄃᆡ鄙夫는可히더부러님금을셤기랴

●鄙夫、庸惡陋劣之稱、

其未得之也앤患得之ᄒᆞ고既得之ᄒᆞ얀患失之ᄒᆞᄂᆞ니

그得디몯ᄒᆞ얀得홈을患ᄒᆞ고임의得ᄒᆞ얀失홈을患ᄒᆞᄂᆞ니

●何氏曰、患得之、謂患不能得之、

苟患失之면無所不至矣니라

진실로失홈을患ᄒᆞ면至티아니홀배업ᄂᆞ니라

●小則吮音연癰音옹舐音지痔音치、大則弑父與君、皆生於患失而已、○胡氏曰、許昌靳居覲反裁之、有言曰士之品、大槪有三、志於道德者、功名不足以累其心、志於功名者、富貴不足以累其心、志於富貴而已者、則亦無所不至矣、志於富貴、卽孔子所謂鄙夫也、

○子ㅣ曰古者애民有三疾이러니今也앤或是之亡也ㅣ로다

戾 거스릴 려 悖也

子ㅣ ᄀᆞᆯᄋᆞ샤ᄃᆡ 녜民이 三疾이 잇더니 이제ᄂᆞᆫ 或이도 업도다

●氣失其平、則爲疾故、氣稟之偏者、亦謂之疾、昔所謂疾、今亦亡(音무)之、傷俗之益偸也、

古之狂也ᄂᆞᆫ 肆ㅣ러니 今之狂也ᄂᆞᆫ 蕩이오 古之矜也ᄂᆞᆫ 廉이러니 今之矜也ᄂᆞᆫ 忿戾ㅣ오 古之愚也ᄂᆞᆫ 直이러니 今之愚也ᄂᆞᆫ 詐而已矣로다

녜狂은 肆ᄒᆞ더니 이젯狂은 蕩ᄒᆞ고 녜矜은 廉ᄒᆞ더니 이젯矜은 忿戾ᄒᆞ고 녜愚ᄂᆞᆫ 直ᄒᆞ더니 이젯愚ᄂᆞᆫ 詐ᄒᆞᆯ ᄯᆞᄅᆞᆷ이로다

●狂者、志願太高、肆、謂不拘小節、蕩則踰大閑矣、矜者、持守太嚴、廉、謂稜角陗(與峭同)厲、忿戾、則至於爭矣、愚者、暗昧不明、直、謂徑行自遂、詐則挾私妄作矣、○范氏曰、末世滋僞、豈惟賢者、不如古哉、民性之蔽、亦與古人異矣、

○子ㅣ曰巧言令色이 鮮矣仁이니라

●重(平聲)出、

○子ㅣ曰惡(音오)紫之奪朱也ᄒᆞ며 惡鄭聲之亂雅樂也ᄒᆞ며 惡利口之覆(音복)邦家者ᄒᆞ노라

子ㅣᄀᆞᆯᄋᆞ샤ᄃᆡ紫의朱를奪홈을惡ᄒᆞ며鄭聲의雅樂을亂홈을惡ᄒᆞ며利口의邦家를覆ᄒᆞᄂᆞᆫ者를惡ᄒᆞ노라

●朱、正色、紫、間色、雅、正也、利口、捷給、覆、傾敗也、○范氏曰、天下之理、正而勝者、常少、不正而勝者、常多、聖人所以惡之也、利口之人、以是爲非、以非爲是、以賢爲不肖、以不肖、爲賢、人君、苟悅而信之、則國家之覆也、不難矣、

○子ㅣ曰予欲無言ᄒᆞ노라

子ㅣᄀᆞᆯᄋᆞ샤ᄃᆡ내言이업고져ᄒᆞ노라

●學者、多以言語、觀聖人、而不察其天理流行之實、有不待言而著者、是以、徒得其言、而不得其所以言、故夫子、發此以警之、

子貢이曰子如不言이시면則小子ㅣ何述焉이리잇고

子貢이ᄀᆞᆯ오ᄃᆡ子ㅣ만일言티아니ᄒᆞ시면곳小子ㅣ무스거슬述ᄒᆞ리잇고

●子貢、正以言語、觀聖人者、故疑而問之、

子ㅣ曰天何言哉시리오四時ㅣ行焉ᄒᆞ며百物이生焉ᄒᆞᄂᆞ니天何言哉시리오

子ㅣᄀᆞᆯᄋᆞ샤ᄃᆡ天이무슴言을ᄒᆞ시리오四時行ᄒᆞ며百物이生ᄒᆞᄂᆞ니天이무슴言을ᄒᆞ시리오

●四時行、百物生、莫非天理發見(현音)流行之實、不待言而可見聖人、一動一靜、莫非妙道精義之發、亦天而已、豈待言而顯哉、此亦開示子貢之切、惜乎其終不喩也、○程子曰、孔子之道、譬如日星之明、猶患門人未能盡曉、故曰予欲無言、若顏子、則便默識、其他則未免疑問、故曰小子何述、又曰天何言哉、四時行焉、百物生焉、則可謂至明白矣、愚按、此與前篇無隱之意、相發、學者詳之、

○孺悲ㅣ欲見孔子ㅣ어늘 孔子ㅣ辭以疾ᄒᆞ시고 將命者ㅣ出戶ㅣ어늘 取瑟而歌ᄒᆞ샤使之聞之ᄒᆞ시다

孺悲ㅣ孔子를보고져ᄒᆞ거늘孔子ㅣ疾로ᄡᅥ辭ᄒᆞ시고命을將ᄒᆞᆫ者ㅣ戶에出ᄒᆞ거늘瑟을取ᄒᆞ야歌ᄒᆞ샤ᄒᆞ여곰聞케ᄒᆞ시다

●孺悲、魯人、嘗學士喪禮於孔子、當是時、必有以得罪者、故辭以疾、而又使知其非疾、以警敎之也、程子曰、此孟子所謂不屑之敎誨、所以深敎之也、

○宰我ㅣ問三年之喪이期已久矣로소이다

壞 믄어질괴 毁之

燧 불소수 지ᅲ取 火之木

稻 벼도水 出穀

錦 비단금 織文

宰我ㅣ묻ᄌᆞ오ᄃᆡ三年ㅅ喪이期ㅣ이믜오라도소이다

●期、周年也、

君子ㅣ三年을不爲禮면禮必壞ᄒᆞ고三年을不樂樂이면樂必崩ᄒᆞ리니

君子ㅣ三年을禮를ᄒᆞ디아니ᄒᆞ면禮ㅣ반ᄃᆞ시壞ᄒᆞ고三年을樂을ᄒᆞ디아니ᄒᆞ면樂이반ᄃᆞ시崩ᄒᆞ리니

●恐居喪不習、而崩壞也、

舊穀이既沒ᄒᆞ고新穀이既升ᄒᆞ며鑽燧改火ᄒᆞᄂᆞ니期可已矣로소이다

舊穀이이믜沒ᄒᆞ고新穀이이믜升ᄒᆞ며燧를鑽ᄒᆞ야火를改ᄒᆞᄂᆞ니期만ᄒᆞ고可히已ᄒᆞ얌즉ᄒᆞ도소이다

●沒、盡也、升、登也、燧、取火之木也、改火、春取楡柳之火、夏取棗杏之火、夏季取桑柘之火、秋取柞楢音유之火、冬取槐檀之火、亦一年而周也、已、止也、言期年則天運一周、時物皆變、喪至此可止也、尹氏曰、短喪之說、下愚且恥言之、宰我、親學聖人之門、而以是爲問者、有所疑於心、而不敢強焉爾、

子ㅣ曰食夫稻ᄒᆞ며衣夫錦이於女에安乎아曰安ᄒᆞ이다

子ㅣ 갈ᄋᆞ샤ᄃᆡ 稻ᄅᆞᆯ 食ᄒᆞ며 錦을 衣홈이 네게 安ᄒᆞ냐 갈오ᄃᆡ 安ᄒᆞ이다

●禮、父母之喪、既殯、食粥麤衰(音 최)、既葬、疏食(音 ᄉᆞ)水飲、受以成布、期而小祥、始食菜果、練冠縓(音 전)緣要絰(音 질)不除、無食稻衣錦之理、夫子、欲宰我反求諸心、自得其所以不忍者、故問之以此、而宰我不察也、

女ㅣ 安則爲之ᄒᆞ라 夫君子之居喪에 食旨不甘ᄒᆞ며 聞樂(音 악) 不樂ᄒᆞ며 居處不安故로 不爲也ᄒᆞᄂᆞ니 今女ㅣ 安則爲之ᄒᆞ라

네 安ᄒᆞ거든 ᄒᆞ라 君子의 喪애 居홈애 旨ᄅᆞᆯ 食ᄒᆞ야도 甘티 아니ᄒᆞ며 樂을 聞ᄒᆞ야도 樂디 아니ᄒᆞ며 居處ᄒᆞ옴애 安타 아니ᄒᆞᆫ 故로 ᄒᆞ디 아니ᄒᆞᄂᆞ니 이제 네 安ᄒᆞ거든 ᄒᆞ라

●此、夫子之言也、旨、亦甘也、初言女安則爲之、絕之之辭、又發其不忍之端、以警其不察、而再言女安、則爲之以深責之、

宰我ㅣ 出커늘 子ㅣ 曰予之不仁也ㅣ여 子生三年然後에 免於父母之懷ᄒᆞᄂᆞ니 夫三年之喪은 天下之通喪也ㅣ니 予也ㅣ 有三年之愛於其父母乎아

宰我ㅣ 出커늘 子ㅣ 갈ᄋᆞ샤ᄃᆡ 予의 不仁홈이여 子ㅣ 生ᄒᆞᆫ 三年인 然後에 父母의 懷에

博 장긔박 局戲 奕 바독혁 圍棊

免ᄒᆞᄂᆞ니三年ㅅ喪은天下앳通ᄒᆞᆫ喪이니予ㅣ三年ㅅ愛를그父母에둔ᄂᆞ냐

●宰我、旣出、夫子、懼其眞以爲可安而遂行之、故深探其本而斥之、言由其不仁、故愛親之薄、如此也、懷、抱也、又言、君子所以不忍於親、而喪必三年之故、使之聞之、或能反求而終得其本心也、○范氏曰、喪雖止於三年、然賢者之情則無窮也、特以聖人、爲之中制、而不敢過故、必俯而就之、非以三年之喪、謂足以報其親也、所謂三年然後、免於父母之懷、特以責宰我之無恩、欲其有以跂而及之耳、

○子ㅣ曰飽食終日ᄒᆞ야無所用心이면難矣哉라不有博奕者乎아爲之猶賢乎已니라

子ㅣᄀᆞᆯᄋᆞ샤ᄃᆡ飽히食ᄒᆞ고日을終ᄒᆞ야ᄆᆞᄋᆞᆷ을ᄡᅳᆯ배업ᄉᆞ면難ᄒᆞᆫ디라博奕ᄒᆞ리잇디아니ᄒᆞ냐ᄒᆞ욤이오히려已홈보다賢ᄒᆞ니라

●博、局戲也、奕、圍棋也、已、止也、李氏曰、聖人、非敎人博奕也、所以甚言無所用心之不可爾、

○子路ㅣ曰君子ㅣ尙勇乎잇가子ㅣ曰君子ㅣ義以爲上이니君子ㅣ有勇而無義면爲亂이오小人이有勇而無義면爲盜ㅣ니라

訕 나물ᄒᆞᆯ 산 訕謗
窒 막을 질 塞也
徼 엿볼 요 伺察

子路ㅣ골오ᄃᆡ君子ㅣ勇을尙ᄒᆞᄂᆞ니잇가子ㅣ골ᄋᆞ샤ᄃᆡ君子ㅣ義로써上을삼ᄂᆞ니君子ㅣ勇이잇고義업ᄉᆞ면亂을ᄒᆞ고小人이勇이잇고義업ᄉᆞ면盜를ᄒᆞᄂᆞ니라

●尙、上之也、君子爲亂、小人爲盜、皆以位而言者也、尹氏曰、義以爲尙、則其爲勇也大矣、子路好勇、故夫子以此救其失也、胡氏曰、疑此子路、初見孔子時問答也、

○子貢이曰君子ㅣ亦有惡乎ㅣ잇가 子ㅣ曰有惡ᄒᆞ니 惡稱人之惡(音악)者ᄒᆞ며 惡居下流而訕上者ᄒᆞ며 惡勇而無禮者ᄒᆞ며 惡果敢而窒者ㅣ니라

子貢이골오ᄃᆡ君子ㅣ또ᄒᆞᆫ惡홈이인ᄂᆞ니잇가子ㅣ골ᄋᆞ샤ᄃᆡ惡홈이인ᄂᆞ니人의惡을稱ᄒᆞᄂᆞᆫ者를惡ᄒᆞ며下流에居ᄒᆞ야上을訕ᄒᆞᄂᆞᆫ者를惡ᄒᆞ며勇ᄒᆞ고禮업ᄉᆞᆫ者를惡ᄒᆞ며果敢ᄒᆞ고窒ᄒᆞᆫ者를惡ᄒᆞᄂᆞ니라

●訕、謗毀也、窒、不通也、稱人惡則無仁厚之意、下訕上則無忠敬之心、勇無禮則爲亂、果而窒則妄作、故夫子惡之、

曰賜也 亦有惡乎아 惡徼以爲知者ᄒᆞ며 惡不孫以爲勇者ᄒᆞ며

訐 발각ᄒᆞᆯ 알 發人陰私

惡訐以爲直者ᄒᆞ노이다

ᄀᆞᆯᄋᆞ샤ᄃᆡ賜ㅣ ᄯᅩᄒᆞᆫ惡ᄒᆞᆷ이인ᄂᆞ냐徼ᄒᆞᆷ으로ᄡᅥ知ᄅᆞᆯ삼ᄂᆞᆫ者ᄅᆞᆯ惡ᄒᆞ며不孫으로ᄡᅥ勇을삼ᄂᆞᆫ者ᄅᆞᆯ惡ᄒᆞ며訐로ᄡᅥ直을삼ᄂᆞᆫ者ᄅᆞᆯ惡ᄒᆞ노이다

●惡徼以下、子貢之言也、徼、伺察也、訐、謂攻發人之陰私、○楊氏曰、仁者、無不愛、則君子疑若無惡矣、子貢之有是心也、故問焉以質其是非、侯氏曰、聖賢之所惡、如此、所謂惟仁者、能惡人也、

○子ㅣ曰唯女子與小人이爲難養也니近之則不孫ᄒᆞ고遠之則怨이니라

子ㅣᄀᆞᆯᄋᆞ샤ᄃᆡ오직女子와다ᄆᆞᆺ小人이養ᄒᆞᆷ이어려오니갓가이ᄒᆞ면孫티아니ᄒᆞ고멀리ᄒᆞ면怨ᄒᆞᄂᆞ니라

●此小人、亦謂僕隷下人也、君子之於臣妾、莊以涖之、慈以畜之、則無二者之患矣、

○子ㅣ曰年四十而見惡(오)焉이면其終也已니라

子ㅣᄀᆞᆯᄋᆞ샤ᄃᆡ年이四十이오惡ᄒᆞᆷ을보면그ᄆᆞᆺ촘ᄯᆞᄅᆞᆷ이니라

●四十、成德之時、見惡於人、則止於此而已、勉人及時、遷善改過也、蘇氏曰、此亦有爲而言、不知其爲誰也、

懸吐釋字具解

集註論語卷之十七終

箕 키긔 簸揚去糠具

黜 내칠출 貶下擯斥退也

懸吐釋字具解 集註論語卷之十八

微子第十八

此篇多記聖賢之出處凡十一章

微子는去之ᄒ고箕子는爲之奴ᄒ고比干은諫而死ᄒ니라

微子ᄂᆞᆫ去ᄒᆞ고箕子ᄂᆞᆫ奴ㅣ되고比干은諫ᄒᆞ야죽으니라

●微、箕、二國名、子、爵也、微子、紂庶兄、箕子、比干、紂諸父、微子見紂無道、去之以存宗祀、箕子比干、皆諫、紂殺比干、囚箕子、以爲奴、箕子、因佯狂而受辱、

孔子ㅣ曰殷有三仁焉ᄒ니라

孔子ㅣᄀᆞᆯᄋᆞ샤ᄃᆡ殷에三仁이인ᄂᆞ니다

●三人之行、不同、而同出於至誠惻怛(音달)之意、故不咈乎愛之理、而有以全其心之德也、楊氏曰、此三人者、各得其本心、故同謂之仁、

○柳下惠ㅣ爲士師ᄒ야三黜이어ᄂᆞᆯ人이曰子ㅣ未可以去乎아曰直道而事人이면焉往而不三黜이며枉道而事人이면何必去父母之

邦이리오

柳下惠ㅣ士師ㅣ되여셔세번黜ᄒᆞ여늘사ᄅᆞᆷ이ᄀᆞᆯ오ᄃᆡ子ㅣ可히써去티못ᄒᆞ랴ᄀᆞᆯ오ᄃᆡ道ᄅᆞᆯ곳게ᄒᆞ야사ᄅᆞᆷ을셤기면어ᄃᆡ가세번黜티아니ᄒᆞ며道ᄅᆞᆯ구펴사ᄅᆞᆷ을셤기면엇디반ᄃᆞ시父母의邦을去ᄒᆞ리오

●士師、獄官、黜、退也、柳下惠、三黜不去、而其辭氣、雍容如此、可謂和矣、然其不能枉道之意、則有確乎不可拔者、是則所謂必以其道、而不自失焉者也、○胡氏曰、此必有孔子斷之之言而亡之矣、

○齊景公이待孔子曰若季氏則吾不能이어니와以季孟之間으로待之호리라ᄒᆞ고曰吾ㅣ老矣라不能用也ㅣ라ᄒᆞᆫ대孔子ㅣ行ᄒᆞ시다

齊景公이孔子ᄅᆞᆯ待ᄒᆞ욤을ᄀᆞᆯ오ᄃᆡ만일季氏ᄂᆞᆫ則내能티못ᄒᆞ려니와季孟ㅅᄉᆞ이로써待호리라ᄒᆞ고ᄀᆞᆯ오ᄃᆡ내늙은디라能히쓰디못ᄒᆞ리로다ᄒᆞᆫ대孔子ㅣ行ᄒᆞ시다

●魯三卿、季氏最貴、孟氏爲下卿、孔子去之、事見音현世家、然此言、必非面語孔子、蓋自以告其臣、而孔子聞之爾、○程子曰、季氏强臣、君待之之禮極隆、然非所以待孔子也、以季孟之間待之、則禮亦至矣、然復曰吾老矣、不能用也、故孔子去

接 졉ᄒᆞᆯ졉 交也

之、蓋不繫待之輕重、特以不用而去爾、

○齊人이歸女樂악音이어늘季桓子ㅣ受之ᄒᆞ고三日不朝ᄒᆞᆫ대孔子ㅣ行ᄒᆞ시다

齊人사ᄅᆞᆷ이女樂을歸ᄒᆞ야ᄂᆞᆯ季桓子ㅣ밧고三日을朝티아니ᄒᆞᆫ대孔子ㅣ行ᄒᆞ시다

●季桓子、魯大夫、名、斯、按史記、定公四十年、孔子爲魯司寇、攝行相事、齊人懼、歸女樂以沮之、尹氏曰、受女樂、而怠於政事如此、其簡賢棄禮、不足與有爲可知矣、夫子所以行也、所謂見幾而作、不俟終日者與、○范氏曰、此篇、記仁賢之出處、而折中以聖人之行、所以明中庸之道也、

○楚狂接輿ㅣ歌而過孔子曰鳳兮鳳兮여何德之衰오往者는不可諫이어니와來者는猶可追ㅣ니已而已而어다今之從政者ㅣ殆而니라

楚앳狂인接輿ㅣ歌ᄒᆞ고孔子를過ᄒᆞ야ᄀᆞᆯ오ᄃᆡ鳳이여鳳이여엇디德이衰ᄒᆞ뇨往ᄒᆞᆫ者ᄂᆞᆫ可히諫티못ᄒᆞ려니와來ᄒᆞᄂᆞᆫ者ᄂᆞᆫ오히려可히追ᄒᆞᆯ디니말을디어다말을디어다이제政을從ᄒᆞᄂᆞᆫ者ㅣ殆ᄒᆞ니라

沮 긋칠저 止也　桀 사오나올걸 凶暴　溺 새질닉 沒也　耦 결이우 耒也

●接輿、楚人、佯狂避世、夫子時將適楚、故接輿、歌而過其車前也、鳳、有道則見、音현無道則隱、接輿以比孔子、而譏其不能隱、爲德衰也、來者可追、言及今尙可隱去、已、止也、而、語助辭、殆、危也、接輿、蓋知尊夫子、而趨不同者也、

孔子ㅣ下ᄒᆞ샤欲與之言이러시니趨而辟音피**之ᄒᆞ니不得與之言ᄒᆞ시다**

孔子ㅣᄂᆞ리샤더브러말ᄒᆞ고져ᄒᆞ더시니趨ᄒᆞ야辟ᄒᆞ니시러곰더브러말ᄒᆞ디못ᄒᆞ시다

●孔子下車、蓋欲告之以出處之意、接輿、自以爲是、故不欲聞而辟之也、

○長沮桀溺이耦而耕이어늘孔子ㅣ過之ᄒᆞ실서使子路로問津焉ᄒᆞ신대

長沮와桀溺이耦ᄒᆞ야耕ᄒᆞ거늘孔子ㅣ過ᄒᆞ실시子路로ᄒᆞ여곰津을무ᄅᆞ라ᄒᆞ신대

●二人、隱者、耦、並耕也、時、孔子自楚反乎蔡、津、濟渡處、

長沮ㅣ曰夫執輿者ㅣ爲誰오子路ㅣ曰爲孔丘ㅣ시니라曰是ㅣ魯孔丘與아曰是也ㅣ시니라曰是ㅣ知津矣니라

長沮ㅣᄀᆞᆯ오ᄃᆡ輿에執ᄒᆞᆫ者ㅣ누고子路ㅣᄀᆞᆯ오ᄃᆡ孔丘ㅣ사니라ᄀᆞᆯ오ᄃᆡ이魯人孔丘가ᄀᆞᆯ오ᄃᆡ이시니라ᄀᆞᆯ오ᄃᆡ이津을아ᄂᆞ니라

滔 흘를도 流貌
耰 곰ᄆᆞ리우 覆種ᄒᆞᄂᆞᆫ器
輟 쉬일철 止也
憮 무석ᄒᆞᆯ무 失意貌

●執輿、執轡在車也、蓋本子路御、而執轡、今下問津、故夫子代之也、知津、言數音삭周流、自知津處、

問於桀溺한대桀溺이曰子ㅣ爲誰오曰爲仲由ㅣ로라曰是ㅣ魯孔丘之徒與아對曰然다曰滔滔者ㅣ天下ㅣ皆是也니而誰以易之리오且而ㅣ與其從辟人之士也론豈若從辟世之士哉리오ᄒᆞ고耰而不輟ᄒᆞ더라

桀溺의게무른대桀溺이골오ᄃᆡ子ㅣ누고골오ᄃᆡ仲由ㅣ로라골오ᄃᆡ이魯人孔丘의徒가對ᄒᆞ야골오ᄃᆡ그러ᄒᆞ다골오ᄃᆡ滔滔ᄒᆞᆫ者ㅣ天下ㅣ다이니눌로더브러易ᄒᆞ리오ᄯᅩ네그사ᄅᆞᆷ辟ᄒᆞᄂᆞᆫ士를조춤으로더브어론엇디世ㅣ辟ᄒᆞᄂᆞᆫ士를조춤ᄀᆞᆺᄐᆞ리오ᄒᆞ고耰ᄒᆞ고그티디아니ᄒᆞ더라

●滔滔、流而不反之意、以、猶與也、言天下皆亂、將誰與變易之、而、汝也、辟人、謂孔子、辟世、桀溺自謂、耰、覆音부種也、亦不告以津處、

子路ㅣ行ᄒᆞ야以告ᄒᆞᆫ대夫子ㅣ憮然曰鳥獸는不可與同群이니吾ㅣ非斯人之徒를與ㅣ오而誰與ㅣ리오天下ㅣ有道ㅣ면丘ㅣ不與易也ㅣ니라

蓧 삿믜여담는그릇됴 耘田器 **植** 심을식 樹立 **芸** 길운 耘通

子路ㅣ行ᄒᆞ야써告ᄒᆞᆫ대夫子ㅣ憮然ᄒᆞ야ᄀᆞᆯᄋᆞ샤ᄃᆡ鳥獸ᄂᆞᆫ可히더브러同羣티못ᄒᆞᆯ게시니내이사ᄅᆞᆷ의徒를與티아니ᄒᆞ고누를與ᄒᆞ리오天下ㅣ道ㅣ이시면丘ㅣ더브러易디아니ᄒᆞᆯᄯᅵ니라

●憮然、猶悵然、惜其不喩己意也、言所當與同羣者、斯人而已、豈可絕人逃世、以爲潔哉、天下、若已平治、則我無用變易之、正爲天下無道、故欲以道易之耳、○程子曰、聖人、不敢有忘天下之心、故其言如此也、張子曰、聖人之仁、不以無道、逃天下而棄之也、

○子路ㅣ從而後ㅣ러니遇丈人이以杖荷蓧ᄒᆞ야子路ㅣ問曰子ㅣ見夫子乎아丈人이曰四體를不勤ᄒᆞ며五穀을不分ᄒᆞᄂᆞ니孰爲夫子오ᄒᆞ고植其杖而芸ᄒᆞ더라

子路ㅣ從ᄒᆞ야後ᄒᆞ얏더니丈人이杖으로써蓧멘니를만나子路ㅣ무러ᄀᆞᆯ오ᄃᆡ子ㅣ夫子를보냐丈人이ᄀᆞᆯ오ᄃᆡ四體를勤티아니ᄒᆞ며五穀을分티못ᄒᆞᄂᆞ니뉘夫子오ᄒᆞ고그杖을植ᄒᆞ고芸ᄒᆞ더라

●丈人、亦隱者、蓧、竹器、分、辨也、五穀不分、猶言不辨菽麥爾、責其不事農業、而

拱 손길잡을공 歛手

黍 기장셔 禾屬

從師遠遊也、植、立之也、芸、去草也、

子路ㅣ拱而立ᄒᆞᆫ대

子路ㅣ拱ᄒᆞ고立ᄒᆞᆫ대

●知其隱者、敬之也、

止子路宿ᄒᆞ야殺鷄爲黍而食音ᄉᆞ之ᄒᆞ고見其二子焉이어늘明日에子路ㅣ行ᄒᆞ야以告ᄒᆞᆫ대子ㅣ曰隱者也ㅣ로다ᄒᆞ시고使子路로反見之ᄒᆞ시니至則行矣러라

子路를止ᄒᆞ야재여鷄를殺ᄒᆞ며黍를爲ᄒᆞ야머키고그두아ᄃᆞᆯ을뵈여늘ᄇᆞᆰ는날에子路ㅣ行ᄒᆞ야써告ᄒᆞᆫ대子ㅣᄀᆞᆯᄋᆞ샤ᄃᆡ隱者ㅣ로다ᄒᆞ시고子路로ᄒᆞ여곰反ᄒᆞ야보라ᄒᆞ시니至ᄒᆞᆫ則行ᄒᆞ엿더라

●孔子、使子路反見之、蓋欲告之以君臣之義、而丈人、意子路必將復音부來、故先去之、以滅其跡、亦接輿之意也、

子路ㅣ曰不仕ㅣ無義ᄒᆞ니長幼之節을不可廢也ㅣ니君臣之義를如之何其廢之리오欲潔其身而亂大倫이로다君子之仕也는行

其義也ㅣ니道之不行은已知之矣시니라

子路ㅣ골오ᄃᆡ仕티아니홈이義ㅣ업스니長幼의節을可히廢티몯ᄒᆞ거니君臣의義를엇디그廢ᄒᆞ리오그몸을潔코져ᄒᆞ야큰倫을亂ᄒᆞ놋다君子의仕홈은그義를行홈이니道의行티몯홈은이믜아ᄅᆞ시ᄂᆞ니라

●子路、述夫子之意如此、蓋丈人之接子路、甚倨而子路益恭、丈人、因見其二子焉、則於長幼之節、固知其不可廢矣、故因其所明以曉之倫序也、人之大倫有五、父子有親、君臣有義、夫婦有別、長幼有序、朋友有信、是也、仕所以行君臣之義、故雖知道之不行、而不可廢、然謂之義、則事之可否、身之去就、亦自有不可苟者、是以、雖不以潔身亂倫、亦非忘義以徇祿也、福州、有國初時、寫本、路下、有反子二字、以此爲子路反、而夫子言之也、未知是否、○范氏曰、隱者爲高、故往而不返、仕者爲通、故溺而不止、不與鳥獸同羣、則決性命之情、以饕音도富貴、此二者、皆惑也、是以、依乎中庸者爲難、惟聖人、不廢君臣之義、而必以其正、所以或出或處、而終不離於道也、

○逸民은伯夷와叔齊와虞仲과夷逸과朱張과柳下惠와少連이니라

逸훈民은伯夷와叔齊와虞仲과夷逸과朱張과柳下惠와少連이니라

●逸、遺、逸民者、無位之稱、虞仲、卽仲雍、與泰伯同竄荊蠻者、夷逸、朱張、不見현音經傳、少連 東夷人、

子ㅣ曰不降其志ᄒᆞ며不辱其身은伯夷叔齊與ᅟᅵᆫ뎌

子ㅣ갈ᄋᆞ샤ᄃᆡ그ᄯᅳᆺ을降티아니ᄒᆞ며그몸을辱디아니ᄒᆞᆷ은伯夷와叔齊ㅣㄴ뎌

謂柳下惠少連ᄒᆞ샤ᄃᆡ降志辱身矣나言中倫ᄒᆞ며行中慮ᄒᆞ니其斯而已矣니라

柳下惠와少連을닐ᄋᆞ샤ᄃᆡᄯᅳᆺ을降ᄒᆞ며몸을辱ᄒᆞ나말이倫에마ᄌᆞ며行이慮에마ᄌᆞ니그이ᄯᆞᄅᆞᆷ이니라

●柳下惠事、見上、倫、義理之次第也、慮、思慮也、中慮、言有意、義合人心、少連事、不可考、然記稱其善居喪、三日不怠、三月不解、朞悲哀、三年憂則行之中慮、亦可見矣、

謂虞仲夷逸ᄒᆞ샤ᄃᆡ隱居放言ᄒᆞ나身中淸ᄒᆞ며廢中權이니라

虞仲과夷逸을닐ᄋᆞ샤ᄃᆡ隱居ᄒᆞ야말을放ᄒᆞ나몸이淸에마ᄌᆞ며廢ㅣ權에마ᄌᆞ니라

●仲雍、居吳、斷髮文身、裸以爲飾、隱居獨善、合乎道之淸、放言自廢、合乎道之權、

我則異於是ᄒᆞ야無可無不可호라

나ᄂᆞᆫ이에달라可ᄒᆞᆷ도업ᄉᆞ며可티아니ᄒᆞᆷ도업소라

●孟子曰、孔子可以仕則仕、可以止則止、可以久則久、可以速則速、所謂無可無不可也、○謝氏曰、七人、隱遯不汙、則同、其立心造行去聲、則異、伯夷叔齊、天子不得臣、諸侯不得友、蓋已遯世離羣矣、下聖人一等、此其最高與、柳下惠、少連、雖降志而不枉己、雖辱身而不求合、其心有不屑也、故言能中倫、行能中慮、虞仲、夷逸、隱居放言、則言不合先王之法者、多矣、然淸而不汙也、權而適宜也、與方外之士、害義傷教、而亂大倫者、殊科、是以均謂之逸民、尹氏曰、七人、各守其一節、而孔子、則無可無不可、所以常適其可、而異於逸民之徒也、揚雄曰、觀乎聖人、則見賢人、是以、孟子語夷惠、亦必以孔子斷之、

○大(音태)師摯ᄂᆞᆫ適齊ᄒᆞ고

大師ㅣ언摯ᄂᆞᆫ齊에適ᄒᆞ고

繚 얽을료 纏也 缺 이지러질결 虧也 播 뿌릴파 種也 鼗 소고도 小鼓 襄 도을양 贊也

●大師、魯樂官之長、摯、其名也、

亞飯干은**適楚**ᄒᆞ고**三飯繚**는**適蔡**ᄒᆞ고**四飯缺**은**適秦**ᄒᆞ고

亞飯이언干은楚에適ᄒᆞ고三飯이언繚는蔡에適ᄒᆞ고四飯이언缺은秦에適ᄒᆞ고

●亞飯以下、以樂侑食之官、干、繚、缺、皆名也、

鼓方叔은**入於河**ᄒᆞ고

皷ᄒᆞᄂᆞᆫ方叔은河에入ᄒᆞ고

●鼓、擊鼓者、方叔、名、河、河內、

播鼗武는**入於漢**ᄒᆞ고

鼗를播ᄒᆞᄂᆞᆫ武ᄂᆞᆫ漢에入ᄒᆞ고

●播、搖也、鼗、小鼓、兩旁有耳、持其柄而搖之、則旁耳、還自擊、武、名也、漢、漢中、

少師陽과**擊磬襄**은**入於海**ᄒᆞ니라

少師ㅣ언陽과磬을擊ᄒᆞᄂᆞᆫ襄은海에入ᄒᆞ니라

●少師、樂官之佐、陽、襄、二人名、襄、卽孔子所從學琴者、海、海島也、○此記賢

突 돌연돌 出貌

人之隱遁、以附前章、然未必夫子之言也、末章放此、張子曰、周衰樂廢、夫子自衛反魯、一嘗治之、其後伶人、賤工、識樂之正、及魯益衰、三桓僭妄、自大師以下、皆知散之四方、逾河蹈海以去亂、聖人、俄頃之助、功化如此、如有用我、期月而可、豈虛語哉、

○周公이謂魯公曰君子ㅣ不施其親ᄒᆞ며不使大臣으로怨乎不以ᄒᆞ며故舊ㅣ無大故則不棄也ᄒᆞ며無求備於一人이니라

周公이魯公ᄃᆞ려닐어ᄀᆞᆯᄋᆞ샤ᄃᆡ君子ㅣ그親을施티아니ᄒᆞ며大臣으로ᄒᆞ여곰ᄡᅳ디아니홈을怨케아니ᄒᆞ며故舊ㅣ大故ㅣ업거든棄티아니ᄒᆞ며一人의게備홈을求티말들ᄯᅵ니라

●施、陸氏本作弛音이、福本同、○魯公、周公子、伯禽也、弛、遺棄也、以、用也、大臣非其人則去之、在其位則、不可不用、大故、謂惡逆、李氏曰、四者、皆君子之事、忠厚之至也、○胡氏曰、此、伯禽受封之國、周公訓戒之辭、魯人傳誦、久而不忘也、其或夫子、嘗與門弟子、言之歟、

○周有八士ᄒᆞ니伯達와伯适와仲突와仲忽와叔夜와叔夏와季隨

와 **季騧**ㅣ니라

周에八士ㅣ이시니伯達과伯适과仲突과仲忽과叔夜와叔夏와季隨와季騧ㅣ니라

●或曰、成王時人、或曰、宣王時人、蓋一母四乳、而生八子也、然不可考矣、○張子曰、記、善人之多也、愚按、此篇、孔子於三仁、逸民、師摯、八士、旣皆稱贊、而品列之、於接輿、沮溺、丈人、又每有惓惓接引之意、皆衰世之志也、其所感者深矣、在陳之歎、蓋亦如此、三仁則無間然矣、其餘數君子者、亦皆一世之高士、若使得聞聖人之道、以裁其所過、而勉其所不及、則其所立、豈止於此而已哉、

騧 누른말와黃馬黑喙

懸吐釋字具解

集註論語卷之十八 終

釋吐釋字具解 集註論語卷之十九

子張第十九

此篇、皆記弟子之言、而子夏爲多、子貢次之、蓋孔門、自顏子以下、穎悟、莫若子貢、自曾子以下、篤實、無若子夏、故特記之詳焉、凡二十五章、

子張이曰士ㅣ見危致命ᄒᆞ며見得思義ᄒᆞ며祭思敬ᄒᆞ며喪思哀면其可已矣니라

子張이ᄀᆞᆯ오ᄃᆡ士ㅣ危ᄅᆞᆯ보고命을致ᄒᆞ며得을보고義ᄅᆞᆯ思ᄒᆞ며祭에敬을思ᄒᆞ며喪에哀ᄅᆞᆯ思ᄒᆞ면그可ᄒᆞᆯᄯᆞᄅᆞᆷ이니라

●致命、謂委致其命、猶言授命也、四者、立身之大節、一有不至、則餘無足觀、故言士能如此、則庶乎其可矣、

○子張이曰執德不弘ᄒᆞ며信道不篤이면焉能爲有ㅣ며焉能爲亡音무ㅣ리오

拒 막을거 捍也
矜 불상히녀길긍 哀也憫也

子張이ᄀᆞᆯ오ᄃᆡ德을執홈이弘티못ᄒᆞ며道를信홈이篤디못ᄒᆞ면엇디能히잇다ᄒᆞ며엇디能히업다ᄒᆞ리오

●有所得、而守之太狹、則德孤、有所聞、而信之不篤、則道廢、焉能爲有亡、猶言不足爲輕重、

◯子夏之門人이問交於子張ᄒᆞᆫ대子張이曰子夏ㅣ云何오對曰子夏ㅣ曰可者를與之ᄒᆞ고其不可者를拒之라ᄒᆞ더이다子張이曰異乎吾所聞이로다君子ᄂᆞᆫ尊賢而容衆ᄒᆞ며嘉善而矜不能이니我之大賢與ㄴ댄於人에何所不容이며我之不賢與ㄴ댄人將拒我ㅣ니如之何其拒人也ㅣ리오

子夏의門人이交를子張의게무론대子張이ᄀᆞᆯ오ᄃᆡ子夏ㅣ엇디닐으더뇨對ᄒᆞ야ᄀᆞᆯ오ᄃᆡ子夏ㅣᄀᆞᆯ오ᄃᆡ可ᄒᆞᆫ者를與ᄒᆞ고그可티아니ᄒᆞᆫ者를拒ᄒᆞᆯ찌라ᄒᆞ더이다子張이ᄀᆞᆯ오ᄃᆡ나의들온바애다ᄅᆞ도다君子ᄂᆞᆫ賢을尊ᄒᆞ고衆을容ᄒᆞ며善을嘉ᄒᆞ고不能을矜ᄒᆞᄂᆞ니내大賢일션댄人에어ᄂᆡ를容티아닐배며ᄂᆡ賢티못ᄒᆞᆯ션댄人이장ᄎᆞᆺ나를拒ᄒᆞ리니엇디그人을拒ᄒᆞ리오

泥 진흙니 水和土

●子夏之言、迫狹、子張、譏之是也、但其所言、亦有過高之弊、蓋大賢、雖無所不容、然大故、亦所當絶、不賢、固不可以拒人、然損友亦所當遠、學者不可不察、

○子夏ㅣ曰雖小道ㅣ나必有可觀者焉이어니와致遠恐泥라是以로君子ㅣ不爲也ㅣ니라

子夏ㅣ갈오듸비록쟈근道ㅣ나반드시可히보암즉훈者ㅣ잇거니와遠에致홀옴애泥홀가恐훈디라이로써君子ᄂᆞᆫᄒᆞ디야니ᄒᆞᄂᆞ니라

●小道、如農圃醫卜之屬、泥、不通也、○楊氏曰、百家衆技、猶耳目鼻口、皆有所明、而不能相通、非無可觀也、致遠、則泥矣、故君子不爲也、

○子夏ㅣ曰日知其所亡音無며月無忘其所能이면可謂好學也已矣니라

子夏ㅣ갈오듸날로그업슨바ᄅᆞᆯ알며달로그能훈바ᄅᆞᆯ잇디아니ᄒᆞ면可히學을好훈다닐엄즉홀ᄯᆞᄅᆞᆷ이니라

●亡、無也、謂己之所未有、○尹氏曰、好者、日新而不失、

○子夏ㅣ曰博學而篤志ᄒᆞ며切問而近思ᄒᆞ면仁在其中矣니라

肆 저자ᄉᆞ 市也

子夏ㅣ ᄀᆞᆯ오ᄃᆡ學을博히ᄒᆞ고志를篤히ᄒᆞ며切히問ᄒᆞ고近히思ᄒᆞ면仁이그中에인ᄂᆞ니라

●四者、皆學問思辨之事耳、未及乎力行、而爲仁也、然從事於此、則心不外馳、而所存自熟、故曰仁在其中矣、○程子曰、博學而篤志、切問而近思、何以言、仁在其中矣、學者、要思得之了、此、便是徹上徹下之道、又曰學不博則不能守約、志不篤則不能力行、切問近思在己者、則仁在其中矣、又曰、近思者、以類而推、蘇氏曰、博學而志不篤、則大而無成、泛問遠思、則勞而無功、

○子夏ㅣ曰百工이居肆ᄒᆞ야以成其事ᄒᆞ고君子ㅣ學ᄒᆞ야以致其道ㅣ니라

子夏ㅣ ᄀᆞᆯ오ᄃᆡ百工이肆에居ᄒᆞ야써그事를成ᄒᆞ고君子ㅣ學ᄒᆞ야써그道를致ᄒᆞᄂᆞ니라

●肆、謂官府造作之處、致、極也、工不居肆、則遷於異物、而業不精、君子不學、則奪於外誘而志不篤、尹氏曰、學、所以致其道也、百工居肆、必務成其事、君子之於學、可不知所務哉、愚按、二說相須、其義始備、

儼 엄연홀 엄 矜莊 貌

謗 비방홀 방 毀也 매 也

○子夏ㅣ曰小人之過也는必文이니라

子夏ㅣ갈오ᄃᆡ小人의過ᄂᆞᆫ반ᄃᆞ시文ᄒᆞᄂᆞ니라

●文、飾之也。小人憚於改過、而不憚於自欺、故必文以重其過

○子夏ㅣ曰君子ㅣ有三變ᄒᆞ니望之儼然ᄒᆞ고卽之也溫ᄒᆞ고聽其言也厲ㅣ니라

子夏ㅣ갈오ᄃᆡ君子ㅣ三變이인ᄂᆞ니望홈에儼然ᄒᆞ고卽홈에溫ᄒᆞ고그言을聽홈에厲ᄒᆞ니라

●儼然者、貌之莊、溫者、色之和、厲者、辭之確、○程子曰、他人儼然、則不溫、溫則不厲、惟孔子全之、謝氏曰、此非有意於變、蓋幷行而不相悖也、如良玉、溫潤而栗然、

○子夏ㅣ曰君子ㅣ信而後에勞其民이니未信則以爲厲己也ㅣ니라信而後에諫이니未信則以爲謗己也ㅣ니라

子夏ㅣ갈오ᄃᆡ君子ㅣ信ᄒᆞᆫ後에그民을勞홀ᄯᅵ니信티몯ᄒᆞ면써己를厲ᄒᆞ다ᄒᆞ리니라信ᄒᆞᆫ後에諫홀ᄯᅵ니信티몯ᄒᆞ면써己를謗ᄒᆞ다ᄒᆞ리니라

灑 뿌릴쇄 汛也
掃 쓸소 除洒
誣 속일무 欺也

●信、謂誠意惻怛、而人信之也、厲、猶病也、事上使下、皆必誠意交孚而後、可以有爲、

○子夏ㅣ曰大德이不踰閑이면小德은出入이라도可也ㅣ니라

子夏ㅣ골오ᄃᆡ큰德이閑에踰티아니ᄒᆞ면쟈근德은出入ᄒᆞ야도可ᄒᆞ니라

●大德、小德、猶言大節、小節、閑、闌也、所以止物之出入、言人能先立乎其大者、則小節、雖或未盡合理、亦無害也、○吳氏曰、此章之言、不能無弊、學者詳之、

○子游ㅣ曰子夏之門人小子ㅣ當灑掃應對進退則可矣나抑末也ㅣ라本之則無ᄒᆞ니如之何오

子游ㅣ골오ᄃᆡ子夏의門人小子ㅣ灑掃와應對와進退에當ᄒᆞ야ᄂᆞᆫ可ᄒᆞ나末이라本ᄒᆞᆫ則업ᄉᆞ니엇더ᄒᆞ뇨

●子游、譏子夏弟子於威儀容節之間、則可矣、然此小學之末耳、推其本、如大學正心誠意之事則無有、

子夏ㅣ聞之曰噫라言游ㅣ過矣로다君子之道ㅣ孰先傳焉이며孰後倦焉이리오譬諸草木컨댄區以別矣니君子之道ㅣ焉可誣也ㅣ리오

有始有卒者는 其惟聖人乎ㄴ뎌

子夏ㅣ듯고ᄀᆞᆯ오ᄃᆡ噫ㅣ라言游ㅣ過ᄒᆞ도다君子의道ㅣ어ᄂᆡ를先이라ᄒᆞ야傳ᄒᆞ며어ᄂᆡ를後ㅣ라ᄒᆞ야倦ᄒᆞ리오草木에譬컨댄區로써別홈이니君子의道ㅣ엇디可히誣ᄒᆞ리오始를두며卒을둠은그오직聖人인뎌

●倦 如誨人不倦之倦、區、猶類也、言君子之道、非以其末爲先而傳之、非以其本爲後而倦敎、但學者所至、自有淺深、如草木之有大小、其類固有別矣、若不量其淺深、不問其生熟、而概以高且遠者、强而語之、則是誣之而已、君子之道、豈可如此、若夫始終本末、一以貫之、則惟聖人爲然、豈可責之門人小子乎、○程子曰、君子、敎人有序、先傳以小者近者而後、敎以大者遠者、非先傳以近小、而後不敎以遠大也、又曰、灑掃應對、便是形而上者、理無大小故也、故君子只在謹獨、又曰、聖人之道、更無精粗、從灑掃應對、與精義入神、貫通只一理、雖灑掃應對、只看所以然如何、又曰、凡物有本末、不可分本末爲兩段事、灑掃應對、是其然、必有所以然、又曰、灑掃應對上、便可到聖人事、愚按、程子、第一條說、此章文意、最爲詳盡、其後四條、皆以明精粗本末、其分雖殊、而理則一、學者、當循序而漸進、不可

優 넉넉우 饒也 勝也

厭末而求本、蓋與第一條之意、實相表裏、非謂末卽是本、但學其末、而本便在此也、

○子夏ㅣ曰仕而優則學ᄒᆞ고學而優則仕ㅣ니라

子夏ㅣ글오ᄃᆡ仕홈에優ᄒᆞᆫ則學ᄒᆞ고學홈에優ᄒᆞᆫ則仕홀ᄯᅵ니라

●優、有餘力也、仕與學、理同而事異、故當其事者、必先有以盡其事而後可及其餘、然仕而學、則所以資其仕者、益深、學而仕、則必以驗其學者、益廣、

○子游ㅣ曰喪은致乎哀而止ㅣ니라

子游ㅣ글오샤ᄃᆡ喪은哀를致ᄒᆞ고止홀ᄯᅵ니라

●致極其哀、不尙文飾也、楊氏曰、喪與其易也、寧戚、不若禮不足、而哀有餘之意、愚按、而止二字、亦微有過於高遠、而簡略細微之弊、學者詳之、

○子游ㅣ曰吾友張也ㅣ爲難能也ㅣ나然而未仁이니라

子游ㅣ글오ᄃᆡ내友張이難히能홀게시나그러나仁티못ᄒᆞ니라

●子張、行過高、而少誠實惻怛之意、

○曾子ㅣ曰堂堂乎ㅣ라張也ㅣ여難與並爲仁矣로다

曾子ㅣ골ᄋᆞ샤ᄃᆡ堂堂ᄒᆞ다張이여더브러ᄒᆞᆫ가지로仁을홈이어렵도다

●堂堂、容貌之盛、言其務外自高、不可輔而爲仁、亦不能有以輔人之仁也、○范氏曰、子張外有餘、而內不足、故門人、皆不與其爲仁、子曰、剛毅木訥、近仁、寧外不足、而內有餘、庶可以爲仁矣、

○曾子ㅣ曰吾ㅣ聞諸夫子호니人未有自致者也ㅣ니必也親喪乎ㅣ뎌

曾子ㅣ골ᄋᆞ샤ᄃᆡ내夫子ᄭᅴ듯ᄌᆞ오니사ᄅᆞᆷ이스ᄉᆞ로致ᄒᆞᆯ者ㅣ잇지아니ᄒᆞ니반ᄃᆞ시親喪인뎌

●致、盡其極也、蓋人之眞情、所不能自已者、○尹氏曰、親喪、固所自盡也、於此、不用其誠、惡乎用其誠、

○曾子ㅣ曰吾ㅣ聞諸夫子호니孟莊子之孝也ㅣ其他는可能也ㅣ어니와其不改父之臣과與父之政이是難能也ㅣ니라

曾子ㅣ골ᄋᆞ샤ᄃᆡ내夫子ᄭᅴ듯ᄌᆞ오니孟莊子의孝ㅣ그他ᄂᆞᆫ可히能ᄒᆞ려니와그父의臣과다못父의政을改티아니홈이이能홈이어려우니라

紂 상나라인군일홈쥬 商王名

●孟莊子、魯大夫、名、速、其父、獻子、名、蔑、獻子、有賢德、而莊子、能用其臣、守其政、故其他孝行、雖有可稱、而皆不若此之爲難、

○孟氏ㅣ使陽膚로爲士師ㅣ러니問於曾子ᄒᆞᆫ대曾子ㅣ曰上失其道ᄒᆞ야民散이久矣니如得其情則哀矜而勿喜니라

孟氏ㅣ陽膚로ᄒᆞ야곰士師를삼은디라曾子ᄭᅴ뭇ᄌᆞ온대曾子ㅣᄀᆞᄅᆞ샤ᄃᆡ上이그道를失ᄒᆞ야民이散ᄒᆞᆫ디오라니만일에그情을得ᄒᆞ야든哀矜ᄒᆞ고喜티말올디니라

●陽膚、曾子弟子、民散、謂情義乖離、不相維繫、謝氏曰、民之散也、以使之無道、敎之無素、故其犯法也、非迫於不得已、則陷於不知也、故得其情、則哀矜而勿喜、

○子貢이曰紂之不善이不如時之甚也ㅣ니是以로君子ㅣ惡音오居下流ᄒᆞ노니天下之惡이皆歸焉이니라

子貢이ᄀᆞᆯ오ᄃᆡ紂의善티아니홈이이러ᄐᆞ시甚티아니ᄒᆞ니이로써君子ㅣ下流에居홈을惡ᄒᆞᄂᆞ니天下읫惡이다歸ᄒᆞᄂᆞ니라

●下流、地形卑下之處、衆流之所歸、喩人身有汙賤之實、亦惡名之所聚也、子貢、言此、欲人常自警省、不可一置其身於不善之地、非謂紂本無罪、而虛被惡名也、

墜 ᄯᅥ러질 츄 落也

○子貢이曰君子之過也는如日月之食焉이라過也에人皆見之ᄒᆞ고更音경也에人皆仰之니라

子貢이ᄀᆞᆯ오ᄃᆡ君子의過ᄂᆞᆫ日月의食홈ᄀᆞᆺᄐᆞᆫ디라過홈에사ᄅᆞᆷ이다見ᄒᆞ고更홈에사ᄅᆞᆷ이다仰ᄒᆞᄂᆞ니라

○衛公孫朝ㅣ問於子貢曰仲尼ᄂᆞᆫ焉學고

衛ㅅ公孫朝ㅣ子貢의게무러ᄀᆞᆯ오ᄃᆡ仲尼ᄂᆞᆫ어ᄃᆡ學ᄒᆞ신고

●公孫朝、衛大夫、

子貢이曰文武之道ㅣ未墜於地ᄒᆞ야在人이라賢者ᄂᆞᆫ識音지其大者ᄒᆞ고不賢者ᄂᆞᆫ識其小者ᄒᆞ야莫不有文武之道焉ᄒᆞ니夫子ㅣ焉不學이시며而亦何常師之有ㅣ시리오

子貢이ᄀᆞᆯ오ᄃᆡ文武의道ㅣ地에墜티아니ᄒᆞ야人에인ᄂᆞᆫ디라賢ᄒᆞᆫ者ᄂᆞᆫ그大ᄒᆞᆫ者를識ᄒᆞ고賢티못ᄒᆞᆫ者ᄂᆞᆫ그小ᄒᆞᆫ者를識ᄒᆞ야文武의道를두디아닐이업ᄉᆞ니夫子ㅣ어ᄃᆡ學디아니ᄒᆞ시며ᄯᅩᄒᆞᆫ엇디ᄯᅥᆺ々ᄒᆞᆫ師ㅣ이시리오

●文武之道、謂文王、武王之謨訓功烈、與凡周之禮樂文章、皆是也、在人、言人有

肩 엇개견 髆上

窺 엿볼규 小視

仞 길인 八尺曰ㅣ

能記之者、識、記也、

○叔孫武叔이語大夫於朝曰子貢이賢於仲尼ᄒᆞ니라

叔孫武叔이朝애大夫ᄃᆞ려닐어ᄀᆞᆯ오ᄃᆡ子貢이仲尼보다賢ᄒᆞ니라

●武叔、魯大夫、名、州仇、

子服景伯이以告子貢ᄒᆞᆫ대子貢이曰譬之宮牆컨댄賜之牆也ᄂᆞᆫ及肩이라窺見室家之好ㅣ어니와

子服景伯이써子貢의게告ᄒᆞᆫ대子貢이ᄀᆞᆯ오ᄃᆡ宮牆에譬ᄒᆞ건댄賜의牆은肩에及ᄒᆞᆫ디라室家의好ᄒᆞᆷ을엿보려니와

●牆、卑、室、淺、

夫子之牆은數仞이라不得其門而入이면不見宗廟之美와百官之富ㅣ니

夫子의牆은數仞이라그門을得ᄒᆞ야드디못ᄒᆞ면宗廟의美ᄒᆞᆷ과百官의富ᄒᆞᆷ을보지못ᄒᆞ리니

●七尺曰、仞、不入其門、則不見其中之所有、言牆高而宮廣也、

陵 언덕릉 大阜

得其門者ㅣ或寡矣라 夫子之云이 不亦宜乎아

그門을得ᄒᆞᆫ者ㅣ或져근디라夫子의닐옴이또ᄒᆞᆫ맛당티아니ᄒᆞ냐

●此夫子、指武叔、

○叔孫武叔이 毁仲尼어늘 子貢이 曰無以爲也ᄒᆞ라 仲尼는 不可毁也ㅣ니 他人之賢者는 丘陵也ㅣ라 猶可踰也ㅣ어니와 仲尼는 日月也ㅣ라 無得而踰焉이니 人雖欲自絶이나 其何傷於日月乎ㅣ리오 多見其不知量也ㅣ로다

叔孫武叔이仲尼를毁ᄒᆞ야늘子貢이ᄀᆞᆯ오ᄃᆡ써ᄒᆞ디말라仲尼는可히毁티못ᄒᆞᆯ거시니他人의賢ᄒᆞᆫ者는丘와陵이라오히려可히踰ᄒᆞ려니와仲尼는日과月이라시러곰踰티못ᄒᆞ라니사ᄅᆞᆷ이비록스ᄉᆞ로絶코져ᄒᆞ나그엇디日과月에傷ᄒᆞ리오마ᄎᆞᆷ그量을아디못ᄒᆞᆷ을보리로다

●無以爲、猶言無用爲此、土高曰丘、大阜曰陵、日月、喩其至高、自絶、謂以毁謗自絶於孔子、多、與祇同、適也、不知量、謂不自知其分量也、

○陳子禽이 謂子貢曰子爲恭也ㅣ언뎡 仲尼ㅣ 豈賢於子乎ㅣ리오

陳子禽이子貢ᄃᆞ려닐어골오ᄃᆡ子ㅣ恭을ᄒᆞ건뎡仲尼ㅣ엇디子보다賢ᄒᆞ시리오

●爲恭、謂爲恭敬、推(퇴音)遜其師也、

子貢이曰君子ㅣ一言에以爲知ᄒᆞ며一言에以爲不知니言不可不愼也ㅣ니라

子貢이골오ᄃᆡ君子ㅣᄒᆞᆫ말에써知라ᄒᆞ며ᄒᆞᆫ말에써不知라ᄒᆞᄂᆞ니말ᄋᆞᆯ可히愼티아니티못ᄒᆞᆯ게시니라

●責子禽、不謹言、

夫子之不可及也ᄂᆞᆫ猶天之不可階而升也ㅣ니라

夫子의可히밋디못홈은하ᄂᆞᆯ의可히階ᄒᆞ야升티못홈ᄀᆞᆺᄐᆞ니라

●階、梯也、大可爲也、化不可爲也、故曰不可階而升也、

夫子之得邦家者ㅣᆫ댄所謂立之斯立ᄒᆞ며道之斯行ᄒᆞ며綏之斯來ᄒᆞ며動之斯和ᄒᆞ야其生也榮ᄒᆞ고其死也哀니如之何其可及也ㅣ리오

夫子ㅣ邦家를得ᄒᆞ실딘댄닐온밧立홈에이에立ᄒᆞ며道홈에이에行ᄒᆞ며綏홈에이에來ᄒᆞ며動홈에이에和ᄒᆞ야그生ᄒᆞ심에榮ᄒᆞ고그死ᄒᆞ심에哀ᄒᆞ리니엇디그可히

밋츠리오

●立之、謂植其生也、道、引也、謂敎之也、行、從也、綏、安也、來、歸附也、動、謂鼓舞之也、和、所謂於音오變時雍、言其感應之妙、神速如此、榮、謂莫不尊親、哀則如喪考妣、程子曰、此聖人之神化、上下與天地同流者也、○謝氏曰、觀子貢、稱聖人語、乃知晚年進德、蓋極於高遠也、夫子之得邦家者、其鼓舞羣動、捷於桴鼓影響、人雖見其變化、而莫窺其所以變化也、蓋不離於聖、而有不可知者存焉、聖而進於不可知之之神矣、此殆難以思勉及也、

懸吐釋字具解

集註論語卷之十九終

懸吐釋字具解 集註論語卷之二十

堯曰第二十

凡三章

堯ㅣ曰咨爾舜아天之曆數ㅣ在爾躬ᄒᆞ니允執其中ᄒᆞ라四海困窮ᄒᆞ면天祿이永終ᄒᆞ리라

堯ㅣᄀᆞᆯᄋᆞ샤ᄃᆡ咨흡다너舜아天의曆數ㅣ네躬에인ᄂᆞ니진실로그中을執ᄒᆞ라四海ㅣ困窮ᄒᆞ면天의祿이永히終ᄒᆞ리라

●此、堯命舜、而禪以帝位之辭咨、嗟嘆聲、曆數、帝王相繼之次第、猶歲時氣節之先後也、允、信也、中者、無過不及之名、四海之人、困窮、則君祿、亦永絕矣、戒之也、

舜이亦以命禹ᄒᆞ시니라

舜이ᄯᅩᄡᅥ禹를命ᄒᆞ시니라

●舜、後遜位於禹、亦以此辭命之、今見音현於虞書、大禹謨、比此加詳、

牡 (슈것모) 雄畜

賚 (상줄뢰) 賜也

曰予小子履는敢用玄牡ᄒᆞ야敢昭告于皇皇后帝ᄒᆞ노니有罪를不敢赦ᄒᆞ며帝臣不蔽니簡在帝心이니이다朕躬有罪는無以萬方이오萬方有罪는罪在朕躬ᄒᆞ니라

ᄀᆞᆯᄋᆞ샤ᄃᆡ小子履는敢히玄牡를用ᄒᆞ야敢히皇皇ᄒᆞ신后帝ᄭᅴ昭告ᄒᆞ노니罪ㅣ인ᄂᆞᆫ이ᄅᆞᆯ敢히赦티아니ᄒᆞ며帝의臣을蔽티아니ᄒᆞ노니簡홈이帝心에인ᄂᆞ니이다朕躬의罪ㅣ이심은萬方으로ᄡᅥ아니오萬方의罪ㅣ이심은罪ㅣ朕躬에인ᄂᆞ니라

●此、引商書湯誥之辭、蓋湯旣放桀、而告諸侯也、與書文大同小異、曰上、當有湯字、履、蓋湯名、用玄牡、夏尙黑、未變其禮也、簡、閱也、言桀有罪、己不敢赦、而天下賢人、皆上帝之臣、己不敢蔽、簡在帝心、惟帝所命、此述其初請命、而伐桀之詞也、又言君有罪、非民所致、民有罪、實君所爲、見其厚於責己、薄於責人之意、此其告諸侯之辭也、

周有大賚ᄒᆞ신대善人이是富ᄒᆞ니라

周ㅣ大賚를두신대善人이이에富ᄒᆞ니라

●此以下、述武王事、賚、予也、武王克商、大賚于四海、見(音현)周書武成篇、此言

其所富者、皆善人也、詩序曰賚所以錫予善人、蓋本於此、

雖有周親이나**不如仁人**이오**百姓有過**ㅣ**在予一人**이니라

비록周ᄒᆞᆫ親이이시나仁人만ᄀᆞᆺ디몯ᄒᆞ고百姓의過ㅣ이심이나一人에인ᄂᆞ니라

●此、周書泰誓之辭、孔氏曰(孔氏名安國西漢曲阜人)周、至也、言紂、至親雖多、不如周家之多仁人、

謹權量ᄒᆞ며**審法度**ᄒᆞ며**修廢官**ᄒᆞ신대**四方之政**이**行焉**ᄒᆞ니라

權量을謹ᄒᆞ며法度를審ᄒᆞ며廢官을修ᄒᆞ신대四方읫政이行ᄒᆞ니라

●權、稱錘也、量、斗斛也、法度、禮樂、制度、皆是也、

興滅國ᄒᆞ며**繼絶世**ᄒᆞ며**擧逸民**ᄒᆞ신대**天下之民**이**歸心焉**ᄒᆞ니라

滅ᄒᆞᆫ國을興ᄒᆞ며絶ᄒᆞᆫ世를繼ᄒᆞ며逸ᄒᆞᆫ民을擧ᄒᆞ신대天下의民이心을歸ᄒᆞ니라

●興滅、繼絶、謂封黃帝堯舜夏商之後、擧逸民、謂釋箕子之囚、復商容之位、三者皆人心之所欲也、

所重은**民食喪祭**러시다

重히너기신바ᄂᆞᆫ民의食과喪과祭러시다

●武成曰重民五敎、惟食喪祭、

寬則得衆ᄒᆞ고信則民任焉ᄒᆞ고敏則有功ᄒᆞ고公則說音열이니라

寬ᄒᆞᆫ則衆을得ᄒᆞ고信ᄒᆞᆫ則民이任ᄒᆞ고敏ᄒᆞᆫ則功이잇고公ᄒᆞᆫ則說ᄒᆞᄂᆞ니라

●此於武王之事、無所見、恐或泛言帝王之道也、○楊氏曰、論語之書、皆聖人微言、而其徒、傳守之、以明斯道者也、故於終篇、具載堯舜咨命之言、湯武誓師之意、與夫施諸政事者、以明聖學之所傳者、一於是而已、所以著明二十篇之大旨也、孟子於終篇、亦歷叙、堯舜、湯文、孔子、相承之次、皆此意也、

○子張이問於孔子曰何如ㅣ라야斯可以從政矣니잇고子ㅣ曰尊五美ᄒᆞ며屛四惡이면斯可以從政矣리라子張이曰何謂五美니잇고子ㅣ曰君子ㅣ惠而不費ᄒᆞ며勞而不怨ᄒᆞ며欲而不貪ᄒᆞ며泰而不驕ᄒᆞ며威而不猛이니라子張이曰何謂惠而不費니잇고子ㅣ曰因民之所利而利之니斯不亦惠而不費乎아擇可勞而勞之어니又誰怨이리오欲仁而得仁이어니又焉貪이리오君子ㅣ無衆寡ᄒᆞ며無小大히無敢

慢ᄒᆞᄂᆞ니 斯不亦泰而不驕乎아 君子ㅣ 正其衣冠ᄒᆞ며 尊其瞻視ᄒᆞ야 儼然人望而畏之ᄒᆞᄂᆞ니 斯不亦威而不猛乎아

子張이孔子ᄭᅴ묻ᄌᆞ와ᄀᆞᆯ오ᄃᆡ엇디ᄒᆞ야아이에可히써政을從ᄒᆞ리잇고子ㅣᄀᆞᆯᄋᆞ샤ᄃᆡ五美를尊ᄒᆞ며四惡을屛ᄒᆞ면이에可히써政을從ᄒᆞ리라子張이ᄀᆞᆯ오ᄃᆡ엇디닐온五美니잇고子ㅣᄀᆞᆯᄋᆞ샤ᄃᆡ君子ㅣ惠호ᄃᆡ費티아니ᄒᆞ며勞호ᄃᆡ怨티아니ᄒᆞ며欲호ᄃᆡ貪티아니ᄒᆞ며泰호ᄃᆡ驕티아니ᄒᆞ며威호ᄃᆡ猛치아니홈이니라子張이ᄀᆞᆯ오ᄃᆡ엇디닐온惠호ᄃᆡ費티아니홈이니잇고子ㅣᄀᆞᆯᄋᆞ샤ᄃᆡ民의利ᄒᆞᆫ바를因ᄒᆞ야利케ᄒᆞ니이ᄯᅩᄒᆞᆫ惠호ᄃᆡ費티아니홈이아니가可히勞ᄒᆞ얌즉ᄒᆞᆫ이를擇ᄒᆞ야勞ᄒᆞ거니ᄯᅩ뉘怨ᄒᆞ리오仁코자ᄒᆞ야仁을得ᄒᆞ거니ᄯᅩ엇디貪ᄒᆞ리오君子ㅣ衆寡ㅣ업스며小大ㅣ업시敢히慢티아니ᄒᆞᄂᆞ니이ᄯᅩᄒᆞᆫ泰호ᄃᆡ驕티아니홈이아니가君子ㅣ그衣冠을正히ᄒᆞ며그瞻視를尊히ᄒᆞ야儼然히人이望ᄒᆞ고畏ᄒᆞᄂᆞ니이ᄯᅩᄒᆞᆫ威호ᄃᆡ猛티아니홈이아니가

子張이 曰何謂四惡이니잇고 子ㅣ 曰不教而殺을 謂之虐이오 不戒視成을 謂之暴ㅣ오 慢令致期를 謂之賊이오 猶之與人也ㅣ로ᄃᆡ 出納之

吝을謂之有司ㅣ니라

子張이ᄀᆞᆯ오ᄃᆡ엇디닐온四惡이니잇고子ㅣᄀᆞᆯᄋᆞ샤ᄃᆡ敎티아니코殺홈을닐온虐이오戒티아니코成을視홈을닐온暴ㅣ오令을慢히ᄒᆞ고期를致홈을닐온賊이오오히려人을與호ᄃᆡ出ᄒᆞ며納홈이吝홈을닐온有司ㅣ니라

●虐、謂殘酷不仁、暴、謂卒遽無漸、致期、刻期也、賊者、切害之意、緩於前而急於後、以誤其民、而必刑之、是賊害之也、猶之、猶言均之也、均之以物與人、而於其出納之際、乃或吝而不果、則是有司之事、而非爲政之體、所與雖多、人亦不懷其惠矣、項羽、使人有功當封、刻印刓、忍弗能予、卒以取敗、亦其驗也、○尹氏曰、告問政者多矣、未有如此之備者也、故記之以繼帝王之治、則夫子之爲政、可知也、

○子ㅣ曰不知命이면無以爲君子也ㅣ오

子ㅣᄀᆞᆯᄋᆞ샤ᄃᆡ命을아디몯ᄒᆞ면써君子ㅣ되디몯ᄒᆞ고

●程子曰、知命者、知有命而信之也、不知命、則見害必避、見利必趨、何以爲君子

不知禮면無以立也ㅣ오

禮를아디못ᄒᆞ면써立디못ᄒᆞ고

●不知禮、則耳目無所加、手足無所措、

不知言이면無以知人也ㅣ니라

言을아디못ᄒᆞ면써人을아디못ᄒᆞ리니라

●言之得失、可以知人之邪正、○尹氏曰、知斯三者、則君子之事備矣、弟子記此、以終篇、得無意乎、學者、少而讀之、老而不知一言爲可用、不幾於侮聖言者乎、夫子之罪人也、可不念哉、

懸吐釋字具解

集註論語之卷二十終

懸吐釋
字具解 **論語集註**

初版 1刷發行：1979년 8월 10일
2 版 1刷發行：1992년 2월 20일
2 版 24刷發行：2023년 4월 17일

校 閱：金 赫 濟
發 行 者：金 東 求

發 行 處：明 文 堂(1923. 10. 1 창립)
서울시 종로구 윤보선길 61(안국동)
우체국 010579-01-000682
Tel (영)733-3039, 734-4798, 733-4748
Fax 734-9209
Homepage : www.myungmundang.net
E-mail : mmdbook1@hanmail.net
등록 1977. 11. 19. 제1~148호

값 15,000원
ISBN 89-7270-186-6 (93140)

東洋古典原本叢書

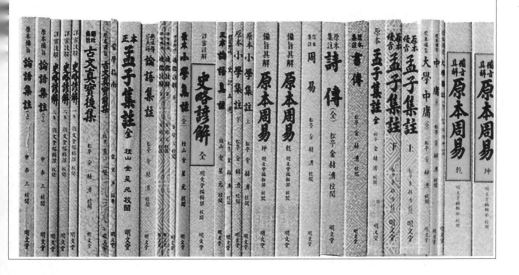